Shakespeare
notre contemporain

**Du même auteur**

*Manger les dieux. Essai sur la tragédie grecque et la modernité*, Paris, Payot, 1975 ; rééd. 1989.

Essais Payot

Jan Kott

# Shakespeare notre contemporain

Traduit du polonais
par Anna Posner

Préface de Peter Brook

Cet ouvrage a été précédemment publié
aux éditions Julliard (1962)
et aux éditions Marabout (1965).

*À Lidia*

# *A PROPOS DE JAN KOTT*

*J'ai rencontré Jan Kott, pour la première fois, dans un night-club de Varsovie. Il devait être minuit. Kott disparaissait dans un groupe d'étudiants tapageurs. Dès l'abord, nous devînmes amis. Une jeune fille, très belle, fut arrêtée par erreur sous nos yeux. Jan Kott bondit à son secours et je le suivis dans une curieuse aventure qui se termina, pour Kott et moi, vers quatre heures du matin au grand quartier général de la police polonaise. A ce moment, alors que nous étions près d'obtenir l'élargissement de la jeune fille et que les esprits se calmaient, je m'aperçus que les policiers donnaient à mon nouvel ami le titre de « professeur ». J'avais certes deviné que cet homme lucide et combatif était un intellectuel, écrivain ou journaliste, membre du Parti. Mais le titre de professeur lui allait mal. « Professeur de quoi? » lui demandais-je, en retrouvant la ville silencieuse. « De théâtre », me répondit-il.*

*Si je raconte cette anecdote, c'est pour mettre en évidence, chez l'auteur de cet ouvrage, une qualité peu commune. Voici un homme qui commente l'attitude de Shakespeare devant la vie en se fondant sur l'expérience directe. Kott est indubitablement le seul à écrire sur les Elisabéthains en prenant pour postulat que ses lecteurs ont, un jour ou l'autre, été réveillés par la police au milieu de la nuit. On a accumulé des millions et des millions de mots sur Shakespeare — à tel point qu'il est presque impossible aujourd'hui de découvrir une pensée neuve sous la plume de n'importe qui — mais Kott, lui, peut analyser la théorie de l'assassinat politique en imaginant un metteur en scène qui expliquerait à ses acteurs : « Une organisation secrète se prépare à l'action... Vous irez à tel endroit et y déposerez une caisse de grenades... »*

*Son ouvrage est celui d'un savant, d'un spécialiste ; une étude sérieuse et précise, érudite sans rien de ce que l'on peut reprocher à l'érudition. Mais en le lisant, on s'aperçoit tout à coup à quel point il est rare qu'un commentateur, qu'un lettré ait la moindre expérience de ce qu'il décrit. Et l'on s'inquiète à l'idée que la plupart des études sur les passions humaines ou les opinions politiques de Shakespeare ont été conçues loin de la vie, dans le confort douillet de vieilles demeures anglaises enfouies sous le lierre.*

*Kott est un tout autre genre d'homme. C'est un Elisabéthain. Comme Shakespeare, comme les contemporains de Shakespeare, il ne sépare pas le monde de la chair et le monde de l'esprit. Tous deux coexistent et se heurtent dans le même cadre : le poète a un pied dans la boue, un œil sur les étoiles et un poignard dans la main. Les contradictions du monde vivant ne peuvent être niées. Paradoxe omniprésent, qu'on ne peut discuter mais qu'il faut vivre : la poésie est une magie brutale qui brasse les extrêmes.*

*Shakespeare est un contemporain de Kott. Kott est le contemporain de Shakespeare. Il parle de Shakespeare simplement, « de première main ». Son livre a la fraîcheur d'un témoignage écrit par un spectateur au sortir du « Globe », l'actualité directe d'une critique lue aujourd'hui sur un film nouveau. Pour le monde savant, cet ouvrage est un apport précieux ; pour les gens de théâtre, une contribution inestimable ; pour le public, une révélation. Pour nous, Anglais — qui avons pourtant les meilleures chances de bien présenter Shakespeare — il résout le plus grand problème : celui de la correspondance entre l'œuvre shakespearienne et notre vie actuelle.*

*Nos acteurs sont talentueux, sans doute, et sensibles, mais ils reculent devant certaines questions trop graves. Conscients des menaces qui pèsent sur notre XXe siècle, ces jeunes acteurs tendent à reculer de la même façon devant Shakespeare. Rien d'accidentel si, au cours de répétitions, nos acteurs trouvent « faciles » les complots, les duels, les dénouements de Shakespeare, et restent profondément embarrassés devant les problèmes de langue et de style ; car ces problèmes essentiels ne prennent leur véritable sens que lorsque le besoin d'employer certains mots et certaines images se lie à l'expérience humaine. Or, en devenant victorienne, l'Angleterre perdit presque toutes ses caractéristiques élisabéthaines.*

*Mais l'Angleterre est aujourd'hui le théâtre d'une singulière fusion des mondes élisabéthain et victorien. Cette transformation nous rapproche de Shakespeare et nous permet de le comprendre bien mieux que ne le firent les générations romantiques. Pourtant, c'est encore la Pologne qui vit le plus intensément le tumulte, les périls, la ferveur intellectuelle et l'engagement quotidien dans le social qui furent la substance même de l'Angleterre élisabéthaine. C'est tout naturellement qu'il revenait donc à un Polonais de nous tracer la voie qui mène à Shakespeare.*

Peter BROOK

# I. TRAGÉDIES

*Car il est bâtard de son temps,*
*celui qui ne sacrifie pas à la bienséance...*

(*Le Roi Jean,* I, 1)

# LES ROIS

*Quoi, vous tremblez? Vous avez tous peur? Hélas, je ne vous blâme pas, car vous êtes mortels...*

(*Richard III*, I, 2)

## I

Il n'en faut pas davantage. Il suffit d'examiner attentivement la liste des personnages de *Richard III* pour voir à quelle matière historique Shakespeare avait puisé, voulant montrer combien il était de son temps et peuplait la scène de personnages réels. Ici, dans l'une de ses premières pièces, ou plutôt dans sa matière première historique même, se dessine déjà l'ébauche de toutes les grandes tragédies ultérieures : *Hamlet, Macbeth, Le Roi Lear.* Si l'on veut déchiffrer le monde de Shakespeare comme un monde réel, il faut commencer la lecture par les chroniques historiques et, en premier lieu, par les deux *Richard.*

Commençons donc par cette liste des personnages :

Le roi Edouard IV. Il a détrôné Henry VI, dernier souverain de la dynastie des Lancastre. Il l'a emprisonné dans la Tour où celui-ci a été assassiné par les frères d'Edouard : Richard et le duc de Clarence. Quelques mois plus tôt, à la bataille de Tewkesbury, le fils unique de Henry VI avait été poignardé par Richard.

Edouard, prince de Galles, fils d'Edouard IV, par la suite roi sous le nom d'Edouard V, assassiné dans cette même

Tour au bord de la Tamise, à l'âge de douze ans, sur l'ordre de Richard.

Richard, duc d'York, second fils d'Edouard IV, assassiné dans cette même Tour lugubre, gothique, toute de pierres blanches, sur l'ordre de Richard, à l'âge de douze ans.

George, duc de Clarence, frère d'Edouard IV, assassiné dans cette même Tour gothique sur l'ordre de Richard.

Le fils du duc de Clarence, que Richard emprisonne le jour de son couronnement.

La fille de Clarence, donnée en mariage, encore enfant, à un simple gentilhomme, afin qu'elle ne puisse devenir mère de rois.

La duchesse d'York, mère de deux rois, grand-mère d'un roi et d'une reine. Son mari et son plus jeune fils sont tombés ou ont été assassinés au cours de la guerre des Deux-Roses. Son cadet a été poignardé dans sa prison par des assassins à gages. Son troisième fils, Richard, a fait assassiner ses deux petits-fils. De toute sa descendance, seuls un fils et une petite-fille mourront de mort naturelle.

La reine Marguerite, veuve d'Henry VI; son mari a été assassiné dans la Tour, son fils tué sur le champ de bataille.

Lady Anne, femme de Richard III, lequel avait tué son père à la bataille de Barnet, son premier mari à la bataille de Tewkesbury, et avait donné l'ordre de faire exécuter son beau-père dans la Tour. Elle est emprisonnée par Richard au lendemain de ses noces.

Le duc de Buckingham, confident de Richard et son bras droit dans la lutte pour la couronne. Décapité par l'ordre de Richard l'année même du couronnement.

Le comte Rivers, frère de la reine Elisabeth; Lord Grey, fils de la reine Elisabeth; Sir Thomas Vaughan, tous trois exécutés à Pomfret, sur ordre de Richard, encore avant qu'il ne soit couronné.

Sir Richard Ratcliff, organisateur de la tuerie de Pomfret et du coup d'Etat; meurt deux ans plus tard à la bataille de Bosworth.

Lord Hastings, baron, partisan des Lancastre, arrêté, libéré, arrêté de nouveau et exécuté par Richard qui l'accuse d'avoir fomenté un coup d'Etat.

Sir James Tyrrel, qui a assassiné dans la Tour les enfants d'Edouard IV, exécuté à son tour.

Nous approchons de la fin de cette effroyable liste de personnages, ou plutôt de la fin de cette comptabilité historique. Il y a encore Sir William Catesby, exécuté après la bataille de Bosworth, et le duc de Norfolk, qui meurt pendant cette bataille. Encore quelques lords et barons qui réussissent à sauver leur tête en émigrant. Et les trois dernières lignes. Des personnages anonymes. Je recopie : « Lords, courtisans, gentilshommes, un messager d'Etat, un prêtre, un greffier, bourgeois, assassins, messagers, soldats, spectres. La scène est en Angleterre. »

Shakespeare est semblable au monde, ou à la vie même. Chaque époque y trouve ce qu'elle cherche ou ce qu'elle veut y voir. Le lecteur du milieu du XX<sup>e</sup> siècle déchiffre *Richard III* ou bien regarde comment on le joue sur scène, à l'aide de son expérience propre. Et il ne peut ni le lire ni le voir autrement. Et c'est pourquoi l'atrocité shakespearienne ne l'effraye pas, ou plutôt ne l'étonne pas. Il suit la lutte pour le pouvoir et la façon dont les héros de la tragédie s'entretuent beaucoup plus tranquillement que ne le firent maintes générations de spectateurs et de critiques au XIX<sup>e</sup> siècle. Plus tranquillement et, en tout cas, avec une compréhension plus réelle. Il ne considère pas que la mort effroyable de la plupart des personnages soit une nécessité esthétique, ni une règle obligatoire en tragédie, qui apporte la *catharsis,* ni même un trait spécifique du génie inquiétant de Shakespeare. Il est plutôt enclin à considérer la mort atroce des principaux héros comme une nécessité historique, ou comme une chose tout à fait naturelle. Même dans *Titus Andronicus,* que Shakespeare a probablement remanié ou écrit la même année que *Richard III,* le spectateur d'aujourd'hui décèle bien davantage qu'une accumulation caricaturale et grotesque d'atrocités inutiles, comme le clamait la critique du XIX<sup>e</sup> siècle. Et lorsque *Titus Andronicus* est mis en scène par Peter Brook, disons, il est prêt à applaudir la scène du carnage général du cinquième acte avec le même enthousiasme que le faisaient les chaudronniers, les tailleurs, les bouchers et les soldats du temps de Shakespeare. Alors, c'était un succès théâtral considérable. Le spectateur contemporain, en retrouvant dans les tragédies de Shakespeare sa propre époque, se rapproche souvent, de façon inattendue, de l'époque shakespearienne. En tout cas, il la comprend bien. Cela vaut avant tout pour les chroniques historiques.

Les chroniques historiques de Shakespeare portent, en guise de titres, des noms de rois : *Le Roi Jean, Richard II, Henry IV, Henry V, Henry VI, Richard III.* (*Henry VIII,* en partie seulement écrit par Shakespeare sur la fin de sa carrière, n'appartient que formellement au cycle des chroniques.) En dehors du *Roi Jean,* qui se situe à la fin du XII^e et au début du XIII^e siècle, les chroniques de Shakespeare embrassent l'histoire de la lutte pour la couronne d'Angleterre, de la fin du XIV^e siècle aux dernières années du XV^e. Elles constituent une épopée historique longue de plus de cent ans, divisée en grands chapitres — les règnes. Mais lorsque nous lisons ces différents chapitres dans l'ordre des événements et selon la succession des souverains, ce qui nous frappe, c'est que l'histoire, pour Shakespeare, demeure sur place. Chacun de ces chapitres commence et s'achève au même endroit. Dans chacune de ces chroniques, on dirait que l'histoire décrit un cercle pour revenir à son point de départ. Ces cercles répétés, immuables, que décrit l'histoire, ce sont les règnes successifs.

Chacune de ces grandes tragédies commence par la lutte pour conquérir ou renforcer le trône; chacune s'achève par la mort du monarque et un nouveau couronnement. Dans chacune des chroniques, le souverain légitime traîne derrière lui une longue chaîne de crimes, il s'est aliéné les grands féodaux qui l'avaient aidé à conquérir la couronne, il a massacré d'abord ses ennemis, ensuite ses anciens alliés, il a fait périr les héritiers et les prétendants au trône. Mais il n'est pas parvenu à les exterminer tous. Un jeune prince revient d'exil : fils, petit-fils ou frère des victimes, il défend le droit violé; autour de lui se groupent les grands, repoussés par le roi; il personnifie l'espérance dans un ordre nouveau, il atteste de la justice. Mais chaque pas vers le pouvoir continue à être marqué par le meurtre, la violence et le parjure. Aussi, lorsque le nouveau prince est déjà parvenu tout près du trône, traîne-t-il derrière lui une chaîne de crimes tout aussi longue qu'il y a peu de temps encore le souverain légitime. Lorsqu'il coiffera la couronne, il sera tout aussi haï que l'autre. Il tuait ses ennemis, maintenant il tuera ses anciens alliés. Et un nouveau prétendant au trône fera son apparition, au nom de la justice violée. Le cycle est bouclé. Un nouveau chapitre commence. Une nouvelle tragédie historique.

Donc voici : Edouard III, milords, eut sept fils. Le premier, Edouard, le Prince Noir, prince de Galles; le second, William de Hatfield, et le troisième, Lionel, duc de Clarence, après qui venait Jean de Gand, duc de Lancastre; le cinquième était Edmond

Langley, duc d'York; le sixième était Thomas de Woodstock, duc de Glocester; William de Windsor était le septième et dernier.

(*Henry VI*, 2e partie, II, 2)

Evidemment, ce schéma n'apparaît pas avec une semblable netteté dans toutes les chroniques historiques de Shakespeare. Il est dessiné le plus clairement dans *Le Roi Jean* et dans les deux chefs-d'œuvre de la tragédie historique : les deux *Richard*. C'est dans *Henry V* qu'il est le plus brouillé, dans cette pièce idéalisée et patriotique, qui décrit la lutte contre l'ennemi extérieur. Mais toujours, chez Shakespeare, la lutte pour le pouvoir est dépouillée de toute mythologie, montrée à l'état pur. Elle est une lutte pour la couronne entre des hommes vivants, qui ont un nom, un titre et des forces.

Au Moyen Age, l'image la plus pure de la richesse était un sac de pièces d'or. On pouvait soupeser chaque écu dans sa paume. Pendant de longs siècles, la richesse consista en champs, forêts et prairies, troupeaux de moutons, un château et des villages. Puis ce fut un vaisseau chargé de poivre ou de clous de girofle, ou encore de grands greniers remplis de sacs de blé, des caves pleines de vin, des entrepôts s'étendant le long de la Tamise, d'où se répandaient au loin l'odeur amère des cuirs tannés et la poussière étouffante du coton. On pouvait voir la richesse, on pouvait la toucher et la flairer. Ensuite, seulement, elle a perdu sa substance, elle est devenu signe, symbole, abstraction. Elle a cessé d'être une chose. Elle est devenue un morceau de papier couvert de caractères d'imprimerie. Karl Marx a fort bien su décrire ces transformations dans *Le Capital*.

De même, le pouvoir s'est dématérialisé, ou plutôt, il s'est désincarné. Il a cessé d'avoir nom et prénom. Il a cessé d'avoir des yeux, une bouche et des mains. Il est devenu abstraction et mythologie. Presque une idée pure. Ce n'est qu'à notre époque que nous avons vu à nouveau l'image terrifiante du pouvoir absolu, qui a nom et prénom, qui a des yeux, une bouche et des mains. La lutte pour le pouvoir a cessé d'être une abstraction. Elle est devenue une lutte sans pitié entre hommes vivants, qui sont assis à la même table. Voici que l'un d'eux est tombé. De cette chute, tout le royaume a tremblé. Tout comme dans les chroniques historiques de Shakespeare :

Au nom du Ciel, asseyons-nous à terre, et disons la triste histoire de la mort des rois : les uns déposés, d'autres tués à la guerre, d'autres hantés par les spectres de ceux qu'ils avaient détrônés, d'autres empoisonnés par leurs femmes, d'autres égorgés en dormant, tous assassinés !

(*Richard II,* III, 2)

Pour Shakespeare, l'image du pouvoir est la couronne. Elle est lourde. On peut la saisir de ses mains, l'arracher de la tête du monarque mourant et la poser sur la sienne. Alors on est roi. Alors seulement. Mais il faut attendre jusqu'à ce que le roi meure, ou hâter sa mort.

Il ne peut pas vivre, j'espère; mais il ne peut pas mourir que George n'ait été expédié en train de poste pour le ciel. Je vais chez le roi, pour exciter encore sa haine contre Clarence par des mensonges acérés d'arguments puissants [...] Cela fait, que Dieu prenne le roi Edouard à sa merci, et me laisse le monde pour m'y démener!

(*Richard III,* I, 1)

Dans chacune des chroniques historiques, il en est quatre ou cinq qui épient le regard du monarque qui s'éteint, qui suivent le tremblement de ses mains. Ils ont déjà ourdi un complot, déjà ils ont concentré dans la capitale les troupes qui leur sont fidèles, déjà ils se sont entendus avec leurs hommes liges. Ils ont donné des ordres aux tueurs à gages, la Tour de pierre attend de nouveaux prisonniers. Ils sont quatre ou cinq, mais un seul peut survivre. Chacun a un autre nom et un autre titre. Chacun, un autre visage. L'un est rusé, le second courageux, le troisième cruel, le quatrième cynique. Ce sont des hommes vivants, car Shakespeare est d'abord un narrateur. Nous nous souvenons de leurs visages. Mais lorsque nous finissons un chapitre et commençons le suivant, lorsque nous lisons les chroniques historiques en entier, l'une après l'autre, pour nous les visages des souverains et des usurpateurs s'estompent peu à peu.

Même les prénoms sont identiques. Il y a toujours un Richard, un Edouard, un Henry. Ils ont les mêmes titres. Il y a le duc d'York, le prince de Galles et le duc de Clarence. Quelqu'un d'autre est courageux, quelqu'un d'autre cruel, quelqu'un d'autre rusé. Mais le drame qui se joue entre eux est toujours le même. Et dans chaque tragédie se répète ce même gémissement des mères de rois assassinés :

LA REINE MARGUERITE — J'avais un Edouard : un Richard l'a tué! J'avais un Henry : un Richard l'a tué. *(A la reine Elisabeth.)*

Tu avais un Edouard : un Richard l'a tué. Tu avais un Richard : un Richard l'a tué !

LA DUCHESSE D'YORK *(à Marguerite)* — J'avais un Richard aussi, et tu l'as tué ; j'avais un Rutland aussi, et tu as aidé à le tuer !

[...]

LA REINE MARGUERITE — Ton Edouard est mort, qui tua mon Edouard ; ton autre Edouard est mort en paiement de mon Edouard. Le jeune York n'a fait que l'appoint, car tous deux ne pouvaient égaler l'être parfait que j'ai perdu. Ton Clarence est mort, qui poignarda mon Edouard ; et avec lui, les spectateurs de cette scène tragique, l'adultère Hastings, Rivers, Vaughan, Grey, tous étouffés avant le temps dans leur sombre tombeau.

*(Richard III,* IV, 4)

Et voici que de plus en plus, par-delà les traits individuels des rois et des usurpateurs, se dégage des chroniques historiques de Shakespeare l'image même de l'histoire. L'image du Grand Mécanisme. Chacun des chapitres successifs, chacun des grands actes shakespeariens n'est qu'une répétition :

Le prologue flatteur d'une horrible parade : atteindre au sommet, c'est rouler dans l'abîme.

(*Richard III,* IV, 4)

Elle s'impose à nous avec force, cette image de l'histoire, maintes fois répétée par Shakespeare. L'histoire, c'est un grand escalier que monte sans trêve un cortège de rois. Chaque marche, chaque pas vers le faîte est marqué de meurtre, de parjure et de trahison. Chaque marche, chaque pas vers le sommet rapproche du trône, ou le consolide.

C'est une marche que je dois franchir, ou alors trébucher...

(*Macbeth,* I, 4)

La dernière marche n'est plus séparée de l'abîme que d'un pas. Les souverains changent. Mais l'escalier est toujours le même. Et les bons, les méchants, les courageux et les poltrons, les vils et les nobles, les naïfs et les cyniques continuent de le gravir.

Est-ce ainsi que Shakespeare concevait le tragique de l'histoire dans la phase première, la phase de jeunesse de sa création, que les spécialistes de ses écrits ont appelée avec désinvolture l'époque optimiste ? Peut-être était-il partisan de la monarchie légitime de Tudors et a-t-il puisé dans la matière sanglante du XV^e^ siècle afin d'effrayer ses spectateurs au tableau de la lutte des grands féodaux et du déchirement interne de l'Angleterre ? Ou peut-être écrivait-il sur sa propre époque, et alors *Hamlet* ne serait pas si éloigné des deux *Richards?* A quelles expériences avait-il puisé? Etait-il un moraliste, ou bien décrivait-il le monde qu'il connaissait ou pressentait, sans illusions, sans mépris, mais aussi sans indignation? Et quel est-il véritablement, le monde qu'il a dévoilé dans ses chroniques? Essayons de déchiffrer les deux *Richards.* Aussi bien que nous en sommes capables.

## II

Commençons par le fonctionnement du Grand Mécanisme, tel que Shakespeare l'a montré dans son théâtre. Sur le proscenium, des armées combattent ; la petite niche sous l'auvent se transforme en Chambre des Communes ou en chambre royale ; au balcon apparaît le roi entouré des évêques ; les trompettes jouent, le proscenium à présent est devenu la cour devant la *Tower* gothique vers laquelle des hallebardiers conduisent des princes arrêtés ; la niche est devenue cellule ; des pensées agitées empêchent l'héritier du trône de s'endormir, et déjà la porte s'est entrebâillée, des tueurs à gages entrent, armés de stylets ; le plateau est maintenant une rue de Londres, la nuit : des bourgeois effrayés se croisent furtivement, parlant de la grande politique ; une fois de plus des trompettes : le nouveau souverain est apparu au balcon.

Commençons par la grande scène de l'abdication dans *Richard II,* qui, du vivant d'Elisabeth, n'a été publiée dans l'édition de la tragédie. Elle dévoile de façon trop cruelle le fonctionnement du Grand Mécanisme : au moment du changement de pouvoir. Le pouvoir est tenu soit de Dieu, soit de la volonté du peuple. Eclair de l'épée, pas des hallebardiers, applaudissements des dignitaires effrayés. Cri de la foule rassemblée de force, et voici le nouveau pouvoir, tenu également de Dieu ou de l'applaudissement du peuple.

Henry Bolingbroke, qui sera plus tard le roi Henri IV, est revenu d'exil, a débarqué avec son armée et a fait prisonnier

Richard II abandonné par ses vassaux. Le coup d'Etat est accompli. Maintenant, il faut le légitimer. Le roi vit encore.

Qu'on aille chercher Richard, pour qu'à la vue de tous il puisse abdiquer : nos procédés ainsi ne seront pas suspects.

(*Richard II*, IV, 1)

Entre Richard sous escorte, dépouillé de ses atours royaux; derrière lui viennent les dignitaires, portant les insignes. La scène se passe à la Chambre des Lords, le proscenium représente Westminster Hall, que Richard a transformé, le dotant du célèbre plafond de chêne. Il n'y entre qu'une seule fois, en tant que prisonnier déjà, et pour abdiquer.

Le roi, privé de sa couronne, parle :

Hélas! pourquoi suis-je mandé devant un roi, avant d'avoir secoué les royales pensées dans lesquelles je régnais? J'ai à peine appris à insinuer, à flatter, à saluer et à plier le genou [...] Mais je me rappelle bien les traits de ces hommes : n'étaient-ils pas à moi? Naguère, tous ne me criaient-ils pas : Salut!

On ne lui permet pas de parler trop longtemps. On ne lui donnera que pour un court instant la couronne, afin qu'il la rende à Henry. Il a déjà renoncé au pouvoir, aux rentes et revenus. Il a déjà rapporté ses édits. Que peuvent-ils donc vouloir encore de lui? Shakespeare le sait :

Il vous reste à lire ces accusations, ces crimes graves commis par votre personne et par vos familiers contre l'Etat et les intérêts de ce pays, afin que par cette confession la conscience de tous soit convaincue que vous êtes justement déposé.

Le roi parle, privé de sa couronne :

Le faut-il? faut-il que je dévide l'écheveau de mes folies? Bon Northumberland, si tes fautes étaient enregistrées, ne serais-tu pas humilié d'en donner lecture devant si noble compagnie?

Mais, cette fois encore, on ne lui permet pas de parler longuement. Le détrônement doit être accompli vite et complètement. Le roi doit être dépouillé de sa royauté. A côté, le nouveau roi attend. Si le vieux roi n'a pas été félon, le nouveau est un usurpateur. La dialectique du changement de pouvoir est toujours la même. Je comprends bien les censeurs de la reine Elisabeth qui interdirent la pièce.

NORTHUMBERLAND — Dépêchez, milord ; lisez ces articles.

LE ROI RICHARD — Mes yeux sont pleins de larmes, je ne puis rien y voir. Et pourtant l'eau amère ne les aveugle pas au point qu'ils ne puissent voir ici une bande de traîtres ! Oui, et si je tourne mes regards sur moi-même, je me trouve traître comme le reste : car j'ai donné ici le consentement de mon âme pour dépouiller de sa pompe sacrée le corps d'un roi.

Comment Shakespeare dramatise-t-il l'histoire ? En premier lieu, par le grand raccourci, la condensation furieuse qu'il lui impose. Car plus dramatique que le drame de Jean, des Henry ou des Richard est l'histoire elle-même. Le fonctionnement même du Grand Mécanisme. Shakespeare transforme des années entières en mois, les mois en jours, en une grande scène, en trois, quatre questions où est insufflée toute la pulpe de l'histoire. Voici le grand finale de tout détrônement :

LE ROI RICHARD — Eh bien ! permettez-moi de m'en aller.

BOLINGBROKE — Où ?

LE ROI RICHARD — Où vous voudrez, pourvu que je sois hors de votre vue.

BOLINGBROKE — Allez, quelques-uns d'entre vous, convoyez-le jusqu'à la Tour [...] A mercredi prochain nous fixons notre couronnement solennel : milords, préparez-vous.

(*Richard II*, IV, 1)

Nous approchons de la fin. Plus qu'un acte. Le dernier. Mais ce dernier acte sera en même temps le premier acte d'une nouvelle tragédie. Seulement, elle aura un nouveau titre : *Henry IV*. Dans *Richard II*, Bolingbroke était un héros positif. C'était le vengeur. Il défendait la loi violée et la justice. Mais, dans sa propre tragédie, il ne peut plus jouer que le rôle d'un Richard II. Le cycle est bouclé. Le cycle recommence. Bolingbroke a parcouru la moitié du grand escalier de l'histoire. Le couronnement a déjà eu lieu. Il règne déjà. En atours royaux, au château de Windsor, il attend les dignitaires du royaume. Ils viendront :

BOLINGBROKE — Bienvenue, milord ! quelles nouvelles ?

NORTHUMBERLAND — D'abord, que je souhaite toute prospérité à ton pouvoir sacré ; ensuite, que j'ai envoyé à Londres les têtes de Salisbury, de Spencer, de Blunt et de Kent. Les détails de leur arrestation sont amplement exposés dans le papier que voici. *(Il lui présente un papier.)*

BOLINGBROKE — Nous te remercions pour ta peine, noble Percy; à ton mérite nous ajouterons des récompenses bien gagnées.

*(Entre Fitzwater.)*

FITZWATER — Milord, j'ai envoyé d'Oxford à Londres les têtes de Brocas et de sir Bennet Seely, deux des dangereux affidés qui ont comploté à Oxford ton effroyable renversement.

BOLINGBROKE — Tes services, Fitzwater, ne seront pas oubliés; je sais toute la noblesse de ton mérite.

(*Richard II*, V, 6)

Dans cette scène, ce qui est le plus effroyable, c'est son parfait naturel. Comme s'il ne s'était rien produit. Un nouveau règne commence : on envoie six têtes au roi, dans sa capitale. Mais Shakespeare ne peut pas finir sa tragédie là-dessus. Il a besoin d'un choc. Il doit introduire dans l'action du Grand Mécanisme un éclair de conscience. Un seul éclair, mais génial. Le nouveau souverain attend qu'on lui apporte encore une tête, la plus importante. Il a chargé le plus fidèle de ses confidents d'exécuter le meurtre. Il a chargé... le mot est trop simple. Les rois n'ordonnent pas qu'on assassine par traîtrise... Ils ne font que le tolérer. De façon à pouvoir l'ignorer eux-mêmes. Mais rendons la parole à Shakespeare. C'est là l'une de ces grandes scènes que l'histoire répétera, qui ont été décrites une fois pour toutes, où l'on trouve tout : le mécanisme du cœur humain et le mécanisme du pouvoir, l'intonation de la voix, la peur, la flatterie et le système. Dans cette scène, le roi ne paraît pas et aucun nom n'est prononcé. Rien n'est dit et tout est dit. Il n'y a que la voix royale et son double écho.

EXTON — N'as-tu pas remarqué ce qu'a dit le roi? « N'ai-je pas un ami qui me délivrera de cette vivante alarme? » C'est cela, n'est-ce pas?

LE VALET — Ce sont ses propres paroles.

EXTON — « N'ai-je pas un ami? » a-t-il dit. Il a répété cela deux fois, il a insisté à deux reprises, n'est-ce pas?

LE VALET — Oui.

(*Richard II*, V, 4)

Et voici que maintenant, au cours de la dernière scène de *Richard II*, entre ce plus fidèle des fidèles. Il entre, suivi de ses gens portant un cercueil :

Grand roi, dans ce cercueil je te présente ta crainte ensevelie. Ci-gît, inanimé, le plus puissant de tes plus grands ennemis, Richard de Bordeaux, ici amené par moi.

Et c'est ici que se situe cette étincelle de génie. Sautons la réponse du roi, elle est plate. Il chassera Exton, ordonnera que l'on fasse des funérailles solennelles à Richard et sera le premier à suivre la dépouille. Tout cela n'est encore que description du Grand Mécanisme. Sèche comme une chronique du Moyen Age. Mais il échappera au roi une phrase qui nous transporte déjà dans les problèmes de *Hamlet*. Car on ne saurait déchiffrer autrement *Hamlet* qu'à l'aide des deux *Richard*. Dans cette seule phrase, on trouve ce soudain effroi devant le monde et son mécanisme atroce, devant ce monde qu'on ne peut fuir, mais qu'on ne peut accepter. Car il n'est pas de mauvais rois, ni de bons rois; les rois ne sont que des rois. Ou, autrement encore, et pour employer la terminologie contemporaine : seuls existent la situation de roi et le système. Situation qui ne comporte pas de liberté de choix. A la fin de la tragédie, le roi dit cette grande phrase que Hamlet aurait pu prononcer :

Ils n'aiment pas le poison, ceux qui ont besoin de poison...
(*Richard II*, V, 6)

Entre l'ordre de l'action et l'ordre des valeurs existe une contradiction. Cette contradiction est la condition humaine. On n'y peut échapper.

## III

Peu à peu, le tragique du monde shakespearien se révèle à nous. Mais, avant d'en venir aux grandes interrogations de *Hamlet*, nous devons une fois encore décrire ce monde. Voir que c'est là un monde réel. Le monde dans lequel nous vivons. Une fois encore, nous devons suivre pas à pas l'action du Grand Mécanisme, depuis les marches du trône jusque dans les rues de Londres, depuis la chambre à coucher royale jusqu'à la prison de la Tour.

Henry VI a été assassiné; le frère du roi, le duc de Clarence a été assassiné; Edouard IV est mort. Shakespeare a enfermé onze longues années d'histoire dans les deux premiers actes de *Richard III*, comme en une longue semaine de Toussaint.

Seuls existent Richard et les marches qui le séparent du trône. Chacune de ces marches était un homme vivant mis à mort. Il ne reste plus que les deux fils du roi. Eux aussi doivent périr. Shakespeare débarrasse l'histoire de la description, de l'anecdote, presque du récit. C'est l'histoire sans vides.

Ni les noms historiques, ni la fidélité aux événements n'ont d'importance. Les situations font l'essence de l'histoire. C'est l'aube, le soir ou la nuit, dans le deuil interminable de cette semaine des Morts. Le temps n'existe pas; seule existe la présence de l'histoire, son fonctionnement même, que nous ressentons presque physiquement. C'est l'une de ces nuits dramatiques où le pouvoir change de mains, où le sort de tout le royaume dépend d'un seul coup de stylet. C'est l'une de ces nuits historiques dont chacun de nous se souvient si bien, lorsque l'air a une autre densité et les heures une autre durée. Lorsqu'on attend les nouvelles. Shakespeare ne dramatise pas seulement l'histoire. Shakespeare dramatise la psychologie; il la sert en grandes tranches dans lesquelles nous nous retrouvons.

Richard a déjà pris le pouvoir en tant que lord Protecteur. Dans le palais royal, deux femmes effrayées : la reine-mère et la reine-veuve. A leurs côtés joue un petit garçon de dix ans : leur fils et petit-fils. L'archevêque est venu. Tous attendent, et ne pensent qu'à une chose : que fera Richard? Le petit garçon, lui aussi, connaît l'histoire de la famille, l'histoire de l'Etat, les noms des assassinés. Dans quelques jours, dans quelques heures, il sera frère du roi. Ou bien... Le petit garçon a eu une parole imprudente, il a égratigné l'oncle tout-puissant. La reine a crié.

L'ARCHEVÊQUE — Bonne dame, ne grondez pas l'enfant.
LA REINE ELISABETH — Les murs ont des oreilles...

Ce palais, où chaque membre de la famille royale porte le prénom d'un assassiné, rappelle beaucoup Elseneur. Ce n'est pas seulement le Danemark qui est une prison. Mais enfin est venu le courrier.

L'ARCHEVÊQUE — Voici un courrier — Quelles nouvelles?
LE COURRIER — Des nouvelles, milord, qu'il me coûte de révéler.
LA REINE ELISABETH — Comment est le prince?
LE COURRIER — Bien, madame, en bonne santé.
LA DUCHESSE D'YORK — Quelles sont donc tes nouvelles?

LE COURRIER — Lord Rivers et lord Grey sont envoyés en prison à Pomfret et, avec eux, sir Thomas Vaughan.

LA DUCHESSE — Qui les a fait arrêter?

LE COURRIER — Les puissants ducs de Glocester et de Buckingham.

L'ARCHEVÊQUE — Et pour quelle offense?

LE COURRIER — J'ai déclaré tout ce que je savais. Pourquoi, pour quels motifs ces nobles lords ont-ils été arrêtés, c'est ce que j'ignore absolument, mon gracieux seigneur.

(*Richard III,* II, 4)

C'est toujours la même semaine des Morts qui continue. La même nuit, où le pouvoir change de mains. Avant, Shakespeare avait enfermé onze années d'histoire en quelques scènes violentes; à présent, il nous montre une heure après l'autre. Nous venons de quitter à l'instant le palais royal. Nous sommes dans une rue de Londres. Des bourgeois effrayés passent furtivement, par deux, par trois. Ils savent, ils ont entendu quelque chose. Ce n'est pas le chœur de la tragédie antique qui commente les événements ou énonce la volonté des dieux. Chez Shakespeare, il n'y a pas de dieux. Il n'y a que des souverains, dont chacun tour à tour est bourreau et victime, et des hommes qui ont peur. Ceux-ci ne font que regarder le grand escalier de l'histoire. Mais leur sort est fonction de qui parviendra jusqu'à la plus haute marche ou tombera dans l'abîme. C'est pourquoi ils ont peur. La tragédie shakespearienne n'est pas le drame antique des attitudes morales face aux dieux vainqueurs; on ne trouve pas chez lui de *fatum* préjugeant du destin des héros. Le réalisme de Shakespeare tient au fait qu'il sait percevoir le degré auquel les hommes sont engagés dans l'histoire. Les uns la créent, et en tombent victimes. A d'autres, il semble qu'ils la créent, et ils en sont également les victimes. Les derniers ne créent pas l'histoire, mais ils en sont aussi les victimes. Les premiers sont les rois; les seconds, les confidents des rois et les exécuteurs de leurs ordres, les roues dentées du Grand Mécanisme; les derniers sont tout simplement les citoyens du royaume. La grande histoire se joue sur les champs de bataille, dans le palais royal et dans la prison, mais la tour, le palais royal et les champs où se déroulent les batailles sont situés dans un pays réel; en Angleterre. C'est l'une de ces découvertes shakespeariennes qui ont créé la tragédie moderne. Ecoutons les voix de la rue. Ne les avons-nous pas entendues nous-mêmes en des nuits semblables?

TROISIÈME CITOYEN — La nouvelle de la mort du bon roi Edouard se confirme-t-elle?

DEUXIÈME CITOYEN — Oui, monsieur, elle n'est que trop vraie. Dieu nous garde!

TROISIÈME CITOYEN — Alors, messieurs, préparez-vous à voir du trouble dans le monde.

PREMIER CITOYEN — Non, non; par la grâce de Dieu, son fils régnera.

[...]

TROISIÈME CIOYEN — ... Leurs prétentions rivales auprès du roi nous froisseront tous, si Dieu n'y met bon ordre. Oh! le duc de Glocester est bien dangereux; les fils et les frères de la reine sont hautains et arrogants. Si, au lieu de gouverner, ils étaient gouvernés eux-mêmes, notre pays malade retrouverait quelque soulagement.

PREMIER CITOYEN — Allons, allons, nous voyons la chose en noir : tout ira bien.

TROISIÈME CITOYEN — Quand les nuages se montrent, les hommes sages mettent leur manteau.

(*Richard III*, II, 3)

C'est toujours la semaine de la Toussaint et la même rue de Londres. Un seul jour s'est écoulé. Richard a déjà envoyé ses hommes de confiance quérir le prince de Galles. Les trompettes jouent. Le tout jeune héritier du trône fait son entrée dans Londres. Mais ni son frère, ni sa mère ne sont là pour l'accueillir. Le duc d'York et la reine-veuve ont cherché refuge dans la blanche cathédrale gothique de Saint-Paul, fuyant devant Richard. Comme de simples criminels à qui la loi assure le droit d'asile dans les sanctuaires. Il faut les en faire sortir. L'archevêque de Canterbury s'y refuse. Mais le duc de Buckingham saura trouver des arguments :

Vous vous obstinez sans raison, milord, à défendre si cérémonieusement la tradition. Pesez la chose avec le gros bon sens de notre âge : vous ne violez pas le sanctuaire en vous emparant du prince.

Et le cardinal répond :

Milord, pour cette fois votre opinion a raison de la mienne.

(*Richard III*, III, 1)

C'est encore et toujours cette même et interminable semaine. Déjà les deux héritiers du trône, le prince de Galles et le duc d'York, sont emprisonnés dans la Tour gothique, déjà l'aide-bourreau se hâte vers le château de Pomfret pour y couper la tête des plus proches parents et amis de la reine.

Richard grimpe rapidement les marches le séparant du trône. Mais le coup d'Etat n'a pas eu lieu encore. Il faut plonger dans la terreur la Chambre des Lords et le Conseil de la Couronne. Il faut effrayer la ville. Et maintenant, nous verrons ceux à qui il semble qu'ils créent l'histoire. Nous verrons, débarrassé de toute mythologie et dessiné à gros traits, le tableau nu de la pratique politique. Nous verrons, devenu drame, un chapitre du *Prince* de Machiavel, la scène du coup d'Etat. Mais cette scène est jouée par des hommes tremblants, et c'est en cela que réside la supériorité de Shakespeare. Des hommes qui savent qu'ils sont mortels et qui cherchent à sauver leur tête ou à disputer à l'histoire immonde une parcelle d'estime, des semblants de courage, une apparence de correction. Cela ne leur réussira pas : l'histoire en fera d'abord des chiffes, puis elle leur coupera la tête.

## IV

Il est quatre heures du matin. Pour la première fois, dans cette tragédie, Shakespeare indique l'heure exacte. Et justement, il est quatre heures du matin. Pourquoi? C'est l'heure entre la nuit et l'aube, l'heure où là-bas, au sommet, les décisions ont déjà été prises, où ce qui devait arriver est arrivé; mais c'est l'heure où l'on peut encore sauver sa tête, l'heure où l'on peut encore fuir. La dernière heure de la liberté de choix. Le téléphone sonne, quelqu'un frappe en toute hâte à la porte. Qui est-ce? On ne sait. Un ami, ou l'envoyé du Grand Mécanisme, déjà?

LE COURRIER *(frappant à la porte)* — Milord! milord!
HASTINGS *(de l'intérieur)* — Qui frappe?
LE COURRIER — Quelqu'un de la part de lord Stanley.
HASTINGS *(de l'intérieur)* — Quelle heure est-il?
LE COURRIER — Sur le coup de quatre heures.
*(Hastings entre.)*
HASTINGS — Est-ce que lord Stanley ne peut pas dormir, ces longues nuits-ci?
LE COURRIER — Cela semblerait, d'après ce que j'ai à vous dire. D'abord, il fait ses compliments à Votre Seigneurie.

HASTINGS — Et après?
LE COURRIER — [...] En outre, il dit qu'on tient deux Conseils...

J'admire chez Shakespeare ces courts instants où soudain la tragédie s'installe dans le quotidien, lorsque les héros, avant une bataille mortelle ou après avoir ourdi un complot dont dépend le sort du royaume, vont souper ou bien se coucher (« Allons souper à présent; ensuite, nous discuterons en détail le plan du complot »). Ils dorment d'un lourd sommeil; ou encore ils ne peuvent s'endormir, ils avalent d'un trait un gobelet de vin, ils frappent dans les mains, appellent l'écuyer, s'arrachent à leur couche. Ils ne sont que des hommes. Tout comme les héros d'Homère, ils mangent, dorment, se retournent sur un lit mal commode. Ici également, Shakespeare est génial, précisément ici, avec son « quatre heures du matin ». Lequel d'entre nous, ne serait-ce qu'une fois dans sa vie, n'a été réveillé de la sorte?

Il envoie donc demander s'il convient à Votre Seigneurie de monter à cheval avec lui sur-le-champ et de courir en hâte vers le nord, pour parer au danger que son âme pressent.

Et lequel de nos amis qui ont péri ou connu la prison, n'a pas répondu tout comme lord Hastings, ne s'est pas illusionné tout comme lui?

Va, l'ami, va, retourne à ton seigneur. Dis-lui de ne pas s'alarmer de ces deux Conseils séparés. Son Honneur et moi, nous sommes de l'un, et dans l'autre il y a mon bon ami Catesby; [...] Dis-lui que ses craintes sont creuses et sans fondement. Quant à ses rêves... je m'étonne qu'il ait la faiblesse de prendre au sérieux les moqueries d'un sommeil agité. Fuir le sanglier avant que le sanglier nous poursuive, ce serait l'inciter à nous courir sus et à chasser sur une piste qu'il ne voulait pas suivre. Va, dis à ton maître de se lever et de venir me joindre : nous irons ensemble à la Tour, où il verra que le sanglier nous traitera gentiment.

(*Richard III,* III, 2)

L'heure du choix est passée. Tous, déjà, sont présents dans la Tour. Lord Stanley, qui a mis en garde, et lord Hastings, qui n'a pas écouté l'avertissement, l'évêque d'Ely et Ratcliff qui vient d'accomplir la sanglante tuerie de Pomfret. Tous sont assis autour de la même table. Tout le Conseil de la Couronne, les plus grands seigneurs du royaume, laïcs et prêtres, ceux dont dépendent l'Eglise, le trésor, l'armée et les prisons. Ceux devant qui tous tremblent. Seul manque le numéro un, seul manque Richard, le lord Protecteur. Il n'est pas venu. Mais en attendant, il faut parler, voter, donner son avis. Donner son avis avant que ne parle le lord Protecteur. Personne ne sait ce que pense Richard. Nul ne le sait, excepté ses confidents. Quant à eux, justement, ils ne veulent pas prendre la parole. Ils attendent. Tout le Conseil de la Couronne se tait, se taisent ceux devant qui tremble toute l'Angleterre.

BUCKINGHAM — Qui connaît là-dessus les intentions de milord Protecteur? Qui est le plus avant dans la confidence du noble duc?

L'ÉVÊQUE — C'est Votre Grâce, croyons-nous, qui connaît le mieux sa pensée.

BUCKINGHAM — Moi, milord? Nous connaissons tous deux nos visages; quant à nos cœurs, il ne connaît pas plus le mien que moi le vôtre, et je ne connais pas plus le sien, milord, que vous le mien. Lord Hastings, vous êtes très liés, le duc et vous.

HASTINGS — Je sais que le duc m'aime bien, et j'en remercie Sa Grâce. Mais quant à ses projets sur le couronnement, je ne l'ai pas sondé, et il ne m'a signifié en aucune façon son bon plaisir à ce sujet. Mais vous, mes nobles lords, pouvez en fixer la date...

Richard entre. Enfin, les lords entendront sa voix, ils sauront. Et voici ce qu'ils entendent :

Milord d'Ely, la dernière fois que j'ai été à Holborn, j'ai vu de belles fraises, là, dans votre jardin : je vous prie de m'en envoyer chercher quelques-unes.

Où et quand Shakespeare a-t-il entendu le rire atroce du tyran, et s'il ne l'a pas entendu, comment se fait-il qu'il l'ait pressenti?

Observons une fois encore ceux devant qui tremble toute l'Angleterre. Ils sont assis, ils ne se regardent pas dans les yeux, ils se taisent. Ils essayent de percer leurs propres pensées. Et avant tout, que pense-t-il, lui, que pense le lord Protecteur? Une fois de plus, il est sorti sans un mot.

STANLEY — Et qu'avez-vous jugé de son cœur, d'après la mine qu'il a montrée ce matin?

HASTINGS — Morbleu! ceci : qu'il n'en veut à personne ici; si cela était, il l'aurait montré dans ses regards.

STANLEY — Fasse Dieu qu'il n'en soit rien!

Enfin Richard revient. Sa décision est prise; il a flairé qui a des doutes. Il a déjà choisi sa victime. Pendant cette scène du

Grand Conseil, Shakespeare ne laisse pas ses spectateurs souffler un seul instant, il les tient constamment en haleine. Le silence est tel qu'on entend jusqu'aux respirations. C'est cela, précisément, l'histoire sans vides.

Richard parle. Nous avons entendu ces paroles, maintes fois :

> Je vous le demande à tous : dites-moi ce que méritent ceux qui conspirent ma mort par les pratiques diaboliques d'une damnée sorcellerie, et qui ont soumis mon corps à leurs charmes infernaux?

Lord Hastings avait des amis au Conseil. Il croyait à la légalité. Le coup d'état, d'accord, mais dans toute la majesté du droit. Trois heures plus tôt, encore, il défendait la légitimité. Il avait refusé de s'associer à sa violation flagrante. Il avait voulu sauvegarder des restes de pudeur, des restes d'honneur. Il avait été un homme courageux. *Il l'avait été.* Shakespeare n'a probablement jamais vu la mer et, comme l'affirment d'autres savants commentateurs, il n'a jamais contemplé de ses propres yeux un champ de bataille. Il ne connaissait pas la géographie. Il plaçait la Hongrie au bord de la mer. Protée prend un navire pour se rendre de Vérone à Milan et, pis encore, il attend la marée! Florence est également, pour Shakespeare, un port de mer.

Ulysse, chez lui, cite Aristote, et Timon d'Athènes se réfère à Sénèque et Galien. Shakespeare ne connaissait pas la philosophie, ne comprenait rien à l'art militaire, mélangeait les mœurs des diverses époques. Une horloge sonne dans *Jules César,* une servante délace le corset de Cléopâtre, les canons tirent à poudre du temps de Jean sans Terre. Shakespeare n'a vu ni la mer, ni la bataille, ni la montagne; il ne connaissait ni l'histoire, ni la géographie, ni la philosophie. Mais il savait qu'au Grand Conseil, après les paroles de Richard, le noble lord Hastings prendrait le premier la parole et prononcerait contre lui-même un arrêt de mort. J'entends sa voix :

> La tendre affection que je porte à Votre Grâce, milord, m'enhardit le premier, dans cette noble assemblée, à condamner les coupables : quels qu'ils soient je dis, milord, qu'ils ont mérité la mort.

Il est trop tard, déjà, pour sauver sa tête, mais il est toujours temps de devenir une chiffe. De croire aux sortilèges et au pacte avec le diable, de croire à tout et de consentir à tout. Ne serait-ce qu'une heure avant sa propre mort.

GLOCESTER *(montrant son bras gauche mis à nu)* — Eh bien, que vos yeux soient témoins du mal qu'on m'a fait! Voyez comme je suis ensorcelé, voyez : mon bras est desséché comme un rameau flétri! C'est la femme d'Edouard, cette monstrueuse sorcière, et sa complice, cette garce, cette catin de Shore, qui m'ont ainsi marqué de leurs sortilèges!

HASTINGS — Si elles ont commis cette action, noble seigneur...

GLOCESTER — Si!... C'est toi, protecteur de cette damnée catin, qui oses me parler de *si?* Tu es un traître! A bas sa tête!... Ah! je le jure par saint Paul, je ne dînerai pas que je ne l'aie vue à bas! Lovel et Ratcliff, veillez à ce que ce soit fait.

(*Richard III,* III, 4)

J'ai vu cette scène dans le film d'Olivier. Tous ont baissé les yeux. Personne n'a regardé du côté dc Hastings. Lentement s'écartent de lui ses plus proches voisins, ceux qui étaient assis à ses côtés à la grande table. Richard repousse sa chaise et sort. Et tous repoussent leurs chaises. Lentement, l'un après l'autre, ils quittent la salle. L'évêque d'Ely et le fidèle ami Stanley. Personne n'a tourné la tête. Personne n'a regardé derrière soi. La salle s'est vidée. Seul est resté lord Hastings; et, à ses côtés, les deux grands exécuteurs du royaume : lord Lovel et sir Richard Ratcliff, qui ont dégainé leurs épées.

Il faut légaliser le crime. On n'a pas eu le temps de faire un procès. Mais le procès doit avoir lieu. Et il se déroulera avec toute la pompe voulue; on respecte la loi en Angleterre. A un détail près : il n'est plus possible de faire comparaître l'accusé. Shakespeare connaissait le fonctionnement du Grand Mécanisme : à quoi serviraient donc le Lord maire de Londres et les grands juges? Il suffira de les convaincre. Richard et le duc de Buckingham ordonnent qu'on appelle le maire. Le voici déjà accouru. Non, inutile de le convaincre. Il est déjà convaincu, il est toujours convaincu.

LE MAIRE — Alors bien vous advienne! Il a mérité sa mort. Et Vos Grâces ont bien fait de donner cette leçon aux traîtres qui machinent de tels attentats [...]

BUCKINGHAM — Pourtant, notre volonté n'était pas qu'il mourût avant que Votre Seigneurie fût là pour assister à sa fin; mais l'empressement affectueux de nos amis ici présents a prévenu votre arrivée, un peu contre nos intentions. Nous aurions voulu, milord, que vous eussiez entendu le traître parler et confesser sous la terreur les moyens et le plan de ses trahisons, pour que vous puissiez les faire connaître aux citoyens qui pourraient mal interpréter nos actes et déplorer sa mort.

Le maire — Mais. monseigneur, la parole de Votre Grâce suffit; c'est comme si je l'avais vu et entendu parler. Et je ne doute pas, très nobles princes, de faire comprendre à nos fidèles citoyens la justice de vos procédés dans cette affaire.

(*Richard III*, III, 5)

Magnifique, en vérité, la façon dont s'achève cette scène! Le maire file au grand galop à l'Hôtel de Ville. Richard et le duc de Buckingham s'en vont souper. Le plateau est vide. De nouveau, il représente une rue de Londres. C'est toujours le grand deuil de la semaine de Toussaint qui dure. Et c'est de nouveau le petit matin. Entre le greffier, un papier à la main :

Voici l'acte d'accusation de ce bon lord Hastings, écrit en grosse de ma plus belle main, afin que lecture en soit faite aujourd'hui à Saint-Paul. Remarquez l'enchaînement des choses. J'ai mis onze heures à copier cet acte, car c'est hier soir qu'il m'a été envoyé par Catesby. On avait bien mis autant de temps à rédiger l'original; et pourtant il n'y a que cinq heures lord Hastings vivait, n'étant encore ni accusé ni interrogé, libre, au grand air! Le beau monde que voilà, en attendant! Qui donc serait assez grossier pour ne pas voir cette supercherie? Mais qui donc aussi serait assez hardi pour ne pas dire qu'il ne la voit pas? Le monde est mauvais; et tout doit aller bien mal quand d'aussi laides actions ne doivent être vues que par la pensée.

(*Richard III*, III, 6)

« *Here's a good world the while!* » Le beau monde que voilà... Il est remarquable combien ce greffier à la raillerie cruelle est proche des bouffons qui apparaîtront plus tard chez Shakespeare. Seul le bouffon qui philosophe connaîtrait-il la vérité sur le monde, puisque c'est pour cela qu'on l'entretient à la cour; ou le greffier du tribunal, qui sait tout, mais n'a pas le droit de parler? Le beau monde que voilà... Mais quel monde? Quel est le monde dont parle Shakespeare?

Qu'a voulu dire Shakespeare dans *Richard III?* Il en a puisé la matière historique dans les chroniques de Hall et Holinshed, qui les ont consignées selon les notes de Thomas More. Il n'a changé ni les caractères, ni la succession des événements : même la violente scène des fraises est décrite en termes presque identiques par Thomas More. Shakespeare se serait-il contenté de corriger de vieux drames historiques, volontiers représentés à Londres, tel *Richardus Tertius* de Thomas Legge, ou bien l'anonyme *True History of Richard III*, et aurait-il rendu vie à ces vieux noms rien qu'en leur transfusant une goutte de sang vermeil? *Richard III* ne serait-il qu'une page d'histoire, un atroce chapitre des hauts faits de la vieille Angleterre?

Le beau monde que voilà... Mais quel monde? Celui de *Richard III?* Celui de Shakespeare? De quel monde parlait Shakespeare, quelle époque voulait-il montrer? Les féodaux du XVe siècle, se massacrant les uns les autres, ou bien, peut-être, le règne de la bonne, sage et pieuse reine Elisabeth, qui fit décapiter Marie Stuart lorsque Shakespeare avait vingt-trois ans, et envoya à l'échafaud quinze cents Anglais, au nombre desquels ses propres amants et des ministres du royaume, des docteurs en théologie et des docteurs en droit, des chefs d'armée, des évêques, de grands juges? Le beau monde que voilà... Mais peut-être Shakespeare montrait-il un monde où seul change le nom des rois, mais où le Grand Mécanisme est toujours le même, qu'autour de la longue table s'asseyent des chevaliers en heaume et cotte-de-mailles, des seigneurs poudrés et souriants, aux perruques blanches et aux culottes de soie collantes boutonnées de diamants, ou encore des hommes d'un certain âge, aux cheveux coupés court et aux vestons militaires boutonnés à ras du cou. Shakespeare aurait-il donc estimé que l'histoire n'est qu'une chaîne ininterrompue d'atrocités, une interminable semaine des Mort au cours de laquelle, fort rarement et pour un court instant seulement, un rayon de soleil perce à midi les nuages épais, une aube tranquille survient ou une douce et chaude soirée où les amoureux, les bras enlacés, s'étendent pour dormir sous les arbres de la forêt d'Ardennes?

> Va, sauve-toi, sauve-toi de ce charnier, sous peine d'augmenter le nombre des morts...
>
> (*Richard III,* IV, 1)

Le beau monde que voilà... Mais qu'était véritablement pour Shakespeare ce Grand Mécanisme? Un cortège de rois qui gravissent le grand escalier de l'histoire et s'en font mutuellement tomber; ou une bouffée de sang chaud qui monte à la tête et envahit les yeux? L'ordre naturel violé, dans lequel le mal donne naissance au mal, où chaque injustice réclame un vengeur, où chaque crime appelle le crime suivant; ou encore le cruel ordre social des vassaux et des seigneurs en conflit, où tout le royaume est gouverné comme un domaine et devient la proie du plus fort? La lutte pour le pouvoir, mise à nu, qui toujours revêt les mêmes formes, si on l'observe avec des yeux débarrassés de toute illusion et de toute foi; ou encore le battement impétueux du cœur humain, que l'intelligence ne peut ni accélérer ni freiner, mais qu'un morceau d'acier tranchant interrompt une fois pour toutes? La nuit noire et impénétrable de l'histoire, d'où l'on n'aperçoit pas l'aube, ou bien les ténèbres qui ont envahi l'âme humaine?

## V

*Richard III* n'apporte de réponse qu'à une partie seulement de ces grandes interrogations. Dans cette tragédie qui égale *Titus Andronicus* en accumulation d'atrocités — si elle ne la surpasse pas — un seul personnage connaît pendant un court instant le doute et a des scrupules. C'est un tueur à gages, l'un des deux que Richard a envoyés assassiner le duc de Clarence dans la prison de la Tour.

PREMIER ASSASSIN — Comment, tu as peur?
DEUXIÈME ASSASSIN — Pas de le tuer, puisque nous en avons l'ordre, mais d'être damné pour l'avoir tué, ce dont aucun ordre ne peut nous préserver.

(*Richard III,* I, 4)

Dans ce monde de rois, d'évêques, de juges, de chanceliers, de lords et de chefs d'armées, seul celui dont le métier normal est d'assassiner contre argent comptant recule, l'espace d'un instant, avant d'accomplir le meurtre. Il ne craint pas d'enfreindre les lois du royaume ou l'ordre social : il sait bien qu'il occupe dans celui-ci une place déterminée, peu glorieuse, mais universellement tolérée et indispensable; et n'a-t-il pas obtenu mandat du roi en personne? Le tueur à gages craint le jugement dernier, la damnation, l'envoi en enfer. C'est l'unique croyant de toute cette tragédie. La voix de la conscience se fait entendre en lui, mais en même temps il se rend compte qu'on ne saurait la concilier avec les lois et l'ordre du monde dans lequel il vit, que la conscience est chose inutile, ridicule et importune.

[La conscience] est une chose dangereuse : elle fait d'un homme un couard. Un homme ne peut voler, qu'elle ne l'accuse; un homme ne peut jurer, qu'elle ne l'arrête ; un homme ne peut coucher avec la femme de son voisin, qu'elle ne le dénonce. C'est un démon rougissant et timide qui se révolte dans votre cœur et sème les obstacles sur votre chemin. Elle m'a fait une fois restituer une bourse pleine d'or que j'avais trouvée par hasard. Elle ruine quiconque l'accueille ; elle a été chassée des villes et des cités comme une chose dangereuse ; et tout homme qui entend vivre à l'aise tâche de ne se fier qu'à lui-même et de vivre sans elle.

Seuls, deux personnages de la tragédie réfléchissent à l'ordre de ce monde : le roi Richard III et le tueur à gages ; celui qui se trouve au sommet de la hiérarchie féodale et celui qui se trouve tout au bas de l'échelle. Richard III n'a ni scrupules ni doutes ; le tueur à gages vit de courts instants d'hésitation. Mais tous deux perçoivent tout aussi clairement le même Grand Mécanisme, contemplé du sommet ou du bas de l'échelle ; tous deux n'ont aucune illusion, car eux seuls peuvent se le permettre ; ils acceptent le monde tel qu'il est. Bien mieux : le roi et le tueur à gages représentent l'ordre de ce monde à l'état pur. C'est cela précisément que Shakespeare voulait dire. Dans cette pièce de sa prime jeunesse, il a des explosions soudaines de génie. C'est ainsi qu'il met sur pied d'égalité le tueur à gages et le frère du roi :

CLARENCE — Au nom du ciel, qui es-tu ?
PREMIER ASSASSIN — Un homme comme vous.
CLARENCE — Mais pas royal, comme moi.
PREMIER ASSASSIN — En revanche, loyal, ce que vous n'êtes pas.
(I, 4)

Ce fragment de dialogue annonce déjà *Hamlet*. Que sont en effet les tueurs à gages, sinon les fossoyeurs de l'histoire ? Dans le cimetière d'Elseneur, deux fossoyeurs conversent également avec un fils de roi. Les uns et les autres contemplent la grande histoire et les drames humains avec la même perspective propre à ceux qui creusent les fosses ou dressent les potences. Vus sous cet angle, un fils de roi et le dernier des miséreux ne diffèrent en rien. Tous deux sont mortels. Ils sont nés afin de mourir : par deux fois le tueur à gages et le fils de roi ont été placés sur pied d'égalité. Dans l'ordre de l'histoire, ils ne sont tous deux que des rouages du Grand Mécanisme. Vus dans la perspective du cimetière et de la potence, ils ne sont tous deux que des hommes. La grandeur de Shakespeare est faite de ces confrontations inattendues dans lesquelles, comme dans le feu de l'éclair, surgit soudain devant les yeux, en une lueur, un immense paysage de l'histoire. C'est ainsi que *Richard III* nous amène déjà à envisager *Hamlet* comme un drame politique et, réciproquement, que *Richard,* déchiffré à l'aide de *Hamlet,* devient le drame philosophique de l'incompatibilité de l'ordre des valeurs et de l'ordre de l'action.

Deux tueurs à gages, sur ordre de Richard, entrent dans une cellule de prison, afin de tuer son frère. Ce dernier, le duc de Clarence, tout comme les tueurs à gages, a tué sur ordre et au nom du roi. Hier encore, le duc pouvait leur commander d'exécuter, au nom du roi, n'importe quel crime. Aujourd'hui, il est lui-même en prison, il doit périr sur ordre et au nom de ce même roi. Le duc et les tueurs à gages ne sont que des hommes, que les rouages d'un même mécanisme.

Le frère du roi, au nom de l'ordre politique, commandait aux sbires de tuer. Il a été jeté en prison et il s'y heurte aux mêmes sbires. Il se défend. Il parle de la conscience. Ils répondent : n'a-t-il pas lui-même ordonné de se gausser de la conscience? Il est ministre, dit-il. Ils répondent : en prison, il n'y a pas de ministre. Il parle de l'idéal. Ils répondent : le même idéal ordonne présentement qu'il soit tué.

CLARENCE — En quoi, mes amis, vous ai-je offensés?

PREMIER ASSASSIN — Nous? vous ne nous avez pas offensés; mais c'est le roi.

CLARENCE — Je me réconcilierai avec lui.

DEUXIÈME ASSASSIN — Jamais, milord : aussi préparez-vous à mourir.

[...]

PREMIER ASSASSIN — Ce que nous allons faire, nous le faisons par ordre.

DEUXIÈME ASSASSIN — Et celui qui a donné l'ordre est notre roi.

(I, 4)

Et les deux tueurs à gages noient le duc de Clarence dans un tonneau de Malvoisie.

Ainsi avait commencé la semaine de la Toussaint. Elle s'achève sur la grande scène du couronnement. Richard a déjà écarté tous ceux qui lui faisaient obstacle sur la voie menant au trône. Il a terrorisé le Conseil de la Couronne, la Chambre des Lords et la ville. Il fait nuit. Le plateau représente la cour du château royal. On y a traîné les notables effrayés; ils se taisent et regardent. Partout rôdent les espions du duc. Dans un coin de la cour, la foule compacte des bourgeois tirés de force de leurs maisons. Ce sont eux, justement qui doivent proclamer Richard roi. Car il n'a consenti à régner que par la volonté du peuple. Il apparaît enfin au balcon. Il dit son chapelet. Il est quand même le roi par la volonté de Dieu.

LE MAIRE — Voyez Sa Grâce là-haut entre deux ecclésiastiques!
BUCKINGHAM — Deux soutiens de vertu pour un prince chrétien...

Et sur ce petit « O » de bois auquel Shakespeare a comparé la scène exiguë et circulaire de son théâtre « The Globe », se joue maintenant une grande scène d'histoire. Richard se fait prier avant d'accepter la couronne.

LE MAIRE — Acceptez, mon bon lord : vos bourgeois vous en conjurent.
BUCKINGHAM — Ne refusez pas, puissant lord, l'offre de notre amour.
CATESBY — Oh! rendez-les joyeux, accédez à leur légitime requête.
(*Richard III,* III, 7)

Les notables se taisent et se taisent les bourgeois. De leurs bouches, une seule exclamation s'échappera : « Amen ». Cela suffit. Richard accepte la couronne. Il a récité son chapelet en entier. Il se tourne vers les évêques qui continuent de se tenir immobiles à ses côtés et dit :

Allons! retournons à nos œuvres pies.

## VI

Au théâtre, l'histoire n'est le plus souvent rien d'autre qu'un grand décor. Une toile de fond; et les héros aiment, souffrent ou haïssent, vivent leur propre drame, tranchent leurs questions personnelles. Parfois, il peut se faire qu'ils y soient directement mêlés. L'histoire leur complique la vie, mais même alors elle ne cesse pas d'être un costume plus ou moins incommode : une perruque, une crinoline, une épée qui se prend dans les jambes. Evidemment, ce n'est là que l'historicisme des apparences. Mais il est des pièces où l'histoire n'est ni toile de fond, ni décor, où elle est jouée sur scène, ou plutôt répétée, par des acteurs déguisés en personnages historiques. Ils connaissent l'histoire, ils l'ont apprise par cœur et sortent très rarement de leur rôle. Schiller est un classique de ce genre. Marx appelait ses personnages les porte-voix des idées de l'époque. Les héros interprètent l'histoire, étant donné qu'ils en connaissent le dénouement. Parfois ils peuvent même représenter les aspirations véritables des forces sociales et leurs conflits réels. Pourtant, même alors, ce n'est pas l'histoire qui est mise en drame. Seul un manuel d'histoire l'a été. Ce manuel peut être idéaliste, comme chez Schiller ou chez Romain Rolland, ou matérialiste comme dans certains drames de Brecht, mais il ne cesse à aucun moment d'être un manuel.

L'historicisme de Shakespeare diffère des deux genres ici décrits. L'histoire se joue sur la scène, mais elle n'est jamais une copie. Elle n'est ni une toile de fond, ni un décor, ni une grande machinerie. Elle est en elle-même le héros de la tragédie. Mais de quelle tragédie?

Il existe deux façons fondamentales d'envisager le tragique de l'histoire. A la base de la première existe la conviction que l'histoire a un sens, qu'elle accomplit ses tâches objectives, tend dans une direction déterminée. Elle est raisonnable, rationnelle, ou, du moins, il est possible de la comprendre. Ce qui est tragique alors, c'est le prix de l'histoire, le prix du progrès, que l'humanité doit payer. Alors atteint aux dimensions du tragique chaque résistance à l'histoire, qui en freine ou pousse en avant l'impitoyable rouleau compresseur; qui, en raison précisément de son inadéquation à l'histoire, de son opposition ou de son caractère précurseur, doit être écrasée. Telle était la conception du tragique de l'histoire défendue par Hegel. Elle resta chère au jeune Marx, même après qu'il eut remplacé le développement objectif de l'Idée hégélienne par le développement tout aussi objectif des forces productives.

Bien dit, vieille taupe! avances-tu si vite sous terre? Quel digne pionnier!

(*Hamlet*, I, 5)

La taupe est inconsciente, mais elle creuse la terre dans une direction déterminée. Elle a ses rêves de taupe, qui ne sont que pressentiment confus du soleil et du ciel; ce ne sont pas les rêves qui décident du sens de la marche, mais le mouvement des pattes et du groin qui inlassablement fouillent la terre. La taupe ne sera tragique que si elle est enfouie vive avant de reparaître à la surface de la terre.

Il est une seconde façon de ressentir le tragique de l'histoire. Elle naît de la conviction que l'histoire n'a pas de sens et demeure sur place, ou bien répète sans cesse son cycle atroce. Qu'elle est une force élémentaire, tout comme la grêle, l'orage ou le cyclone, comme la naissance et la mort. La taupe creuse la terre, mais jamais elle ne ressortira à la surface. Sans fin naissent de nouvelles générations de taupes ; elles fouillent la terre en toutes directions, et toujours la terre les enfouit. La taupe a ses rêves de taupe. Longtemps, elle a eu l'illusion d'être le maître de la création, que la terre, le ciel et les étoiles avaient été créés pour elle, qu'il existait un dieu des taupes qui avait créé les taupes et leur avait promis une immortalité de taupes. Mais, soudain, la taupe a compris qu'elle n'est qu'une taupe, que ce n'est pas pour elle que la terre, le ciel et les étoiles ont été créés. Elle souffre, sent et pense, mais ses souffrances, sentiments et pensées sont incapables de changer sa destinée de taupe. Elle continuera à fouiller la terre, et la terre continuera de l'ensevelir. C'est alors que la taupe a compris qu'elle est une taupe tragique.

Cette seconde façon de comprendre le tragique de l'histoire convient le mieux à Shakespeare, me semble-t-il, non seulement à l'époque de *Hamlet* et du *Roi Lear,* mais pendant toute sa vie, depuis les chroniques historiques et *Richard III,* jusqu'à *La Tempête.*

> Car dans le cercle même de la couronne qui entoure les tempes mortelles d'un roi la Mort tient sa cour ; là, trône la farceuse, raillant le pouvoir du roi, ricanant de sa pompe, lui accordant un souffle, une petite scène pour jouer au monarque, se faire craindre et tuer d'un regard. [...] Puis, après s'être ainsi amusée, elle en finit avec une fine épingle, elle perce ce rempart, et... adieu le roi !
>
> (*Richard II,* III, 2)

Dans ces considérations, nous sommes partis de la métaphore sur le grand escalier de l'histoire. C'est sur ces larges marches désertes que Leopold Jessner jouait *Richard III* dans la célèbre mise en scène du Schauspielhaus de Berlin. Cette métaphore comporte des conséquences philosophiques et possède une fécondité dramatique. Il n'y a pas de bons et de mauvais rois, il n'y a que des rois sur les divers degrés de cet unique escalier ; les noms des rois changent, mais toujours un Henry renverse un Richard, ou un Richard un Henry. Les chroniques historiques de Shakespeare sont les *dramatis personae* du Grand Mécanisme. Mais qu'est-il, ce Grand Mécanisme qui commence aux pieds du trône et dont dépend tout le royaume, dont les grands seigneurs et les assassins à gages sont les rouages, qui accule à la violence, au viol, aux atrocités et à la trahison, qui exige sans fin des victimes, dans lequel la voie vers le pouvoir est simultanément la voie vers la mort? Pour Shakespeare, ce Grand Mécanisme est l'ordre de l'histoire, dans laquelle le roi est l'oint du Seigneur :

> Toutes les eaux de la mer orageuse et rude ne sauraient laver du front d'un roi l'onction sacrée. Le souffle des humains ne saurait déposer le lieutenant élu par le Seigneur.
>
> (*Richard II,* III, 2)

Le soleil tourne autour de la terre et, avec lui, rangées en un ordre hiérarchique, les sphères, les planètes et les étoiles. Il est dans l'univers un ordre des éléments, un ordre des chœurs angéliques et, sur la terre, l'ordre des états lui répond. Il y a les seigneurs et les vassaux des vassaux. Le pouvoir royal vient de Dieu, et tout pouvoir sur la terre n'est que le reflet du pouvoir du roi.

> Les cieux eux-mêmes, les planètes et notre terre, leur centre, sont soumis à des lois régulières de degré, de priorité, de rang, de régularité, de direction, de proportion, de saison, de forme, d'attribution et d'habitude, qu'ils observent avec un ordre invariable. Et voilà pourquoi le soleil, cette glorieuse planète, trône dans une noble éminence parmi les autres sphères; son regard salutaire corrige le sinistre aspect des planètes funestes, et s'impose souverainement, tels les ordres d'un roi, aux bons comme aux méchants. Mais pour peu que les planètes osent s'égarer dans une coupable confusion, alors que de fléaux! que de monstruosités! que de séditions! Quelles fureurs agitent la mer! Que de tremblements, la terre! Quelles commotions, les vents! Les catastrophes, les changements, les horreurs renversent et rompent, arrachent et déracinent l'unité et le calme des Etats de leur harmonieuse fixité. Oh! quand la hiérarchie est ébranlée, elle qui sert d'échelle à tous les hauts desseins, l'entreprise est bien malade!
>
> (*Troïlus et Cressida,* I, 3)

*Richard II* ou la tragédie du détrônement. Mais ce n'est pas seulement le détrônement de Richard, c'est le détrônement du roi-dieu, de l'idée du pouvoir monarchique. Nous avons vu Shakespeare mettre sur pied d'égalité un prince du sang, fils et frère de roi, et un tueur à gages. Dans *Richard II,* l'oint du Seigneur, le roi, à qui on a arraché la couronne de la tête, devient un simple mortel. Dans les premiers actes de la tragédie, le roi était comparé au soleil; il aveuglait, et il fallait baisser les yeux lorsqu'on comparaissait devant Sa Majesté. Maintenant, le soleil a été précipité dans l'abîme et, avec lui, l'ordre de l'univers.

Car, que pouvons-nous léguer, hormis notre corps dégradé à la terre? Nos domaines, notre vie, tout est à Bolingbroke. Et il n'est rien que nous puissions appeler nôtre, si ce n'est la mort, et cette chétive maquette de terre stérile qui empâte et couvre nos os! [...] Jetez de côté le respect, la tradition, l'étiquette, et les devoirs cérémonieux; car vous vous êtes mépris sur moi jusqu'ici. Je vis de pain comme vous, comme vous je ressens le désir, j'éprouve la douleur, j'ai besoin d'amis. Ainsi asservi, comment pouvez-vous me dire que je suis roi?

(*Richard II*, III, 2)

« *E pur si muove!...* » On peut lire ces mots en leur donnant diverses intonations. « Et pourtant elle tourne... » Dans ces mots résonne un rire amer, également. Il n'y a ni ciel, ni enfer, ni ordre des sphères. La terre tourne autour du soleil, et l'histoire n'est qu'un grand escalier du haut duquel, à chaque instant, un nouveau roi tombe dans l'abîme.

*Richard III* annonce *Hamlet. Richard II* est la tragédie de la connaissance. Ce roi, à qui l'on a arraché la couronne, un instant avant d'être précipité dans l'abîme atteint à la grandeur du roi Lear. Car *Le Roi Lear*, tout comme *Hamlet*, est aussi la tragédie de l'homme contemporain de Shakespeare, la tragédie du monde dépouillé des illusions. Le roi Lear, lentement, pas à pas, descend le grand escalier, pour découvrir toute l'atrocité du monde sur lequel il avait régné et qu'il ne connaissait pas, pour en boire l'amertume jusqu'à la lie. Richard II, brutalement, en un instant, est projeté dans l'abîme. Mais avec lui, s'écroulent les fondements du monde féodal. Non seulement Richard a été chassé du trône. Le soleil a cessé de tourner autour de la terre.

Donnez-moi cette glace; c'est là que je veux lire... Quoi! pas de rides plus profondes? La douleur qui a porté tant de coups à ce visage, n'y a pas fait de plus graves blessures! O miroir flatteur, comme les courtisans de ma prospérité, tu me trompes! Est-ce là le visage de celui qui chaque jour sous le toit de son palais entretenait dix mille hommes? Est-ce là ce visage qui, comme le soleil, faisait baisser tous les yeux? Est-ce là ce front qui affronta tant de folies et reçut de Bolingbroke l'affront suprême? Une gloire bien fragile brille sur ce visage. Eh bien! le visage est aussi fragile que la gloire *(Il jette à terre le miroir)*, car le voilà brisé en mille éclats... Retiens, roi taciturne, la morale de ce jeu.

(*Richard II*, IV, 1)

La tragédie de Richard II s'est jouée sur la dernière marche de l'escalier. Les principales scènes de *Richard III* se déroulent sur sa première moitié. Sans conscience, le tragique de l'histoire n'existe pas. La tragédie commence au moment où le roi remarque le fonctionnement du Grand Mécanisme. Cela peut survenir au moment où il en tombe victime, ou bien lorsqu'il est le bourreau. Ce sont précisément les situations où Shakespeare se livre à ses grandes confrontations entre l'ordre des valeurs et l'ordre de l'histoire.

Richard III se compare à Machiavel; véritablement, il est le Prince. Il est en tout cas un prince qui a lu *Le Prince*. La politique est pour lui pratique pure, un art dont le but est de régner. Elle est amorale, comme l'art de construire les ponts ou une leçon d'escrime. Les passions humaines en constituent la glaise. Et les hommes sont de l'argile dont on peut faire ce que l'on veut. Le monde entier est un énorme morceau de glaise qui se laisse pétrir dans la main. Richard III n'est pas seulement le nom d'un des rois qui se sont engagés sur le grand escalier. Richard III est l'intelligence du Grand Mécanisme, sa volonté et sa conscience. Pour la première fois, Shakespeare a montré le visage humain du Grand Mécanisme. Il est effroyable par son chuchotement et son affreux rictus. Mais il est fascinant.

## VII

Richard III est la première de ces grandes figures que Shakespeare dote de la totalité de l'expérience historique, afin de mener à bien son règlement de comptes tragique avec le monde réel. Celui-ci commence avec la rencontre de Richard et de lady Anne. C'est l'une des plus grandes scènes qu'ait écrites Shakespeare, l'une des plus grandes qui aient jamais été écrites.

Lady Anne suit le cercueil ouvert, porté par des valets, qui contient la dépouille de son beau-père, le roi Henry VI.

Richard l'a assassiné dans la Tour. Auparavant, il avait tué le mari de lady Anne, Edouard, et son père, le comte de Warwick. Quand cela? Hier? Il y a un an? Une semaine ou un mois de cela? Ici, le temps n'existe pas. Il est condensé aux proportions d'une seule grande nuit, d'une longue semaine de deuil.

Richard barre la route au cortège funèbre. Et voici qu'au cours des six brèves minutes que l'horloge mesure au clocher, en trois pages du folio shakespearien, en quarante-trois répliques, il amène la femme dont il a assassiné le mari, le père et le beau-père, à venir d'elle-même dans sa couche.

> Arrêtez, vous qui portez ce corps, et posez-le à terre.
>
> (*Richard III*, I, 2)

Tels sont les premiers mots de Richard. Lady Anne est semblable à une furie des tragédies antiques, elle est toute souffrance et haine. Mais lady Anne sait bien en quels temps elle vit. Shakespeare, dès le premier instant, situe la scène dans le pays de la crainte et de la terreur, où la peur garrotte tout le monde et où nul n'est certain de vivre. Les hallebardiers fuient devant Richard, les valets laissent tomber le cercueil à terre. Plus rien ne peut étonner lady Anne. Elle a déjà tout connu :

> Quoi? vous tremblez? Vous avez tous peur? Hélas, je ne vous blâme pas, car vous êtes mortels.

Elle restera seule avec Richard. Elle a perdu tous les siens. Elle est désormais libérée de la peur. Elle pleure, elle supplie et maudit, tremble, raille, crache des injures :

> Il n'est pas de bête si féroce qui ne connaisse l'empreinte de la pitié.

Et Richard répond :

> Je ne la connais pas, donc je ne suis pas une bête.

Shakespeare rappelle une fois encore que la scène se passe sur la terre, la plus atroce des étoiles, et parmi les hommes, plus cruels que les animaux. Et afin de mener à bien son règlement de comptes, il cherche les formes dernières, extrêmes, que revêtent l'amour et la souffrance, le crime et la haine. Lady Anne est encore pour l'instant la plus forte dans ce duel. Richard est plat, il essaie de nier le crime, il ment. Lady Anne le contraint à avouer. Et ce n'est qu'alors, dans ce monde qui a été dépouillé des apparences, dans lequel la violence est mise à nu, où le meurtrier se dresse face à sa victime, que Richard sera plus fort qu'Anne. Il reconnaît qu'il a tué le roi.

GLOCESTER — Qu'il me remercie d'avoir aidé à l'envoyer [au ciel], car sa place était là plutôt que sur la terre.
LADY ANNE — C'est en enfer seulement qu'est la tienne.
GLOCESTER — J'ai une place ailleurs, si vous me permettez de l'indiquer.
LADY ANNE — Quelque donjon.
GLOCESTER — Votre chambre à coucher!

Ici se situe la première victoire de Richard. Tant qu'il mentait, qu'il trompait, qu'il niait le crime, il reconnaissait l'existence de l'ordre éthique. Maintenant, il l'a réduit en poussière. Ils sont seuls en scène. Ils sont seuls dans un monde de meurtres, de violence, d'oppression et d'atrocités.

LADY ANNE — Que l'insomnie habite la chambre où tu couches!
GLOCESTER — Elle y habitera, madame, jusqu'à ce que je couche avec vous.
LADY ANNE — Je l'espère.

Dès ce moment, lady Anne est perdue. Richard lui a arraché la terre de sous les pieds. Ainsi donc, tout ce mécanisme effroyable, la mort de ses proches, l'emprisonnement des grands seigneurs du royaume, la lutte pour le pouvoir et la couronne — c'était pour elle et rien que pour elle! Le monde a été dépouillé des apparences, l'ordre réduit en poussière, l'histoire cesse d'exister. Il n'y a plus qu'une femme, un homme et un océan de sang répandu.

GLOCESTER — C'est votre beauté qui fut la cause de cet effet, votre beauté, qui me hantait dans mon sommeil, et qui me ferait entreprendre le meurtre du monde entier pour pouvoir vivre une heure sur votre sein charmant.
LADY ANNE — Si je croyais cela, je te déclare, homicide, que ces ongles arracheraient cette beauté de mes joues.

Shakespeare a le don de la clairvoyance psychologique. Dans cette grande scène, violemment, de question en question, en énormes raccourcis, il accomplit son voyage au cœur des ténèbres. Le monde est réduit aux forces élémentaires : la haine et le désir. Lady Anne hait encore Richard, mais elle est seule avec sa haine, dans un monde où n'existe que le désir. Cette scène, il faut la déchiffrer à l'aide de notre expérience propre, il faut y retrouver la nuit de l'occupation, la nuit des camps de concentration, la nuit des crimes politiques. Il faut y déceler le temps du mépris où craquent toutes les normes, lorsque tour à tour la victime devient bourreau et le bourreau victime. Lady Anne crache encore au visage de Richard, mais c'est là déjà son dernier geste, sa dernière défense avant de se rendre.

Lady Anne ne se donne pas par la peur. Elle suit Richard pour toucher au fond. Afin de se prouver à elle-même que toutes les lois du monde ont cessé d'exister. Car lorsque tout a été perdu, ne reste que le souvenir, qu'il faut également tuer en soi. Il faut se tuer ou tuer en soi la dernière trace de pudeur. Lady Anne se couche dans le lit de Richard afin — comme le disait Conrad — de « se plonger dans des éléments dévastateurs ».

Car si toute l'histoire n'est qu'un grand carnage, que reste-t-il, sinon l'abandon, le saut dans les ténèbres, le choix entre la mort et la jouissance.

Le génie de Shakespeare, c'est d'avoir imposé à lady Anne ce choix-là, l'ultime et unique choix qui lui soit resté.

Richard lui tend son stylet :

GLOCESTER — Allons, n'hésite pas, c'est moi qui ai tué le roi Henry... Mais c'est ta beauté qui m'a provoqué ! Allons, dépêche-toi : c'est moi qui ai poignardé le jeune Edouard !... *(Anne lève l'épée vers lui.)* Mais c'est ton céleste visage qui m'a incité. *(Elle laisse tomber l'épée.)*

[...]

LADY ANNE — Relève-toi, hypocrite. Quoique je souhaite ta mort, je ne veux pas être ton bourreau.

Un demi-siècle plus tard, une autre tragédie a été écrite, où se présente aussi devant une femme l'homme qui a tué son père. Le père de Chimène avait offensé le père de Rodrigue, et Rodrigue a vengé l'humiliation de son père. Maintenant Chimène doit venger son propre père et exige la tête de Rodrigue. Tout au long de la tragédie, l'amour et le devoir poursuivent un dialogue en alexandrins coulants, dont le rythme de fer ne sera pas rompu un seul instant. Le monde de Corneille est cruel, également, mais ni l'ordre éthique ni l'ordre intellectuel n'en ont été troublés. L'honneur, l'amour et la loi y subsistent. Dans les tragédies royales de Shakespeare, n'existent que la haine, le désir et la violence; n'existe que le Grand Mécanisme, qui transforme le bourreau en victime et la victime en bourreau. Les héros de Corneille sont dignes et sûrs d'eux-mêmes. Ils n'ont pas de doutes, pas un instant la passion n'a tordu leurs lèvres. Ils vivent dans un monde qui n'a jamais tremblé. Et c'est peut-être pourquoi ils nous semblent des gens d'une autre planète. Sous les yeux des spectateurs, ils disputent la grande course à la noblesse d'âme, mais elle leur coûte fort peu, elle ne les modifie pas intérieurement. Et je n'y peux rien si, à la splendide rhétorique de Corneille, où la passion est déclinée selon les règles d'une grammaire immuable, je préfère ces bribes violentes du dialogue shakespearien :

LADY ANNE — Que je voudrais connaître ton cœur!
GLOCESTER — Ma langue en est l'image.
LADY ANNE — L'un et l'autre sont faux, j'en ai peur.
GLOCESTER — Alors jamais homme n'a été sincère.
LADY ANNE — Allons, allons, rengainez votre épée.
GLOCESTER — Dis-moi qu'entre nous la paix est faite.
LADY ANNE — Cela, tu le sauras plus tard.
GLOCESTER — Mais puis-je vivre dans l'espérance?
LADY ANNE — Tous les hommes y vivent, j'espère.

(*Richard III,* I, 2)

Les héros de Corneille sont plus forts que le monde et il n'y a pas de ténèbres dans le fond de leurs âmes. Mais cette lady Anne qui crache au visage de l'assassin de son mari, pour ensuite coucher avec lui, me semble plus humaine, ou peut-être seulement plus contemporaine que la majestueuse Chimène. Chez Shakespeare, toutes les valeurs humaines sont friables et le monde est plus fort que l'homme. L'impitoyable rouleau compresseur de l'histoire broie tout et tous. L'homme est défini par la situation dans laquelle il se trouve, par la marche de l'escalier sur laquelle il se tient. Et cette marche détermine toute sa liberté de choix.

Dans *Richard II,* Shakespeare a détrôné non seulement un roi, mais l'idée du pouvoir monarchique. Dans *Richard III,* il montre comment tout l'ordre éthique tombe en ruine. Richard II, après la grande scène de l'abdication, crie qu'on lui apporte un miroir. Et lorsqu'il y retrouve son visage inchangé, il le brise contre le sol. Le roi est devenu un homme; on a arraché la couronne de la tête de l'oint du Seigneur. Et le monde n'a pas tremblé dans ses fondations? Et rien n'est changé, pas même son propre visage? Alors, la couronne n'était qu'une apparence.

Richard III, après avoir poussé lady Anne dans sa chambre à coucher, demande également un miroir. Tout s'est révélé apparence : la fidélité, l'amour, la haine même. Le crime est impuni, la beauté a épousé la laideur, le destin humain est de l'argile que l'on peut pétrir de ses mains. Il n'y a ni Dieu, ni droit.

Avoir contre moi Dieu, sa conscience, ce funèbre obstacle; pour moi, comme soutien de ma cause, rien que le diable et d'hypocrites regards, et pourtant la séduire!... tout l'univers pour rien!...

(*Richard III*, I, 2)

Richard III réclame un miroir. Mais il est plus intelligent que Richard II. Il réclame un miroir, mais il appelle en même temps ses tailleurs, afin qu'ils lui coupent un nouvel habit.

## VIII

Shakespeare contemple ce mécanisme inexorable des règnes, sans la frayeur médiévale et sans les illusions des débuts de la Renaissance. Le soleil ne tourne pas autour de la terre; il n'existe ni ordre des sphères, ni ordre de la nature. Le roi n'est pas l'oint du Seigneur, et la politique n'est que l'art de conquérir et de conserver le pouvoir. Le monde est un spectacle semblable à l'orage ou à l'ouragan; le frêle coudrier est couché contre le sol, les grands arbres majestueux tombent, racines arrachées. Atroce est l'ordre de l'histoire, menaçant est l'ordre de la nature, effrayantes sont les passions qui éclosent dans le cœur de l'homme.

L'Arcadie n'existe que dans les comédies. Les amants se retrouvent dans la Forêt d'Ardennes, le fils retrouve l'héritage dont il avait été dépouillé, le souverain équitable remonte sur le trône. Mais même l'utopie de la Forêt d'Ardennes et le songe fiévreux de la nuit d'été sont déchirés de contradictions internes. L'harmonie est brève et l'instant de silence de peu de durée. La pastorale est troublée par l'amère raillerie de Jacques.

De toute la production de Shakespeare antérieure à l'an 1600, qu'au XIXe siècle les bons historiens de la littérature avaient qualifiée d'optimiste, seul *Henry IV* — au nombre des chefs-d'œuvre, tout au moins — pourrait être qualifié de pièce sereine. Dans les deux *Richards* et les autres *Henrys,* l'histoire est l'unique *dramatis persona.* Tandis que dans *Henry IV,* le héros est Falstaff.

Les grands féodaux continuent de s'entre-déchirer. Le roi Henry IV, qui vient de détrôner Richard II, qui a ordonné d'en décapiter ou d'en assassiner les partisans, n'a pas racheté ses crimes par un pèlerinage en Terre Sainte. Ses alliés, ceux qui l'ont fait monter sur le trône, se révoltent. Pour eux, il est un nouveau tyran. Le Pays de Galles et l'Ecosse se soulèvent. Une fois de plus, l'histoire recommence, depuis le début. Mais dans *Henry IV,* l'histoire n'est plus que l'un des nombreux personnages du drame. Celui-ci ne se déroule pas uniquement dans le palais royal ou dans la cour d'honneur des châteaux forts. Il ne se joue plus uniquement sur les champs de bataille, dans la prison de la Tour ou la rue de Londres que traversent rapidement, tout courbés, des bourgeois apeurés. Tout près du palais royal se dresse la taverne de la Hure, et là, Falstaff est roi. Aux chapitres successifs d'une sévère chronique historique est brusquement entrelacée une juteuse comédie de la Renaissance, sur un gros gentilhomme qui depuis des dizaines d'années ne peut plus apercevoir ses genoux, dissimulés par son ventre énorme.

Je préfère les deux *Richard* à *Henry IV.* Pour moi, ils représentent un genre de tragédie infiniment plus profond et plus sévère. Shakespeare y dénude le mécanisme du pouvoir d'une façon directe, sans recourir à des faux-fuyants, sans bâtir une fiction. Il détrône la majesté royale, il la dépouille de toute illusion. Pour ce faire, l'ordre successif des règnes, le mécanisme même de l'histoire lui suffisent. Dans *Henry IV,* la situation est différente. L'héritier du trône est le futur héros national qui battra les Français à Azincourt. *Henry IV* est déjà une épopée patriotique.

Shakespeare ne renonce jamais à ses grandes confrontations. Seulement, il les ordonne autrement. Il oppose aux féodaux qui s'entre-tuent le personnage gargantuesque de Falstaff. Sir John Falstaff n'est pas seulement la personnification de la voracité de vivre propre à la Renaissance, de son rire tonitruant se gaussant du ciel et de l'enfer, de la couronne et de toutes les autres prérogatives royales. Ce chevalier obèse possède une sagesse et une expérience plébéiennes. Lui ne se laissera pas rouler par l'histoire. Le Falstaff de Shakespeare ricane.

*Henry IV* comporte deux scènes magnifiques. La première c'est lorsque Falstaff, nommé par le prince capitaine d'infanterie, chemine avec son détachement pour rejoindre l'armée. Il n'a recruté que des gueux, des mendiants et des infirmes. Le jeune prince contemple avec effroi cette pitoyable troupe. Mais Falstaff lui répond avec sang-froid :

> Bah! Bah! C'est assez bon pour la pointe d'une pique : chair à canon, chair à canon! Ils rempliront un trou aussi bien que des meilleurs. Eh! mon cher, des hommes mortels! des hommes mortels!
>
> (*Première partie de Henry IV,* IV, 2)

Toute cette scène pourrait se retrouver telle quelle dans le théâtre de Brecht. Et ce n'est qu'après l'avoir lue qu'on comprend tout ce que Brecht a pris à Shakespeare.

La seconde scène, c'est Falstaff sur le champ de bataille. Il regarde autour de lui, où se cacher au mieux. Et il monologue :

> Qu'est-ce que l'honneur? Un mot. Qu'y a-t-il dans ce mot honneur? Du vent. Le charmant bénéfice! Qui le possède, cet honneur? Celui qui est mort mercredi. Le sent-il? Non. L'entend-il? Non. C'est donc chose imperceptible? Oui, pour les morts. Mais cela ne peut-il vivre avec les vivants? Non. Pourquoi? La médisance ne le permet pas. Aussi je n'en veux pas. L'honneur n'est qu'un écusson, et ainsi finit mon catéchisme.
>
> (*Première partie de Henry IV,* V, 1)

Dans *Henry IV,* deux Angleterre sont constamment confrontées. Les grands féodaux s'entre-égorgent; le jeune héritier du trône détrousse les marchands sur les grands chemins et avec une bande de va-nu-pieds mène joyeuse vie dans les tavernes. *Henry IV* est l'un des rares drames apologétiques de Shakespeare. Le jeune prince mûrira pour s'épanouir en roi raisonnable et vaillant. La morale de l'histoire est toutefois assez venimeuse. Il apparaît que la compagnie de Falstaff et des coupeurs de bourses est une bien meilleure école de royauté que le carnage féodal. Ces occupations, du reste, ne diffèrent pas tant que cela l'une de l'autre. Il suffit de se souvenir du *Roi Jean :*

> Cousin, pars pour l'Angleterre; prends vite les devants. Et, avant notre venue, aie soin de secouer les sacs de ces accapareurs d'abbés; remets en liberté leurs anges d'argent emprisonnés : il faut maintenant que les grosses bedaines de la paix nourrissent les affamés.
>
> (*Le Roi Jean, III,* 3)

## IX

Pour la dernière fois, nous devons en revenir à la métaphore shakespearienne du grand escalier. Richard II grandit avec la tragédie. Sur la première moitié de l'escalier, il n'est qu'un nom de roi; sur la dernière marche seulement se produit ce fort grossissement tragique. Il a reconquis son visage humain. L'optique dramatique de *Richard III* est inverse. Dans la première partie de la tragédie, Richard est l'intelligence du Grand Mécanisme, le démiurge de l'Histoire, le *Prince* de Machiavel. Mais Shakespeare est plus impitoyable que l'auteur du *Prince.* Richard III, au fur et à mesure qu'il monte le grand escalier, rapetisse de plus en plus. Comme si le Grand Mécanisme s'en était emparé et l'avait dévoré. Il devient peu à peu l'un de ses rouages. Il a cessé d'être bourreau, il est devenu victime. Il a été pris dans l'engrenage.

Le Prince créait l'histoire. Le monde entier était pour lui un morceau de glaise qu'il pétrissait de ses mains. Mais voici que lui-même, à présent, est un morceau de glaise que quelqu'un d'autre pétrit. Dans les chroniques historiques, ce qui me stupéfie toujours, c'est la façon dont Shakespeare note l'instant précis où l'histoire accule dans une impasse le prince jusqu'alors tout-puissant. Lorsque celui qui créait l'histoire, ou s'imaginait la créer, n'en est plus que le jouet. Lorsque le Grand Mécanisme se montre plus fort que celui qui l'avait mis en branle.

Dans le dernier acte de la tragédie, Richard III n'est plus que le nom d'un roi aux abois. La scène se transporte de champ de bataille en champ de bataille. On le poursuit. Il fuit. Il est de plus en plus faible. Ils l'ont déjà rattrapé. Il ne peut plus que sauver sa tête.

> Un cheval! un cheval! Mon royaume pour un cheval!
>
> (*Richard III*, V, 4)

Ainsi, tout ne valait pas plus que ça. Ainsi, tel est le véritable prix du pouvoir, le prix de l'histoire, le prix de la couronne de l'oint du Seigneur. Un bon cheval vaut davantage que tout le royaume. C'est le dernier mot du grand cycle des chroniques historiques de Shakespeare.

Si l'on veut dans le monde de Shakespeare déchiffrer notre propre époque, il faut rejeter les analogies historiques et les ressemblances extérieures, seraient-elles des plus criantes et flagrantes. La lutte pour le pouvoir revêt souvent les mêmes formes. Nous avons entendu le rire de Richard, nous avons vu les courbettes du Lord maire, nous nous souvenons de la voix de lord Hastings qui a rendu contre lui-même un arrêt de mort. Mais, plus contemporain que les analogies externes est le regard tragique de l'homme de la Renaissance, qui a commencé à édifier le monde à la mesure de ses propres rêves et qui n'a vu soudain, dans tout l'ordre social, dans toutes les formes du pouvoir, qu'un mécanisme atroce, dépouillé de toute idéologie. Un cheval pour un royaume? Le prix est juste...

## X

En 1958, dans une Maison de la Culture de Varsovie, Woszczerowicz nous avait joué, non, nous avait montré, assisté de quelques acteurs, trois ou quatre scènes de *Richard III*. La salle était comble, le petit îlot de l'estrade semblait faire naufrage dans la foule. L'éclairage était normal, pas le moindre accessoire. Woszczerowicz ôta son veston : il était en gros chandail noir à col roulé montant jusqu'au menton. Il retroussa sa manche gauche; le moignon de Richard apparut. Il portait une grosse bague à l'index droit. Rien de plus. Lady Anne portait une robe de tous les jours. L'homme en chandail noir avait assassiné son père et son mari. Maintenant, il exigeait qu'elle couche avec lui. Le chandail noir dissimulant une partie du menton était semblable à une cuirasse. Mais faut-il une armure, pour assassiner? Jamais encore je n'avais vu un pareil Shakespeare. Aussi dense. Depuis, j'attendais Woszczerowicz dans le rôle de Richard. Enfin, au début de l'hiver 1960, il l'a joué à l' « Atheneum » de Varsovie.

Il fait rapidement quelques pas, en traînant légèrement la jambe. Puis il s'immobilise. Il commence à rire. Il dit que la guerre est finie, que la paix est là, qu'enfin il peut déposer son épée ébréchée. Des barreaux descendent des cintres. Une fois, une seconde fois, puis une troisième fois, une quatrième enfin. Richard s'adresse à lui-même, non à nous. Il rit une fois encore, de lui-même, non de nous. Il a le visage large, les cheveux emmêlés, il porte un manteau sale et chiffonné. Woszczerowicz aurait tout aussi bien pu attaquer ainsi le rôle de Sganarelle; avec le même masque, dans le même ton, avec le même rire. Il vient d'écarter son manteau, on voit pendre le moignon du bras gauche.

Laurence Olivier, dès le début, fascinait. L'infirmité n'était qu'à peine indiquée; il était magnifique et terrible, il était le frère du roi. Woszczerowicz, sur un fond de rires, parle de paix. Ce nabot infirme commence par bouffonner. C'est là la première découverte et le premier choc. Il est plus petit que tous les autres, il doit tendre le cou pour les regarder dans les yeux. Il sait qu'il est comique. Il le sait, il sait tout.

Au XIXe siècle, Richard était joué dans le style tragique par des tragédiens. Ils en faisaient un malade, un grand criminel, un « surhomme ». Woszczerowicz est le premier à construire le personnage de Richard en recourant à tous les moyens de l'acteur comique. Son Richard est outré, il tombe à genoux, singe la pitié et la colère, la bonté d'âme, la rage et le désir, même la cruauté. Son Richard domine toutes les situations, il ne s'identifie pas à elles, il ne fait que les jouer. Il n'est pas; il fait semblant, rien de plus. Woszczerowicz est un grand acteur. Mais son Richard est un plus grand acteur encore. Un acteur au sens littéral, c'est celui qui joue et qui gagne. En jargon judiciaire, l'acteur est le demandeur, jamais le défendeur. On parle dans les mêmes termes des grands acteurs de l'histoire. Ils la jouent et la gagnent. Ils n'ont pas honte de faire les pitres. Du reste, ils n'ont jamais honte. De même qu'un acteur n'a honte d'aucun des rôles qu'il doit jouer. Car il ne fait que les jouer. Il est au-dessus de ses rôles. S'il est metteur en scène, il choisit son propre rôle et impose la situation. Alors, tout pour lui est théâtre. Il a « roulé » tout le monde. Lorsqu'il est tout seul sur le sol nu, il peut bien rire. Il peut même admettre qu'il est un bouffon. Un super-bouffon.

Shakespeare aimait énormément à comparer la vie à un théâtre. La comparaison est antique, mais il a fallu Shakespeare pour qu'elle acquière profondeur et acuité. Le « Theatrum Mundi » n'est ni tragique, ni comique. Il renferme tous les acteurs, les tragiques et les comiques. Quel est dans ce théâtre le rôle du tyran? Richard est aussi impersonnel que l'histoire. Il est conscience du Grand Mécanisme et intelligence du Grand Mécanisme. Il met en marche le rouleau compresseur de l'histoire, ensuite celui-ci l'écrase. Richard n'est même pas cruel. Aucune psychologie ne saurait le cerner. Il n'est que l'histoire même. L'un de ses chapitres incessamment répétés. Il n'a pas de visage.

Mais l'acteur qui joue Richard doit avoir un visage. Le Richard de Woszczerowicz a le visage large, et il rit. Ce rire est bouleversant. Le plus effroyable des tyrans est celui qui considère qu'il est un bouffon. Et que le monde entier n'est qu'une grande bouffonnerie. De tous les interprètes, Woszczerowicz est le premier à avoir déchiffré ainsi Shakespeare. Merveilleusement, à mon avis. Il commence le rôle en bouffon et fait de sa bouffonnerie la matière même du rôle. Tous les gestes sont dans ce registre. Les gestes rusés et les gestes cruels, les gestes amoureux et les gestes impérieux. Mais la bouffonnerie ne se réduit pas aux gestes. Elle est une philosophie. Elle est la forme la plus achevée du mépris. Du mépris absolu.

Richard a été couronné roi. A présent il porte sur ses épaules le manteau royal. Qui a été cousu en l'espace de quelques heures. Les autres peuvent bien se parer; lui n'a pas besoin d'atours. Il se hâte sans cesse. Les autres ont du temps pour des futilités, lui n'a pas le temps. On vient d'apporter le trône sur la scène vide. Lequel est semblable à une potence faite de planches clouées. Ce nabot, le voilà haut perché, maintenant, telle une araignée. Il tient en main les insignes royaux. Il les méprise comme le reste. Il roule le sceptre sous son pied. Qu'est-ce que le sceptre? Un bâton d'or. Richard sait le prix de ce bâton.

Au dernier acte, pas avant, il cesse de faire le bouffon. Jusqu'à présent, il avait mimé les accès de rage et les accès de folie, il avait mimé la dévotion, la peur même. A présent, il a peur pour de bon. Auparavant, il choisissait les rôles et les dominait. Maintenant, il n'est plus que lui-même : un homme qu'on veut assassiner. Ce rôle, Richard ne veut pas l'accepter, mais il le doit. Il ne rit plus. Il n'est qu'un lourd nabot infirme. Dans un instant, il va être saigné comme un porc. On arrachera la couronne de la tête d'un cadavre. Un nouveau roi, tout jeunot, à son tour parlera de paix. Des barreaux descendront des cintres. Une fois, une seconde, une troisième fois encore, une quatrième enfin. Henry VII parlera de paix, de miséricorde, de justice. Mais soudain il aura le rire dément de Richard; pendant l'éclair d'une seconde, la même grimace lui tordra la face. Les barreaux descendent. Le visage du nouveau roi est de nouveau rayonnant.

# HAMLET

## en ce milieu du siècle

*De toute façon tu devais périr Hamlet, tu n'étais pas fait pour vivre*
*tu croyais aux idées de cristal, non en la glaise humaine,*
*tu happais goulûment l'air et tu vomissais aussitôt,*
*tu ne savais rien faire d'humain même pas respirer.*
*Maintenant tu as la paix, Hamlet, tu t'es acquitté de ton rôle,*
*tu as la paix. Le reste n'est pas silence mais c'est mon lot,*
*tu as choisi la part la plus facile, l'estoc qui éblouit ;*
*mais qu'est-ce qu'une mort héroïque auprès de la veille ininterrompue,*
*la sphère froide dans la main sur la plus haute chaise,*
*avec sous les yeux la fourmilière et le cadran de l'horloge.*

*Adieu Prince, un projet de canalisation m'attend*
*et un décret concernant les catins et les mendiants ;*
*je dois aussi penser à un meilleur système de prisons*
*— tu l'as très bien dit : le Danemark est une prison.*
*Je vaque à mes affaires. Cette nuit naîtra*
*l'étoile Hamlet. Nous ne nous rencontrerons jamais,*
*mon histoire ne fera l'objet d'aucune tragédie* (1).

(1) Extrait de l'*Elégie de Fortinbras* de Zbigniew Herbert, trad. Roger Caillois.

# I

La bibliographie des thèses et études sur *Hamlet* donnerait un volume deux fois plus gros que l'annuaire du téléphone de Varsovie. Jamais on n'a écrit autant sur le moindre Danois de chair et de sang; ce prince shakespearien est incontestablement le plus célèbre citoyen du Danemark. Hamlet s'est grossi de gloses et de commentaires; il est l'un des rares héros littéraires à vivre en dehors du texte, à vivre hors du théâtre. Son nom a une signification même pour ceux qui n'ont jamais lu ou vu Shakespeare. En ce sens, il est semblable à la Mona Lisa de Léonard de Vinci. Bien avant d'avoir vu ce tableau, nous savons déjà que la Joconde sourit. Ce sourire s'est en quelque sorte détaché du portrait. Il comporte non seulement ce qu'a exprimé Vinci, mais également tout ce qu'on en a écrit. Trop de jeunes filles et de femmes, de poètes et de peintres ont essayé de deviner le secret de ce sourire. Pour nous, ce n'est plus la seule Mona Lisa qui sourit, mais tous ceux qui ont voulu surprendre son sourire. Et tous ceux qui l'ont imité.

Il en est ainsi de *Hamlet,* et plus encore de *Hamlet* au théâtre. Car, il est impossible de jouer *Hamlet,* tout simplement. Peut-être est-ce pourquoi il tente tellement le metteur en scène et l'acteur. Bien des générations ont retrouvé leurs traits en lui. Et peut-être le caractère génial de *Hamlet* consiste-t-il en ceci qu'on peut s'y examiner comme dans une glace. Un *Hamlet* parfait serait tout à la fois le *Hamlet* le plus shakespearien et le plus contemporain. Est-ce possible? Je l'ignore. Mais ce n'est qu'ainsi que nous pouvons apprécier chacune de ses mises en scène. Nous demander combien cela comporte de Shakespeare, et combien cela contient de nous-mêmes.

Il ne s'agit nullement — dois-je le dire — d'une actualité tirée par les cheveux, d'un *Hamlet* qui se jouerait dans une cave de jeunes existentialistes. Du reste, on l'a joué en frac ou en collant de cirque, en armures médiévales ou en atours de la Renaissance. Il ne s'agit pas du costume. Une seule chose importe : parvenir, par l'entremise du texte de Shakespeare, à notre expérience contemporaine, à notre angoisse et à notre sensibilité.

*Hamlet* contient bien des problèmes : la politique, la violence et la morale, la querelle sur l'unité de signification de la théorie et la pratique, sur les fins dernières et le sens de la vie ; c'est une tragédie d'amour, une tragédie familiale, nationale, philosophique, eschatologique et métaphysique. Tout ce que vous voudrez ! Et c'est en plus une bouleversante étude psychologique. Et une intrigue sanglante, un duel, un grand carnage. On peut choisir. Mais il faut savoir dans quel but et pour quelle raison choisir.

## II

Le *Hamlet* présenté à Cracovie, en février 1956, quelques semaines après le XXe Congrès du Parti Communiste de l'U.R.S.S. dure trois heures. Pas une minute de plus. Il est ailé et transparent, tendu et féroce, moderne et logique, réduit à un seul problème. C'est un drame politique total et sans rémission. « Quelque chose est pourri dans le royaume de Danemark. » Tel est le premier accord de la nouvelle actualité de *Hamlet*. Puis sourdement : « Danemark est une prison », à triple reprise. Enfin, la splendide scène des fossoyeurs, débarrassée de toute métaphysique, brutale et sans équivoque. Les fossoyeurs savent pour qui ils creusent des tombes. « Le gibet, disent-ils, est bâti plus fort que l'Eglise. »

Le mot qui résonne le plus souvent sur la scène est « surveiller ». Ici tous sont surveillés, sans exception, constamment. Polonius, le grand ministre du roi criminel, va même jusqu'à envoyer un valet sur les traces de son fils en France. Shakespeare était vraiment génial. Ecoutons le ministre :

> Faites-moi enquête de nos Danois qui sont à Paris, et comment ? et qui ? et de quoi ? et où ils vivent ? en quelle société ? à quels dépens ? Puis, découvrant par investigation et filière de questions qu'ils connaissent mon fils, touchez-moi la chose plus près que par demandes particulières ; faites-moi, pour ainsi dire, comme si vous le connaissiez vaguement...
>
> (II,1)

Dans le château d'Elseneur, derrière chaque rideau quelqu'un se cache. Le bon ministre ne fait même pas confiance à la reine. Shakespeare était vraiment génial. Ecoutons une fois de plus le ministre :

> ... Il est bon qu'il y ait autre audience qu'une mère, puisque la nature les a faites partiales, pour surprendre ce discours en bonne place.
>
> (III,3)

La peur, au château d'Elseneur, ronge tout : le mariage, l'amour, l'amitié. Quelles infernales expériences ont dû être celles de Shakespeare à l'époque du complot et de l'exécution d'Essex, pour avoir vu la façon dont fonctionne le Grand Mécanisme! Ecoutons le roi. Il vient de faire appeler les jeunes amis de Hamlet :

> Je vous supplie tous deux, vous qui depuis l'enfance avez été élevés avec lui, et êtes donc si proches de sa jeunesse et de son humeur, de consentir à séjourner ici, à notre cour, quelque peu de temps. Par votre compagnie vous l'entraînerez à des plaisirs et vous recueillerez, en glanant à l'occasion, ce qu'il peut y avoir d'inconnu à nous qui l'afflige ainsi, pour qu'une fois découvert, nous puissions y porter remède.
>
> (II, 2)

« Aidez-nous, peut-être parviendrons-nous encore à le guérir. » Il doit y avoir chez cet oncle assassin une vigilance tendue et aux aguets à l'égard de Hamlet. Pourquoi ne veut-il pas lui laisser quitter le Danemark? Cet Hamlet est si incommode à la Cour, il rappelle ce que tous voudraient oublier. Peut-être se doute-t-il de quelque chose? Mieux vaut-il peut-être ne pas lui donner de passeport et l'avoir sous la main? Ou peut-être le roi aimerait se débarrasser au plus vite de Hamlet, mais a-t-il cédé à la reine qui veut avoir son fils auprès d'elle? Et elle, que pense-t-elle? Se sent-elle coupable? Que sait la reine? Elle est passée par la passion, le crime et le silence. Elle a dû tout étouffer en elle. Sous son calme, on sent un volcan.

Dans ce grand jeu, Ophélie également est entraînée. Ils épient ses conversations, ils l'interrogent, interceptent ses lettres. Du reste, elle les remet elle-même. Elle est tout à la fois une pièce du Mécanisme et sa victime. Car la politique, ici, pèse sur chaque sentiment et il n'existe pas d'échappatoire. Tous les personnages du drame en sont asphyxiés. Ils ne parlent que de politique. Jusqu'à la folie.

Hamlet aime Ophélie. Mais il sait qu'il est surveillé, et il a en tête des questions autrement importantes. Cet amour, peu à peu, s'écoule hors de lui. Il n'y a pas place pour l'amour en ce monde. Le cri dramatique de Hamlet : « Ophélie, va au couvent ! » ne s'adresse pas seulement à Ophélie ; il est destiné tout autant à ceux qui épient les amants. Pour eux, il doit être la confirmation de la folie qu'il simule. Mais, pour Hamlet et pour Ophélie, il signifie que dans un monde où règne le crime, il n'y a pas place pour l'amour.

*Hamlet* a été joué à Cracovie en 1956 sans ambiguïté et avec une clarté à faire peur. Incontestablement, c'est un *Hamlet* simplifié. Mais tout aussi incontestablement, c'est un *Hamlet* si suggestif que lorsque, après le spectacle, je me reporte au texte, je n'y vois que le drame du crime politique. A la question classique : Hamlet imite-t-il la folie ou est-il fou, la mise en scène de Cracovie répond : Hamlet imite la folie, il se camoufle à froid derrière le masque de la folie afin d'accomplir un coup d'Etat ; Hamlet est fou, car lorsque la politique élimine tous les autres sentiments, elle devient elle-même une immense folie.

Je ne peux rien reprocher à cette interprétation. Et je ne regrette aucun des autres Hamlet : ni le moraliste qui ne peut s'en tenir à une frontière tranchée entre le bien et le mal ; ni l'intellectuel qui ne parvient pas à trouver une raison suffisante pour agir ; ni le philosophe, pour lequel l'existence du monde est chose douteuse.

Je préfère à tous ceux-là le jeune garçon contaminé par la politique, dépouillé de ses illusions, sarcastique, passionné et brutal. Il est révolté comme les jeunes hommes, mais en même temps il a en lui quelque chose du charme d'un James Dean. Il possède une passion inextinguible. Il est par moments enfantin dans sa brutalité. Incontestablement plus primitif que tous les Hamlet antérieurs. Tout en action, non en réflexion. Il est furieux et il s'enivre comme d'un alcool de sa propre indignation. C'est le Hamlet polonais du lendemain du XXe Congrès. Un parmi bien d'autres. Il n'est pas encore en proie aux grandes interrogations morales, mais il n'est pas primaire. Il veut savoir si, vraiment, son père a été assassiné. Il ne peut pas faire pleinement confiance au spectre — à aucun spectre. Il cherche des preuves plus convaincantes ; c'est pourquoi il organise une épreuve à l'aide du test psychologique qu'est la mise en scène du crime. Il a pris le monde en horreur et c'est pourquoi il sacrifie Ophélie. Mais il ne recule pas devant le coup d'Etat. Il sait toutefois qu'un coup d'Etat est chose difficile. Il pèse tous les pour et les contre. C'est un conspirateur né. « Etre » signifie pour lui venger son père et assassiner le roi; « ne pas être » — renoncer à la lutte.

Ce qui est curieux, c'est que Hans Reichenbach parvient à des conclusions très semblables. Dans le dernier livre publié de son vivant, *La venue d'une philosophie scientifique,* il consacre de façon inattendue deux pages au monologue de Hamlet. Reichenbach était l'un des plus remarquables représentants du néopositivisme contemporain; il s'occupait de l'application de la théorie de la probabilité à diverses disciplines. Dans le monologue de Hamlet, il voit le dialogue intérieur entre le logicien et l'homme politique. C'est le calcul des probabilités de la justesse morale de l'acte. Sans les expériences vécues pendant et après la guerre, jamais un néopositiviste n'aurait écrit ces deux brèves pages.

Mais le *Hamlet* de Cracovie est moderne non seulement parce que le problème est actualisé. Il est moderne dans sa psychologie et son caractère dramatique. Il se déroule sous pression, tout comme notre vie. Dépouillé des grands monologues, débarrassé de tout côté descriptif, il a la violence des conflits d'aujourd'hui. Mélange de politique, d'érotisme et d'arrivisme, brutalité des réactions, rapidité des dénouements. Il y a dans ce *Hamlet* des « black out » du cabaret politique contemporain. Un jeu de mots grinçant et grimaçant. Relisons Shakespeare :

LE ROI — Voyons, Hamlet, où est Polonius?
HAMLET — A souper.
LE ROI — A souper? Où?
HAMLET — Non pas là où il mange, mais où il est mangé...

(IV, 3)

Cette plaisanterie pourrait figurer dans le Petit Dictionnaire du Surréalisme. Elle est du même style. Et comporte également un double fond, dont l'un est railleur, l'autre cruel.

## III

Hamlet est comme une éponge. A la seule condition de ne pas le styliser ni le jouer comme une antiquité, il absorbe immédiatement tout notre temps. C'est la plus étrange des pièces que l'on ait jamais écrites; précisément par ses lacunes, par son inachevé. *Hamlet* est un grand scénario dans lequel chacun des personnages doit jouer un rôle plus ou moins tragique et cruel. Et ce faisant, dire des choses splendides. Chacun doit exécuter une tâche dont il ne peut se défaire, qui lui est imposée par le scénariste. Ce scénario est indépendant de ses héros. Il est antérieur. Il définit la situation; il détermine les relations mutuelles des personnages, il leur impose les gestes et les paroles. Mais il ne dit pas qui sont les héros. C'est quelque chose d'extérieur à eux. Et voilà pourquoi divers héros peuvent jouer le scénario de *Hamlet*.

L'acteur entre toujours dans un rôle tout prêt et qui a été écrit — n'est-il pas vrai? — pas uniquement pour lui. A cet égard, évidemment, *Hamlet* ne diffère en rien des autres pièces. A la première répétition, les acteurs s'asseoient autour d'une table. « Vous serez le roi, dit le metteur en scène, et vous, Madame, Ophélie, et vous, là-bas, Laërte. Nous allons à présent passer à la lecture de la pièce. » Le hic, c'est que dans la pièce elle-même, les choses vont se passer d'une façon fort semblable. Hamlet, Laërte, Ophélie doivent également jouer les rôles qui leur sont imposés, contre lesquels ils se révoltent. Ils sont les acteurs d'un drame qu'ils ne comprennent pas toujours jusqu'au bout, mais auquel ils se sont trouvés mêlés. Le scénario arrête les actes des personnages qui jouent le drame, mais ne décide pas, ne doit pas obligatoirement décider des motifs de leur comportement ni de leur psychologie. Cela vaut non seulement pour le théâtre. Pour la vie également.

L'organisation décide de commettre un attentat. Le plan de l'action est minutieusement dressé : le lieu, les exécutants, la protection, les renforts, la retraite. Après quoi, il faut distribuer les rôles. Toi, tu te tiendras à l'angle de telle et telle rue et tu sortiras ton mouchoir lorsque tu apercevras une petite voiture grise. Quant à toi, tu te rendras à Z. et tu apporteras une caisse de grenades que tu placeras dans la porte cochère du 12. Toi, tu tireras en direction de W. et t'enfuiras en direction de M. Les tâches sont distribuées, les rôles définis. Jusqu'aux gestes qui sont précisés. Mais le garçon qui doit tirer dans une direction N. peut très bien, la veille au soir, avoir lu Rimbaud ou s'être saoulé à la vodka, ou avoir fait l'un et l'autre. Ce peut être un jeune philosophe ou un simple bagarreur. La jeune fille qui doit apporter les grenades peut être désespérément amoureuse ou coucher à droite et à gauche. Ou encore faire l'un et l'autre. Le plan de l'attentat n'en est pas modifié pour autant. Le scénario demeure le même.

On peut résumer *Hamlet* de diverses sortes : en faire une chronique historique, un roman policier ou un drame philosophique. Ce seront assurément là trois pièces différentes, bien que Shakespeare les ait écrites toutes trois. Mais si nous résumons honnêtement, le scénario de ces trois pièces sera identique. A cette seule différence près que chaque fois ce seront une autre Ophélie, un autre Hamlet et un autre Laërte qui tiendront les rôles. Les rôles sont les mêmes, mais d'autres héros les jouent.

Examinons donc le scénario. Parce qu'en fin de compte, Shakespeare a écrit ou tout au moins transformé un vieux scénario. Et il a écrit les rôles. Mais il ne les a pas distribués. Car c'est l'époque qui distribue les rôles. Chaque époque à son tour. C'est elle qui envoie ses Polonius, ses Fortinbras, ses Hamlet et ses Ophélie sur la scène. Avant, ils doivent se rendre dans les loges. A condition de n'y pas demeurer trop longtemps. Ils peuvent mettre d'énormes perruques, raser leur moustache ou s'affubler d'une barbe postiche, enfiler les hauts-de-chausses médiévaux si collants ou jeter sur leur épaule le manteau de Byron, jouer en cotte de mailles ou en habit. Ça ne change pas grand-chose au fond de l'affaire. Pourvu seulement qu'ils ne se maquillent pas trop exagérément. Car ils doivent avoir le visage d'aujourd'hui. Autrement, ils ne joueront pas *Hamlet,* mais une pièce à costumes.

« ... Le théâtre — écrivait Bertolt Brecht dans son *Petit Organon pour le théâtre* — devrait trouver l'occasion de défendre avec vigueur les intérêts de son époque. Prenons *Hamlet,* cette pièce rabâchée, comme exemple d'interprétation. Dans les sombres et sanglantes circonstances où j'écris ces lignes, au spectacle des crimes perpétrés par les classes dirigeantes et de la tendance générale à douter d'une raison dont on ne cesse de faire mauvais usage, je crois pouvoir lire cette pièce de la manière suivante : l'époque est à la guerre. Le roi de Danemark, père de Hamlet, a tué le roi de Norvège au cours d'une guerre de rapine où il a connu la victoire. Au moment même où Fortinbras, le fils du roi de Norvège, met une armée sur pied pour une nouvelle guerre, le roi de Danemark est abattu par son propre frère. Devenus rois, les frères des rois disparus préviennent la guerre : ils passent un accord aux termes duquel les troupes norvégiennes pourront traverser le Danemark pour aller piller la Pologne. Or voici que le jeune Hamlet est invité par l'esprit de son père, d'humeur toujours aussi belliqueuse, à tirer vengeance de sa mort. Après avoir hésité à répondre au crime par le crime, il a résolu d'aller s'exiler, quand il rencontre, sur la côte, le jeune Fortinbras qui, à la tête de ses troupes, fait route vers la Pologne. Cet exemple guerrier le subjugue. Il revient massacrer son oncle et sa mère et, victime lui-même de cette sanglante boucherie, abandonne le Danemark au Norvégien. A travers ces événements nous voyons Hamlet, jeune homme déjà corpulent, appliquer d'assez minable façon la raison nouvelle qu'il a ramenée de l'Université de Wittenberg. Dans le monde féodal qu'il retrouve, elle entrave son action. Face aux pratiques déraisonnables, cette raison-là n'a rien de pratique. Hamlet tombe, victime tragique de la contradiction entre ces actes déraisonnables et ses beaux raisonnements. » (2)

Brecht a écrit son *Petit Organon* pendant la seconde guerre mondiale; aussi rien d'étonnant s'il a vu avant tout dans la tragédie de Shakespeare la troupe dévastant le pays, des armées en marche, des guerres de conquête, l'impuissance de la raison. Le drame personnel de Hamlet ou les malheurs de la sensible Ophélie devenaient dérisoires, face à l'immensité de l'histoire. Brecht était sensibilisé à l'aspect politique de *Hamlet;* les images du conflit historique l'intéressaient davantage que les abîmes de l'âme du prince danois. Malgré de nombreuses différences, le point de départ des mises en scène polonaises de *Hamlet,* de 1956 et 1959, était fort semblable. *Hamlet* était en 1956 une pièce politique et n'avait pas cessé de l'être en 1959, bien que le prince de Danemark fût devenu dans l'intervalle un personnage bien plus complexe, qui était passé par de nouvelles expériences.

Examinons donc le scénario, afin de voir quels sont ici les rôles à distribuer. Car nous savons déjà que ce sont des héros contemporains qui les jouent. *Hamlet,* compris comme un scénario, est l'histoire de trois jeunes gens et d'une jeune fille. Les garçons ont le même âge, ils s'appellent : Hamlet, Laërte, Fortinbras. La jeune fille est plus jeune, elle a nom Ophélie. Tous les quatre sont mêlés à un sanglant drame politique et

(2) B. Brecht. *Ecrits sur le Théâtre,* L'Arche, Paris 1963. *Petit Organon pour le Théâtre,* parag. 68, p. 202.

familial. Trois d'entre eux en mourront, le quatrième, plutôt par hasard, deviendra roi de Danemark.

J'ai écrit à dessein qu'ils étaient mêlés à un drame. Car aucun de ces quatre ne choisit son rôle; celui-ci est imposé, il vient de l'extérieur, il est développé dans le scénario. Et le scénario doit être joué tel quel, jusqu'au bout, peu importe quels en sont les héros. Qui est en vérité Ophélie, qui est en vérité Hamlet? Peu importe pour l'instant; ce qui compte : qu'est-ce que le scénario? Le mécanisme de l'histoire, le destin, la condition humaine? Incontestablement l'un, l'autre et le troisième; cela dépend de la façon dont nous voulons comprendre *Hamlet*. *Hamlet* est le drame des situations imposées. Et c'est en cela justement que réside la clef de sa compréhension moderne.

Le roi, la reine, Polonius, Rozenkrantz et Guildenstern sont définis sans équivoque par leur situation. Cette situation peut être tragique, comme dans le cas de la reine, ou grotesque, comme pour Polonius. Mais, entre la situation et le personnage, il n'y a pas ici d'hiatus. Claudine ne joue pas le rôle d'un assassin et d'un roi. Il *est* assassin et roi. Polonius ne joue pas le rôle d'un père despote et du confident royal. Il *est* père despote et il a l'oreille du roi.

Il en va autrement pour Hamlet. Hamlet n'est pas seulement l'héritier du trône qui essaye de se venger parce que son père a été assassiné. La situation ne définit pas Hamlet, du moins elle ne le définit pas au point de supprimer toute ambiguïté. La situation lui est imposée. Hamlet accepte cette situation, mais tout à la fois se révolte contre elle. Il accepte le rôle, mais il est lui-même extérieur au rôle. Il est quelqu'un d'autre que son rôle. Il le dépasse.

Pendant ses années d'étudiant, le Hamlet de Shakespeare a lu Montaigne. C'est ce Montaigne en main qu'il poursuit le spectre médiéval sur les terrasses du château d'Elseneur. A peine le spectre a-t-il disparu qu'il note en marge du livre qu'on peut « sourire, oui, sourire et être un misérable ». Shakespeare a rejeté le plus attentif des lecteurs de Montaigne dans le monde féodal. A lui aussi, il a tendu une embûche.

« Un pauvre jeune homme, un livre à la main... » C'est ainsi que Stanislas Wyspianski, peintre, auteur dramatique et metteur en scène, appelé par Gordon Craig le plus universel des hommes de théâtre, définissait Hamlet en 1094. Wyspianski faisait arpenter au Hamlet polonais les galeries Renaissance du Château royal de Cracovie. Le scénario de l'histoire voulait que le Hamlet polonais du début du siècle luttât pour la libération de son pays. Cet Hamlet lisait les romantiques polonais et Nietzsche. Il souffrait de son impuissance comme d'un échec personnel.

Chacun des Hamlet a un livre à la main. Mais quel est le livre lu par le Hamlet d'aujourd'hui? Le Hamlet du spectacle cracovien, en cette fin d'automne 1956, ne lisait que des journaux. Il criait que « Danemark est une prison » et il rafistolait le monde. Il était un idéologue révolté, il se consumait entièrement dans l'action. Le Hamlet de l'an 1959 est déjà consumé par le doute. Il est redevenu le « jeune homme triste, un livre à la main... ». Comme il nous est facile de l'imaginer en chandail noir et blue-jeans! Le livre qu'il tient, ce n'est plus Montaigne, mais Sartre, Camus, ou encore Kafka. Il a fait ses études à Paris ou à Londres, peut-être même, comme le véritable Hamlet, à Wittenberg. Il est rentré en Pologne il y a de ça trois ou quatre ans. Il est dévoré par le doute : le monde peut-il être ramené à un petit nombre de théorèmes simples? Parfois il est tourmenté à l'idée d'une absurdité fondamentale de l'existence.

Ce dernier Hamlet, le plus contemporain, est rentré dans son pays en pleine période de tension. L'esprit de son père exige de lui vengeance. Ses amis attendent qu'il engage et mène à bien la lutte pour la succession du pouvoir. Il veut repartir. Il ne le peut. Tous l'entraînent dans la politique. Il s'est laissé prendre. Il se trouve pris dans une situation qui lui est imposée. Dans une situation de contrainte, dont il ne veut pas. Il cherche une marge intérieure, il ne veut pas se laisser cerner, définir. A la fin, il accepte le choix qu'on lui impose. Mais il ne l'accepte que dans la sphère de l'acte, dans l'action. Il est engagé, mais seulement dans ce qu'il fait, non dans ce qu'il pense. Il sait que de toute action n'a qu'une signification. Mais il ne veut pas accepter que les raisons soient à sens unique. Il ne veut pas s'en tenir à un signe d'égalité entre la pratique et la théorie.

Il est affamé en son for intérieur. Il considère la vie comme une affaire perdue d'avance. Il préférerait se libérer de ce grand jeu, mais il en observe loyalement les règles. Il a lu Sartre et sait que « bien que l'homme ne fasse pas ce qu'il veut, il est responsable de sa vie ». Et que « peu importe ce qu'on a fait de nous, seul importe ce que nous avons fait de ce qu'on a fait de nous ». Parfois, il lui semble qu'il est existentialiste. Parfois, qu'il est seulement un marxiste révolté. Mais il sait que « la mort transforme la vie en destin ». Il a lu la *Condition humaine* de Malraux.

La façon dont ce Hamlet contemporain joue les Hamlet est une défense de sa liberté intérieure, qu'il appelle sa marge. Ce Hamlet a peur, plus que de tout, d'être défini sans ambiguïté. Mais il lui faut agir. Ophélie peut bien être coiffée comme la « Dame à l'hermine » de Vinci ou porter ses cheveux défaits. Ou bien encore des nattes enroulées, ou une queue de cheval. Elle, aussi, sait que la vie est perdue d'avance. Et elle ne veut pas engager une trop forte mise dans sa partie contre la vie. Les événements la forcent à jouer au-dessus de ses moyens. Elle a couché avec lui. Mais elle est fille de ministre et fille obéissante. Elle accepte que son père écoute son entretien avec lui. Peut-être veut-elle le sauver. Elle tombe elle-même dans la souricière. Les événements l'ont acculée dans une impasse d'où il n'y a pas d'issue. Le scénario de l'histoire, à une simple jeune fille qui aimait son amoureux, a imparti un rôle tragique.

## IV

L'exégèse classique du XIX^e siècle se demandait presque exclusivement qui est en vérité Hamlet; elle faisait injure à Shakespeare, l'accusant d'avoir écrit un chef-d'œuvre désordonné, illogique et effroyablement mal construit. Le trait commun des études modernes sur *Hamlet* est de l'examiner sous l'angle du théâtre. *Hamlet* n'est pas un traité de philosophie ou de morale; ni un manuel de psychologie; *Hamlet* est une pièce de théâtre. C'est du théâtre, autrement dit un scénario et des rôles. Mais, s'il est un scénario, il faut commencer par Fortinbras. Car Fortinbras décide du scénario de *Hamlet*.

Voici comment je m'imagine la tentative d'un metteur en scène contemporain en vue d'un début d'analyse de *Hamlet*. Il a fait asseoir ses acteurs autour d'une table et leur a dit : « Nous allons jouer *Hamlet* de Shakespeare. Nous nous efforcerons de le jouer le plus honnêtement possible, de notre mieux. Autrement dit, nous ne modifierons ni ne corrigerons le texte. Nous nous efforcerons d'en donner le maximum, tout ce qui pourra tenir en trois heures et demie de spectacle. Nous réfléchirons avant de barrer la moindre phrase. Nous

nous efforcerons de représenter un *Hamlet* contemporain. Nous essayerons de rompre avec le goût de la description propre au XIXe siècle ; un écran, une draperie à plis et deux fauteuils de part et d'autre de la scène nous suffiront. Nous nous efforcerons en outre de porter les costumes à la manière d'aujourd'hui. Vous ne devrez pas fendre l'air de vos bras, ni vous hausser sur la pointe des pieds, ni marcher chaussés de cothurnes. Le monde présenté dans ce scénario est cruel. Mais chacun de nous a eu l'expérience de la cruauté du monde. Les uns se révoltent contre cela, les autres acceptent que ce soit la règle. Mais tant les uns que les autres sont écrasés. »

Alors l'un des plus vieux acteurs, celui qui doit jouer Polonius se lèvera peut-être et demandera : « Mais est-ce que *Hamlet* est une pièce politique ? »

« Je ne sais pas, répondra sans doute le metteur en scène. Cela dépend de ce qu'est le Danemark pour ces trois jeunes gens. » Et il montrera la jeune fille appelée à jouer le rôle d'Ophélie, le jeune acteur justement en train d'essayer le costume vert de Laërte et Hamlet, le plus inquiet des trois, assis dans un coin, en train de jouer avec son médaillon d'argent. Ensuite il se peut que le metteur en scène réfléchisse un instant et ajoute à mi-voix, comme pour lui-même : « Et peut-être cela dépend-il de qui sera notre Fortinbras ? »

Dans toutes les analyses modernes de *Hamlet,* le personnage de Fortinbras passe au premier plan. Dans les interprétations structurales, *Hamlet* est le drame des situations analogiques, un système de miroirs dans lesquels un même problème se reflète tour à tour tragiquement, pathétiquement, ironiquement et grotesquement : trois fils qui tour à tour ont perdu leur père, la folie de Hamlet et la folie d'Ophélie. Dans les interprétations plus historiques, *Hamlet* est le drame du pouvoir et de l'héritage. Dans la première interprétation, Fortinbras est l'un des « sosies », des « alter ego », des « doublets » de Hamlet. Dans la seconde, il est l'héritier du trône de Danemark, celui qui a brisé la chaîne des crimes et des vengeances, qui a rétabli l'ordre dans le royaume danois. Cet ordre peut être compris comme la restauration de l'ordre éthique ou comme la « *neue Ordnung in Europa* ». On a interprété d'une façon et de l'autre la fin de la tragédie. En effet, si l'on désire placer les conflits moraux de *Hamlet* dans une situation historique quelconque, davantage proche de la Renaissance ou davantage actualisée, peu importe, il sera impossible de négliger le rôle de Fortinbas.

Toute la difficulté consiste en ce que Fortinbras, dans le texte même du drame, est à peine esquissé. Il n'apparaît que deux fois : la première fois au quatrième acte, lorsque avec ses armées il se dirige vers la Pologne. Et la seconde fois, lorsqu'il arrive alors que tout est déjà accompli, après le grand carnage. Mais il est bien des fois question de ce jeune homme. Son père a été tué en duel par le père de Hamlet. Chacun des jeunes gens, dans cette pièce, a son père assassiné : et Hamlet, et Laërte, et Ophélie. Le spectateur, en règle générale, perd le fil à suivre l'histoire du jeune Fortinbras. Dans le prologue celui-ci veut attaquer le Danemark, ensuite il se bat avec les Polonais pour un bout de rivage qui ne vaut pas cinq ducats, enfin, il fait son entrée à Elseneur. C'est à lui que revient le dernier mot dans cette sanglante tragédie.

Qui est-il, ce jeune prince norvégien? Nous n'en savons rien. Shakespeare ne nous le dit pas. Que doit-il représenter? Un destin aveugle, l'absurdité du monde ou la victoire de la justice? Les shakespearologues ont défendu tour à tour les trois interprétations. Le metteur en scène doit décider. Fortinbras est un homme jeune, robuste et rayonnant. Il arrive et déclare, ou peu s'en faut : « Débarrassez-moi de ces cadavres. Hamlet était un bon garçon, mais il est mort. C'est moi, maintenant, qui serai votre roi. C'est parfait, car je viens de me souvenir que j'ai droit à cette couronne. » Après quoi, il sourit, fort satisfait de lui.

Un grand drame s'est joué. Sur scène, il y avait eu des hommes. Qui avaient lutté, comploté, qui s'étaient entre-tués. Par amour, ils avaient commis des crimes, et par amour ils étaient devenus fous. Ils avaient dit des choses bouleversantes sur la vie, la mort et la destinée humaine. Ils s'étaient dressé des embûches les uns aux autres et ils y étaient tombés. Ils avaient défendu le pouvoir, ou bien s'étaient révoltés contre lui. Ils avaient voulu redresser le monde, ou bien simplement se sauver eux-mêmes. Tous désiraient quelque chose. Leurs crimes mêmes avaient une certaine grandeur. Et voici qu'à présent entre en scène un jeune gars vigoureux. Qui déclare avec un séduisant sourire : « Débarrassez-moi de ces cadavres. C'est moi, maintenant, qui serai votre roi. »

## TROÏLUS ET CRESSIDA

### surprenants et modernes

Mis en avant, c'est le ton bouffe. Le grand Achille, l'héroïque Achille, le légendaire Achille se roule sur unc couche avec sa putain mâle, Patrocle. Il est pédéraste, il est querelleur comme une vieille marchande de quatre saisons, il est vantard et imbécile. Il n'y a qu'Ajax, ce gros tas de viande à cervelle d'oiseau, pour être plus bête que lui. De ces deux géants jaloux l'un de l'autre, tout le camp grec se gausse. Tous deux sont des poltrons. Mais, pour Shakespeare, cela ne suffit pas encore. Achille et Patrocle, dans leur tente, s'amusent à singer les rois et les chefs. Plus d'une fois chez Shakespeare les bouffons singent les puissants. Mais ici la moquerie est encore plus cruelle et n'épargne personne. Les héros font les bouffons et sont des bouffons. Seul le bouffon véritable n'est pas un bouffon. Car, lui, des rois il fait des bouffons. Il est plus intelligent. Il hait et tourne en dérision.

THERSITE — Agamemnon est un niais de vouloir commander Achille; Achille est un niais de se laisser commander par Agamemnon; Thersite est un niais de servir pareil niais; et Patrocle est un niais tout naturellement.

(II, 3)

Le cercle de la bouffonnerie est bouclé; même Nestor et Ulysse ont, un moment, baigné dans cette universelle bouffonnerie; ce sont deux vieux radoteurs incapables de gagner la guerre sans l'aide de deux costauds jaloux l'un de l'autre.

Et dans Troie? Un vieux maquereau et une jeune fille regardent les soldats et les fils du roi rentrer d'une escarmouche sous les murs de la ville. Pour tous deux la guerre n'existe pas. Ils ne l'ont pas remarquée. Ils voient des hommes qui paradent. A Troie, en outre, il y a Hélène.

Shakespeare ne la montre que la durée d'une scène, mais auparavant Pandarus aura raconté comment elle se pressait contre Troïlus dans l'embrasure d'une fenêtre et lui arrachait les poils de la barbe. Le ton bouffe s'est modifié, est devenu plus fin, mais non moins ironique. Dans le camp grec, se singeaient les uns les autres des imbéciles sanguins et bouffis de graisse, de grandes et lourdes brutes. Ici s'appareillent d'élégants courtisans. La parodie subsiste, mais son matériau change. Pâris est agenouillé aux pieds d'Hélène comme dans les romans de chevalerie. Des pages jouent du luth ou de la cithare. Mais à cette dame médiévale des romans de chevalerie, Pâris dit « Nell »... La belle Nell, cette reine grecque, cause de la guerre de Troie, fait des plaisanteries dignes d'une ribaude dans une taverne de Londres. Ce ton bouffe, cette grosse parodie, ce parti pris d'anachronismes et de modernisation étonne dans une œuvre écrite un an après *Hamlet*. *La Belle Hélène* d'Offenbach en 1601 ? Non, *Troïlus et Cressida* de Shakespeare n'est pas *La Belle Hélène*.

Car ce qui est vraiment surprenant ici, ce n'est pas ce ton bouffe, mais la façon dont il se brise soudain ou plutôt se mêle à une philosophie d'une amertume extrême et à une poésie passionnée. Dans le camp des Grecs, nul n'a d'illusion. Tout le monde sait qu'Hélène est une catin, que l'enjeu de la guerre, ce sont un cocu et une putain. Les Troyens le savent également. Priam et Cassandre le savent, même Pâris, Hector certainement. Les uns et les autres le savent. Mais qu'est-ce que ça y change, qu'ils le sachent ? La guerre dure depuis sept ans et durera encore. Hélène ne vaut pas une seule goutte de sang grec ou troyen. Et qu'est-ce que ça y change ? Et qu'est-ce que cela veut dire : elle ne le vaut pas ?

Ménélas est un cocu. Hélène est une catin. Achille et Ajax, des bouffons. Mais la guerre n'est pas chose bouffonne. Des Troyens et des Grecs meurent, Troie périt. Les héros invoquent les dieux, mais il n'y a pas de dieux dans *Troïlus et Cressida*. Ni dieux, ni *fatum*. Mais alors, pourquoi la guerre ? Dans un camp et dans l'autre, il n'y a pas que des imbéciles pour la faire. Ni Nestor, ni Ulysse, ni même Agamemnon ne sont des imbéciles. Ni Priam, ni Hector, ni Troïlus qui a soif d'absolu. Dans aucun autre drame de Shakespeare, les héros ne se livrent à une analyse aussi violente et passionnée d'eux-mêmes et du monde. Ils veulent choisir en toute conscience. Ils philosophent, mais ce n'est pas là philosophie facile ni apparente. Et ce n'est pas seulement rhétorique pure.

De la première à la dernière scène, tout au long de *Troïlus et Cressida,* se poursuit, interrompue par une bouffonnerie constante, cette grande querelle sur le sens et le prix de la guerre, sur l'existence et le prix de l'amour. On pourrait dire encore : c'est là une controverse sur l'existence de l'ordre des valeurs dans un monde cruel et incompréhensible. Hamlet, prince de Danemark, a été placé devant la même épreuve.

La guerre dure. Troyens et Grecs s'y entre-tuent. Si la guerre n'est que massacre, absurde est le monde dans lequel existe la guerre. Mais la guerre dure, il faut lui donner un sens, afin de sauver le sens du monde et l'ordre des valeurs. Hélène est une putain, mais elle a été enlevée avec l'assentiment de Priam et des chefs troyens. L'affaire d'Hélène est devenue l'affaire de Troie. Hélène est devenue le symbole de l'amour et de la beauté. Hélène ne sera une catin que lorsque les Troyens l'auront rendue à Ménélas, lorsqu'ils auront reconnu eux-mêmes qu'elle est une catin et que ça ne vaut pas la peine de mourir pour elle. Quel est le prix d'un joyau? Que le marchand le pèse donc sur sa balance. Mais le joyau peut avoir un autre prix encore. Le prix de la passion qu'il a éveillée; le prix qu'il a aux yeux de celui qui le porte. Le prix qui lui a été conféré.

Hector sait tout sur Hélène et presque tout sur la guerre. Il sait que selon la loi de la nature et la loi de la nation il faut rendre Hélène aux Grecs. Que la raison ordonne de la rendre. Mais Hector sait également que rendre Hélène serait renoncer à toutes les valeurs que défend Troie, auxquelles celle-ci croit. Ce serait perdre la face, reconnaître qu'un joyau, ça se pèse sur une balance et n'a d'autre valeur que l'estimation des marchands et le prix qu'ils en donnent. Que les boutiquiers et les armateurs enrichis ont raison, qu'on peut tout acheter : l'amour, la fidélité, l'honneur même. La guerre dure depuis sept ans. Des hommes sont tombés pour Hélène. Rendre Hélène serait dénier leur valeur à toutes ces morts. Hector choisit consciemment; il n'est pas un jeune exalté comme Troïlus ou un amant fou comme Pâris. Il sait que les Grecs sont les plus forts et que Troie risque d'être rasée. Il choisit contre les raisons de la raison et contre lui-même. Car la raison est pour lui boutiquière. Hector sait qu'il doit choisir entre la destruction physique et morale de Troie. Hector ne peut pas rendre Hélène.

Ce conflit ne se déroule pas dans le vide. Dès l'origine, *Troïlus et Cressida* était une pièce d'actualité, un pamphlet politique amer et ricanant. Troie, c'était l'Espagne, les Grecs, c'étaient les Anglais. Longtemps après la déroute de l'Invincible Armada, la guerre durait encore; on n'en voyait toujours pas la fin. Les Grecs sont lucides, lourds et brutaux. Ils savent que la cause de la guerre, c'est un cocu et une catin; ils n'ont pas à se persuader qu'ils meurent pour la fidélité et l'honneur. Ils appartiennent à un autre, à un nouveau monde. Ce sont des négociants. Ils savent compter. Pour eux, cette guerre n'a vraiment aucun sens. Les Troyens s'entêtent à conserver leurs absolus ridicules et leur code de combat médiéval. Ils sont anachroniques. Mais qu'ils le soient n'implique pas nécessairement qu'ils soient incapables de se défendre. Et qu'ils aient à se rendre. La guerre est absurde, mais une guerre absurde, il faut également la gagner. En cela aussi Shakespeare est réaliste. Ulysse est un réaliste, un esprit pratique, un rationaliste. Il connaît même les mathématiques. Dans son grand discours, il se réfère au postulat d'Euclide :

> ... aussi voisines que les deux bouts d'une parallèle...
>
> (I, 3)

Ce rationaliste est un idéologue qui adapte le système aux besoins de la pratique. Il fait appel pour s'aider à toute la cosmogonie et théologie médiévales. Il parle du principe de hiérarchie qui gouverne les cieux, le soleil et les planètes, les étoiles et le globe central. A cette hiérarchie céleste correspond la hiérarchie terrestre des états et des charges. C'est une loi de la nature; son infraction, une victoire de la force sur le droit, de l'anarchie sur l'ordre. Le sens de cette guerre menée pour un cocu et une catin, les mystiques féodaux ne sont pas les seuls à tenter de le sauver. Les rationalistes, eux aussi, le défendent. Et c'est cela, l'amère sagesse et le grand sarcasme de *Troïlus et Cressida.*

Hector est idéalisé, à l'image d'un chevalier des Croisades. Lorsqu'il s'est aperçu que l'épée d'Achille était émoussée, il a renoncé au duel. Achille, lui, n'a plus ces scrupules féodaux. Il profite de l'instant où Hector dépose son épée et enlève son heaume; il l'assassine, aidé des Myrmidons. Troie périra comme a péri Hector. Elle est anachronique avec ses illusions sur l'honneur et la fidélité, dans le nouveau monde de la Renaissance où la force et l'argent triomphent. Achille, l'imbécile, le misérable, le poltron, tue Hector. Rien ni personne ne saurait sauver le sens de cette guerre.

La guerre a été tournée en dérision. L'amour aussi le sera. Hélène est un putain, Cressida ira dans le camp des Grecs et deviendra à son tour une catin. Cressida contrainte d'aller dans le camp des Grecs, ce n'est pas seulement l'action de la pièce, mais aussi une grande métaphore.

Cressida est l'un des personnages les plus étonnants de Shakespeare, peut-être tout aussi surprenant que Hamlet. Tout comme Hamlet, elle a de multiples visages. On ne saurait l'enfermer dans une formule unique.

Cette jeune fille pouvait avoir huit, dix ou douze ans lorsque la guerre a commencé. Peut-être est-ce pour cela que la guerre est pour elle chose si normale et si ordinaire qu'elle la remarque à peine et qu'elle n'en parle jamais. Cressida est intacte encore, mais elle sait tout sur l'amour et la chair, ou du moins le croit-elle. Tout au fond d'elle-même, elle se sait libre, consciente et hardie. Son étoffe est de Renaissance; elle est stendhalienne comme Lamiel, et elle est également une toute jeune fille du milieu du XX^e^ siècle. Elle est cynique ou plutôt, elle veut l'être. Elle en a trop vu. Elle est amère et elle raille. Elle est passionnée, elle a peur de sa passion et honte d'en faire l'aveu. Elle a encore davantage la pudeur des sentiments. Elle manque de confiance en elle-même. Elle nous est proche par cette défiance, justement, par sa façon de garder les distances, d'avoir besoin de s'analyser. Elle se défend par le persiflage.

Jamais, chez Shakespeare, il n'y a de personnages sans situation. Cressida a dix-sept ans; son propre oncle fait l'entremetteur auprès de Troïlus, le conduit à sa couche. La cynique Cressida veut être plus cynique que son oncle, l'amère Cressida ricane des déclarations qui lui sont faites, Cressida la passionnée provoque la première le baiser. Mais justement alors elle perd toute sa confiance en soi, elle est tendre, pudique et timide, elle a de nouveau dix-sept ans.

> Je voudrais être partie! Où est donc ma raison?... Je ne sais ce que je dis.
>
> (III, 2)

C'est là l'une des scènes d'amour les plus profondes de Shakespeare. L'épisode du balcon entre Roméo et Juliette, d'une tonalité unique, n'est pas autre chose qu'un trille d'oiseau amoureux. Ici, tout a été mis. Dans cette rencontre de Troïlus et de Cressida, il y a une cruauté voulue. Un entremetteur les a unis. Son ricanement étouffé est l'accompagnement de leur première nuit d'amour.

Il n'y a pas place pour l'amour en ce monde. Il est empoisonné dès le début. A ces amants de guerre, comme à

Roméo et Juliette, une seule nuit a été donnée. Et on leur a gâché cette unique nuit. On l'a privée de toute poésie. On l'a souillée. Cressida ne remarquait pas la guerre. Mais la guerre la surprend au petit matin, après la première nuit avec Troïlus.

> Je t'en prie, attends un peu!... Vous autres hommes, vous ne voulez jamais attendre... O folle Cressida!... j'aurais pu résister encore, et alors vous auriez bien attendu.
>
> (IV, 2)

Pandarus a vendu Cressida comme une marchandise. Maintenant, comme une marchandise, elle sera livrée aux Grecs en échange d'un général troyen fait prisonnier. Elle doit partir sur-le-champ, le matin même, après cette première nuit. Pour cette fille de dix-sept ans, une seule expérience de la bassesse de ce monde suffit. Cressida ira chez les Grecs. Mais c'est déjà une autre Cressida. Jusqu'à présent, ce qu'elle savait de l'amour était imagination pure. Maintenant elle l'a découvert. Au cours d'une seule nuit. Elle a été brutalement éveillée. Elle a vu que le monde est trop vil et trop cruel pour que cela vaille la peine de défendre quoi que ce soit. Déjà, pendant le trajet jusqu'au camp grec, Diomède lui fait une déclaration brutale. Ensuite, tour à tour, les chefs militaires, les vieillards et les rois l'embrassent. Les grands, les célébrités : Nestor, Agamemnon, Ulysse. Elle a vu qu'elle est belle et qu'elle provoque le désir. Elle est encore capable de persifler. Mais elle sait déjà qu'elle deviendra une putain. Seulement, avant, il lui faudra tout détruire. Afin que ne subsiste même pas le souvenir. Elle est impitoyable dans ce raisonnement logique contre le monde et contre elle-même.

Avant de se rendre chez les Grecs, Troïlus et elle ont échangé un gant et une manchette. Qu'importe cet accessoire moyenâgeux. Ils auraient tout aussi bien pu échanger des bagues. Ce ne sont pas les objets qui comptent. Seul importe le gage même de la fidélité. Ce même soir, Diomède exigera de Cressida qu'elle lui donne la manchette de Troïlus. Et Cressida la lui donnera. Elle n'était pas obligée de le faire. Elle pouvait tout aussi bien devenir la maîtresse de Diomède sans ça. Mais elle en était incapable. Elle devait auparavant tout tuer en elle. Cressida s'en va coucher avec Diomède tout comme lady Anne est allée coucher avec Richard qui avait tué son mari et son père.

Il y a dans cette tragi-comédie deux grands rôles de

bouffon : le douceâtre Pandarus dans Troie, et l'amer Thersite dans le camp grec. Pandarus est un imbécile au bon cœur qui veut à chacun rendre les cieux favorables et dresser un lit à chaque couple. Il vit comme si le monde était une immense farce. Mais lui aussi, la cruauté le frappera. Ce vieil entremetteur pleurera. Ces larmes, pourtant, n'éveillent ni pitié, ni compassion.

Seul l'amer bouffon Thersite est exempt de toute illusion. Ce haineux voit dans le monde une réalité sombre et grotesque :

> Je croasserais comme un corbeau; je lui porterais malheur, je lui porterais malheur... Patrocle me donnera quelque chose si je lui indique cette putain. Le perroquet ne ferait pas plus pour une amande que lui pour une gueuse commode. Luxure! luxure! Toujours la guerre et la luxure! Il n'y a qu'elles qui soient toujours de mode. Qu'un diable flamboyant les emporte!
>
> (V, 2)

Imaginons une autre fin à *Othello.* Il ne tue pas Desdémone. Il sait qu'elle peut l'avoir trompé, et il sait également qu'il serait capable de la tuer. Il donne raison à Iago : le monde est vil et lâche, si Desdémone a pu le trahir, s'il a pu croire à sa trahison, s'il est capable de la tuer. Le meurtre n'est plus nécessaire. Il suffit de partir.

Dans les tragédies, les héros meurent, mais l'ordre éthique est sauvé. Leur mort confirme l'existence de l'absolu. Dans cette pièce surprenante, Troïlus ne meurt pas, ni ne tue l'infidèle Cressida. Il n'y a pas de *catharsis.* La mort d'Hector, même, n'est pas totalement tragique. Ce héros paie pour un beau geste; il meurt cerné par les Myrmidons, égorgé par un froussard fanfaron. Cette mort, elle aussi, est dérisoire.

Le grotesque est plus cruel que la tragédie. Thersite a raison. Et après, qu'est-ce que ça change? Thersite est ignoble.

# « MACBETH »

## ou les contaminés par la mort

*Quel est cet homme ensanglanté?*
(*Macbeth,* I, 2)

Dans *Macbeth,* le même Grand Mécanisme qui apparaissait déjà dans *Richard III* continue à jouer. Peut-être est-il plus dénudé encore. Macbeth a étouffé une révolte, grâce à quoi il se retrouve tout près du trône. Il peut devenir roi; donc, il doit devenir roi. Il tue le souverain légitime. Il doit tuer les témoins et ceux qui soupçonnent le crime. Il doit tuer les fils et les amis de ceux qu'il a tués précédemment. Après quoi il doit tuer tout le monde, car tout le monde est contre lui :

> Battez toute la contrée. Pendez ceux qui parlent de peur!... Donne-moi mon armure.
>
> (V, 3)

A la fin, lui-même sera tué. Il a parcouru tout le grand escalier de l'histoire.

*Macbeth,* si on le résume, ne diffère en rien des drames historiques. Mais les résumés sont trompeurs. A l'inverse des chroniques, *Macbeth* ne montre pas l'histoire sous la forme du Grand Mécanisme. Il la montre sous forme de cauchemar. Le mécanisme et le cauchemar ne sont rien d'autre que des métaphores différentes de la même lutte pour le pouvoir et la couronne. Mais cette différence implique une autre façon de regarder, bien plus même : une autre philosophie. L'histoire, montrée comme un mécanisme fascine, ne serait-ce que par son caractère menaçant et inéluctable. Le cauchemar paralyse et effraye. Dans *Macbeth,* l'histoire est montrée à travers une expérience personnelle. Et le crime, lui aussi, est montré à travers une expérience personnelle. Il est décision, choix et contrainte, il est au compte de celui qui le commet, qui doit l'exécuter de ses propres mains. Macbeth en personne tue Duncan.

L'histoire, dans *Macbeth,* manque de transparence, tout comme un cauchemar. Le mécanisme se met en marche, après, tous y seront écrasés. On patauge dans le cauchemar, on s'y enfonce jusqu'au cou.

Macbeth parle :

> Je me suis tant enfoncé dans le sang que si je cessais d'avancer, le retour en arrière serait aussi dur que de continuer.
>
> (III, 4)

L'histoire, dans *Macbeth,* est gluante et épaisse comme une bouillie ou du sang. Après le prologue aux trois sorcières, la véritable action de *Macbeth* commence par ces mots de Duncan :

> Quel est cet homme ensanglanté ?
>
> (I, 2)

Ici, tous sont plongés dans le sang : les assassins et les victimes. Le monde est plongé dans le sang. Donalbain, fils de Duncan, parle :

> Où nous sommes il y a des poignards dans les sourires ; et le plus près de notre sang est le plus près de le verser...
>
> (II, 3)

Le sang, dans *Macbeth,* n'est pas seulement une allégorie ; il est matériel, physique, il coule des corps massacrés. Il se dépose sur les visages et les mains, sur les stylets et les épées. Lady Macbeth parle :

> Un peu d'eau nous lavera de ceci : rien de plus facile...
>
> (II, 2)

Mais ce sang ne saurait être lavé, ni des mains, ni des visages, ni des stylets. *Macbeth* commence et s'achève par un carnage. Il y a de plus en plus de sang. Tous y pataugent. Il envahit la scène. Sans cette image du monde noyé dans le sang, les décors de *Macbeth* seront toujours faux. Le Grand Mécanisme a un côté abstrait. Les atrocités de Richard sont des condamnations à mort. La majorité en sera exécutée dans les coulisses. Dans *Macbeth,* la mort, le crime, l'assassinat sont concrets. Et l'histoire y est concrète, tangible, charnelle et étouffante; elle est râle du mourant, sifflement de l'épée, coup de stylet. On a dit que *Macbeth* était la tragédie de l'ambition, on a dit aussi que c'était la tragédie de la peur. C'est faux. Dans *Macbeth* il n'y a qu'un thème, un mono-thème. Ce thème, c'est le meurtre. L'histoire y est ramenée à sa forme la plus simple, à une seule image, à un seul partage : entre ceux qui tuent et ceux qui sont tués.

L'ambition est ici intention de meurtre et plan de meurtre. La peur est souvenir des meurtres accomplis et effroi devant la nécessité d'un nouveau crime. Le grand meurtre, le véritable meurtre, le meurtre par lequel commence l'histoire, est l'assassinat du roi. Ensuite, eh bien! il faut tuer. Aussi longtemps que celui qui tuait n'aura pas été tué. Le nouveau roi sera celui qui a tué le roi. Il en est ainsi dans *Richard III* et les drames royaux. Il en est également ainsi dans *Macbeth.* Le monstrueux rouleau compresseur de l'histoire a été mis en mouvement et écrase chacun à son tour. Mais, dans *Macbeth,* cette suite de meurtres n'est pas la logique du mécanisme, elle possède quelque chose de la prolifération effroyable du cauchemar.

MACBETH — ... Où en est la nuit?
LADY MACBETH — Elle commence à lutter avec le matin.

(III, 4)

Les scènes, pour la plupart, se déroulent pendant la nuit. A toutes les heures de la nuit : tard dans la soirée, à minuit et à la lueur blême de l'aube. La nuit est ici constamment présente, sans cesse et obstinément rappelée et appelée; dans les métaphores : « Il ne verra pas le soleil de ce demain »; dans la mise en scène : on apporte, on allume et on éteint des flambeaux; dans le déroulement même de l'action et dans les soudaines touches réalistes, comme toujours chez Shakespeare prosaïques et bouleversantes : « Puis, quand nous aurons couvert nos frêles nudités qui souffrent du froid... » (II, 3).

C'est une nuit dont le sommeil a été chassé. Dans aucune des tragédies de Shakespeare on ne parle autant du sommeil. Macbeth a assassiné le sommeil. Macbeth ne peut plus dormir. Dans toute l'Ecosse, plus personne ne peut dormir. Il n'y a plus de sommeil, il n'y a plus que des cauchemars :

Lorsque, ivres-morts, ils seront plongés l'un et l'autre dans un sommeil de pourceau...

(I, 7)

Contre ce sommeil lourd et moite, dans lequel est présent l'état de veille et qui ne permet pas l'oubli, contre ce sommeil qui est pensée hantée par le crime, contre ce sommeil qui n'est pas le sommeil, mais le cauchemar, Macbeth et lady Macbeth ne sont pas les seuls à se défendre. Ce même sommeil-cauchemar torture Banquo.

... Un poids lourd comme le plomb pèse sur moi, et pourtant je ne voudrais pas dormir... Puissances miséricordieuses, refrénez en moi les pensées maudites auxquelles la nature livre passage dans le sommeil!

(II, 1)

Le sommeil a été empoisonné et la nourriture l'a été. Dans le monde de Macbeth, le plus obsessionnel des mondes créés par Shakespeare, le meurtre, l'idée du meurtre et la peur du meurtre envahissent tout. Dans cette tragédie, il n'y a que deux grands rôles, mais le troisième personnage du drame, c'est le monde. Nous regardons plus longuement les visages de Macbeth et de lady Macbeth, et c'est pourquoi il nous est plus facile de nous en souvenir, mais tous les visages ont la même grimace et sont déformés par la même épouvante. Tous les corps sont torturés de la même façon. Le monde de *Macbeth* est étanche, il n'y existe pas d'échappatoire. Même la nature y a l'allure d'un cauchemar. Elle est tout aussi opaque, épaisse et gluante. Elle est faite de boue et de mirages.

BANQUO — La terre fait des bulles comme l'eau, et ces créatures en sont : où se sont-elles évanouies?

MACBETH — Dans l'air; et ce qui semblait corporel s'est dissous comme l'haleine dans le vent...

(I, 3)

Dans *Macbeth,* les sorcières appartiennent au paysage et sont faites de la même matière que le monde. Elles croassent aux carrefours et excitent au meurtre. La terre bouillonne comme si elle avait la fièvre, le faucon est en plein vol dépecé à coups de bec par le hibou, les chevaux brisent leurs entraves, galopent comme des fous, se jettent les uns contre les autres et se mordent. Il n'y a aucun répit dans le monde de *Macbeth,* il n'y a ni amour, ni amitié, il n'y a même pas de désir. Ou plutôt le désir également est empoisonné par l'idée du meurtre. Il y a quelque chose de trouble dans les relations entre Macbeth et lady Macbeth. Chacun des grands héros de Shakespeare est à plusieurs fonds. Jamais Shakespeare n'est sans ambiguïté. Ici, dans ce couple sans enfant, ou plutôt dont les enfants sont morts, c'est elle qui est l'homme. Elle exige de Macbeth qu'il accomplisse ce meurtre pour confirmer sa virilité; elle l'exige presque comme un acte d'amour. Dans toutes les interventions de lady Macbeth ce même thème-obsession revient :

> Désormais, je croirai ton amour aussi fragile que ton espoir [...]
> C'est lorsque vous osiez, que vous étiez un homme...
>
> (I, 7)

Entre ces deux-là, il y a asphyxie sexuelle, un grand échec érotique. Mais ce n'est pas essentiel pour l'interprétation de la tragédie, bien que cela puisse déterminer le jeu des deux principaux rôles.

Il n'y a pas de tragique sans conscience. Richard III est la conscience du Grand Mécanisme. Macbeth a conscience du cauchemar. Dans ce monde où le meurtre s'impose à vous en tant que destin, contrainte et nécessité interne, un seul rêve existe : vous rêvez du meurtre qui brisera la succession des meurtres, qui sera sortie du cauchemar et libération. En effet, pire que le meurtre est la pensée du meurtre qui pèse, qu'il vous faut accomplir, auquel vous ne pouvez échapper.

Macbeth parle :

> Si, la chose faite, tout était fait, alors il serait bon qu'elle fût vite faite. Si l'assassinat jetait le filet sur toutes les conséquences [...] si ce seul coup était tout et terminait tout ici-bas, sur le banc de sable du temps, nous risquerions la vie à venir...
>
> (I, 7)

Tchen le terroriste, dans la *Condition humaine* de Malraux, dit l'une des phrases les plus effrayantes qui aient été écrites au milieu du XX$^{e}$ siècle : « Peut-être méprise-t-on beaucoup celui qu'on tue. Mais moins que les autres. [...] Que ceux qui ne tuent pas : les puceaux. » Cette phrase signifie que le meurtre est un acte de connaissance, comme la connaissance est l'acte d'amour selon l'Ancien Testament, et que l'expérience de l'assassinat, pas plus que celle de l'acte d'amour, ne peut se transmettre. Mais cette phrase signifie également que l'accomplissement d'un meurtre change celui qui a tué, qu'à partir de cet instant il est *un Autre,* et que le monde dans lequel il tue est un *autre* monde.

Après le premier assassinat, Macbeth dit :

Désormais, il n'est plus rien de sérieux en ce monde mortel; tout est jouet. La gloire et la grâce sont mortes. Le vin de la vie est tiré...

(II, 3)

Macbeth a tué pour se confirmer dans le monde où le meurtre existe et où le meurtre est possible. Macbeth n'a pas seulement tué pour devenir le roi. Il a tué pour se confirmer à ses propres yeux. Il a choisi entre le Macbeth qui a peur de tuer, et le Macbeth qui a tué. Mais le Macbeth qui a tué est déjà autre. Il sait déjà non seulement que l'on peut tuer; il sait aussi que l'on doit tuer.

EDMOND — Sache bien que les hommes sont ce qu'est l'instant; avoir l'âme tendre ne sied pas à une épée.

[...]

L'OFFICIER — Je ne sais pas tirer charrette, ni manger de l'avoine; mais si c'est une besogne d'homme, je la ferai.

Ces répliques sont tirées du *Roi Lear*. Edmond ordonne aux assassins de pendre Cordélia dans sa prison. Le crime est affaire humaine. Le meurtre est affaire humaine. Que peut l'homme? Cette interrogation nietzschéenne est posée pour la première fois dans *Macbeth :*

LADY MACBETH — As-tu peur d'être aussi grand dans tes actes et ton courage que dans tes désirs? [...]

MACBETH — Paix! je t'en prie. J'ose tout ce qui sied à un homme; qui ose davantage n'en est plus un.

LADY MACBETH — Quelle était donc la bête qui t'a poussé à me révéler ce projet?

(I, 7)

Ce dialogue a lieu avant l'assassinat de Duncan. Après le meurtre, Macbeth saura. Non seulement l'homme peut tuer. L'homme, c'est celui qui tue. Celui-là seulement. De même que l'animal qui flagorne et aboie est un chien. Macbeth convoque des tueurs et leur ordonne d'abattre Banquo et son fils :

PREMIER ASSASSIN — Nous sommes des hommes, monseigneur.

MACBETH — Oui, dans le catalogue, vous passez pour des hommes, de même que limiers, lévriers, métis, épagneuls, mâtins, caniches et chiens-loups sont tous appelés chiens. [...]

DEUXIÈME ASSASSIN — Nous exécuterons, seigneur, tout ce que vous commanderez.

(III, 1)

C'est là une des limites de l'expérience à laquelle parvient Macbeth. Le premier fond. On pourrait l'appeler une expérience du type Auschwitz. Un certain seuil a été franchi, après quoi tout est facile. « Tout est jouet », « ... *all is but toys* ». Mais ce n'est que vérité partielle sur Macbeth. Macbeth a tué le roi, car il ne pouvait accepter d'être le Macbeth qui a peur de tuer le roi. Mais le Macbeth qui a tué ne peut accepter le Macbeth qui a tué. Macbeth a tué pour sortir du cauchemar, afin d'y mettre fin. Mais cette nécessité d'assassiner, c'est justement ça, le cauchemar. Le caractère cauchemardesque du cauchemar est justement qu'il ne finit pas. « Seule est terrible la nuit après laquelle le jour ne se lève pas. » La nuit dans laquelle s'enfonce Macbeth est de plus en plus profonde. Il a tué par peur, et par peur il continue à tuer. Ceci est la seconde partie de la vérité sur Macbeth, mais ce n'est pas encore toute la vérité.

*Macbeth* est peut-être, psychologiquement, la plus profonde des tragédies de Shakespeare. Mais Macbeth en lui-même n'est pas un caractère. Du moins il ne l'est pas à la façon dont le comprenait le XIXe siècle. C'est lady Macbeth qui est un caractère de ce genre. Tout est consumé en elle, excepté l'exigence du pouvoir. Vide, elle continue de brûler. Elle se venge de son échec d'amante et de mère. Lady Macbeth n'a pas d'imagination. C'est pourquoi dès le départ elle est d'accord avec elle-même. Et qu'ensuite elle ne peut pas échapper à elle-même. Macbeth a de l'imagination. Et il se pose les mêmes questions que Richard III. Mais lui, dès le premier instant. Dès le premier assassinat.

> Etre roi n'est rien, il faut l'être en sûreté.
>
> (III, 1)

Dès les premières scènes, Macbeth se définit par la négation; il est pour lui-même celui qu'il n'est pas; il n'est pas celui qu'il est. Il est plongé dans le monde comme dans le néant, il est uniquement celui qu'il pourrait être. Macbeth passe son temps à se choisir, mais après chacun de ces choix, il est de plus en plus étranger et de plus en plus effroyable à ses propres yeux. « Tout ce qui est en lui a honte de s'y trouver » (V, 2). Les formules par lesquelles Macbeth essaye de se définir semblent étrangement proches du langage des existentialistes. « Etre » a pour Macbeth une signification multiple, ou pour le moins double; c'est une contradiction constante, déchirée, entre l'existence et l'essence, entre l'être « pour soi » et l'être « en soi ».

Il dit :

... *Et rien n'est que ce qui n'est pas.*

Dans un mauvais rêve, nous sommes à la fois nous-mêmes et ne le sommes pas; nous ne pouvons pas être d'accord avec nous-mêmes, car nous accepter signifierait accepter la réalité du cauchemar, admettre qu'en dehors du cauchemar il n'y a rien, qu'après la nuit, le jour ne se lève pas.

Macbeth, après l'assassinat de Duncan, dit : « Connaître ce que j'ai fait! Mieux vaudrait ne plus me connaître moi-même » (II, 2). Macbeth vit de l'apparence de sa propre existence, puisqu'il ne veut pas reconnaître que le monde dans lequel il vit est inéluctable. Ce monde, pour lui, est un cauchemar. Etre, cela signifie pour Richard conquérir la couronne et assassiner tous les prétendants. Pour Macbeth, être, cela signifie fuir, vivre dans un autre monde :

Mort rebelle! ne te dresse plus [...] notre grand Macbeth vivra jusqu'au terme normal de toute vie et rendra le dernier soupir à l'heure où tout homme doit le rendre.

(IV, 1)

L'intrigue et l'ordre de l'histoire ne diffèrent en rien dans les drames historiques et dans *Macbeth*. Mais Richard admet l'ordre de l'histoire et accepte son rôle. Macbeth rêve d'un monde dans lequel il n'y aura plus de meurtre et où tous les meurtres auront été oubliés, où les morts une fois pour toutes auront été enterrés et tout recommencera depuis le début. Macbeth rêve à la fin du cauchemar et s'enfonce de plus en plus dans le cauchemar. Macbeth rêve à un monde sans crime et s'embourbe de plus en plus profondément dans le crime. Le dernier espoir de Macbeth est que les morts ne ressusciteront pas.

LADY MACBETH — Mais, en eux, l'empreinte de la vie n'est pas éternelle.

MACBETH — Il y a de l'espoir, c'est vrai. Ils ne sont pas invulnérables. Sois heureuse...

(III, 2)

Mais les morts ressuscitent. L'apparition pendant le banquet du spectre de Banquo est l'une des scènes les plus énigmatiques de *Macbeth.* Seul Macbeth remarque le fantôme. Personne en dehors de lui. Les commentateurs voient dans cette scène une personnification de la peur, de la terreur de Macbeth. Il n'y a pas de spectre; le spectre est une hallucination. Mais le *Macbeth* de Shakespeare n'est pas un drame psychologique de la seconde moitié du XIXe siècle. Macbeth rêvait d'un dernier meurtre, du meurtre qui mettrait un terme aux meurtres. A présent il le sait : un tel meurtre n'existe pas. Ceci est la troisième et dernière expérience de Macbeth. Les morts reviennent. « La succession des temps est une illusion... Ce dont nous avons le plus peur, c'est du passé qui revient. » Cet aphorisme de Stanislaw Jerzy Lec est bien dans le climat de *Macbeth :*

> Si les charniers et les tombeaux doivent nous renvoyer ceux que nous enterrons, nous prendrons pour sépulcres le ventre des milans!
>
> (III, 4)

Macbeth — plusieurs fois assassin, Macbeth — qui baigne dans le sang, n'a pu admettre le monde dans lequel l'assassinat existe. C'est peut-être en cela que réside la sombre grandeur de cette figure et la véritable tragédie de l'histoire de Macbeth. Longtemps, il n'avait pas voulu admettre la réalité et le caractère inéluctable du cauchemar, il n'avait pu se faire à son propre rôle. Ce rôle lui était étranger. A présent il sait tout. Qu'on ne saurait échapper au cauchemar, qu'il est destin et condition humaine ou encore — pour parler un langage plus moderne — situation primaire et foncière de l'homme. Il n'en existe pas d'autre.

> Ils m'ont lié à un poteau : je ne peux fuir mais, comme l'ours, il me faut tenir tête à la meute.
>
> (V, 7)

Le Macbeth d'avant le premier crime, le Macbeth qui n'avait pas encore assassiné Duncan, croyait que la mort peut venir trop tôt ou bien trop tard. « Que ne suis-je mort une heure avant cet événement; j'aurais vécu des jours bénis!... » (II, 3). A présent, Macbeth sait que la mort ne change rien, qu'elle ne peut rien changer, qu'elle est tout aussi absurde que la vie. Ni plus, ni moins. Pour la première fois, Macbeth n'a pas peur. « J'ai presque oublié le goût de la peur. » (V, 5).

Il n'a plus rien de quoi s'effrayer. Il peut enfin être d'accord avec lui-même, car il a compris que chaque choix est illusoire — ou plutôt qu'il n'y a aucun choix.

Eteins-toi, éteins-toi, court flambeau! La vie n'est qu'une ombre qui passe, un pauvre histrion qui se pavane et s'échauffe une heure sur la scène et puis qu'on n'entend plus... une histoire contée par un idiot, pleine de fureur et de bruit, et qui ne veut rien dire.

(V, 5)

Dans les premières scènes de la tragédie, il est question du thane de Cawdor, qui avait trahi Duncan et s'était rallié au roi de Norvège. La révolte étouffée, il avait été capturé et condamné à mort.

Rien dans sa vie ne l'honore autant que sa façon de la quitter. Il est mort en homme qui s'est étudié à rejeter en mourant son bien le plus précieux comme une vaine bagatelle.

(I, 4)

Le thane de Cawdor n'apparaît pas dans *Macbeth.* Nous ne savons qu'une chose : il a trahi et a été exécuté. Pourquoi sa mort est-elle si brutalement tracée, si minutieusement décrite? En quoi était-elle nécessaire? Shakespeare ne fait jamais d'erreur dans ses expositions. La mort de Cawdor, qui ouvre le drame, est indispensable. Elle sera comparée à celle de Macbeth. La mort du thane de Cawdor est digne d'un Sénèque, d'un stoïcien, elle comporte une froide indifférence. Devant la mort, Cawdor sauve ce qu'il peut sauver encore : le geste et la dignité. Pour Macbeth, les gestes n'ont pas d'importance; il ne croit plus à la dignité humaine. Il est passé, jusqu'au bout, par toutes les expériences. Il ne lui reste plus que le mépris. Le concept de l'homme s'est effrité et rien ne subsiste. A la fin de *Macbeth,* tout comme à la fin de *Troïlus et Cressida,* à la fin du *Roi Lear,* il n'y a pas de *catharsis.* Le suicide est protestation ou aveu de culpabilité. Macbeth ne se sent pas coupable et n'a rien contre quoi protester. Il peut seulement, avant de mourir lui-même, entraîner dans le néant autant de vivants que possible. Telle est la dernière conclusion tirée de l'absurdité du monde. Macbeth ne peut pas encore faire sauter le monde. Mais il peut assassiner jusqu'au bout.

Pourquoi imiterais-je la folie des Romains? Pourquoi périr sur ma propre épée? Tant que je verrai des vivants, les blessures feront mieux sur eux que sur moi!

(V, 8)

# LES DEUX PARADOXES D' « OTHELLO »

IAGO — ... et moi, je reste l'enseigne (titre que Dieu bénisse!) de Sa Seigneurie more.

RODERIGO — Par le ciel! j'eusse préféré être son bourreau.

(I, 1)

GRATIANO — La torture vous ouvrira les lèvres...

(V, 2)

OTHELLO — Voici celui qui fut Othello : me voici.

(V, 2)

## I

Dans *Othello*, bien des choses nous rebutent. Avant tout, ce que récemment encore on appréciait le plus. « *Othello* n'est pas la plus grande œuvre de Shakespeare, mais c'est sa meilleure pièce », écrit son dernier commentateur (1). Et il ajoute : « ... au sens étroit du mot *théâtre,* la meilleure en effet, c'est probable ». Possible, mais pour quel théâtre?

Thomas Rymer qui avait des goûts classiques, au sens français de ce terme, écrivait vers la fin du XVII^e^ siècle :

« La morale, certes, de cette fable, est bien édifiante.

*Primo :* Ce peut être un avertissement aux demoiselles de qualité de ne pas s'enfuir avec des Mores sans le consentement de leurs parents.

*Secundo :* Ce peut être un avis à toutes les épouses fidèles de bien veiller sur leur linge.

(1) *Othello,* edited by M. R. Ridley, « The Ardent Shakespeare », Londres 1958.

*Tertio :* Ce peut être une leçon aux maris qu'avant que leur jalousie ne devienne tragique, ils aient des preuves mathématiques de la trahison.

[...] La partie tragique n'est clairement rien d'autre qu'une Farce Sanglante, sans sel ni saveur. » (2)

L'opinion de Ducis était sans doute assez semblable. Son adaptation fut présentée à Paris en 1792. C'était l'An I de la République, mais Ducis estimait que Shakespeare continuait à être trop violent pour les Français, trop brutal. Au mépris de la tradition anglaise, il a transformé le nègre en maure ; son Othello était basané, afin de ne pas effaroucher le regard des femmes. Desdémone ne perdait pas son mouchoir ; le mouchoir faisant partie du trousseau féminin, impossible qu'un mot pareil fût prononcé au théâtre tragique. La Desdémone de la Convention ne pouvait perdre que son diadème. Othello ne l'étouffait pas ; cela eût été trop primitif ; Ducis remplaçait l'oreiller par un stylet. Restait encore la fin. Les spectateurs révolutionnaires n'aiment pas les scènes sanglantes. Au moment où Othello lève la main pour blesser mortellement Desdémone, l'envoyé de Venise accourait dans la chambre à coucher. Et s'écriait : « Barbare, que fais-tu ? »

*Othello* fut représenté pour la seconde fois en France en 1829, dans la traduction d'Alfred de Vigny ; le *Maure de Venise* frayait la voie à *Hernani*. C'est à partir de ce moment que cette pièce est devenue la plus « dix-neuvième siècle » de toutes celles de Shakespeare. Pas seulement la plus romantique : *Othello* convenait à tous les théâtres du XIXe siècle. C'était la pièce la mieux découpée, opéra et mélodrame tout à la fois ; elle avait de la couleur locale, montrait des caractères forts et des passions ; c'était une pièce historique, psychologique, réaliste. Mais oui, « la meilleure pièce du théâtre de Shakespeare ».

Le 28 août 1820, Karol Sienkiewicz notait dans son *Journal de voyage en Angleterre :*

« J'ai été au théâtre — *Othello.* C'est une des meilleures tragédies de Shakespeare et c'est Kean qui y joue le mieux. [...] Au cinquième acte, une scène affreuse. Le rideau se lève sur la scène II : on voit tout au fond le lit ; et sur ce lit, Desdémone endormie, tout à fait comme cela doit être, en bonnet de nuit, sous la couverture. Au-dessus du lit, un baldaquin, à côté, une table de nuit, une toilette ; on m'a

(2) Cité par Henri Fluchère dans *Présentation de Shakespeare, dramaturge élisabéthain,* Les Cahiers du Sud, 1948.

même assuré qu'on pouvait voir le pot de chambre. Othello entre, une lampe à la main; il la pose sur la toilette. Desdémone continue à dormir. Il a également en main un poignard qu'il s'est procuré. Il vient pour tuer Desdémone après les terribles tortures de la jalousie dont il a tant souffert... »

Cette tragédie de la jalousie s'insérait parfaitement tant dans la tradition de la tragédie domestique héritée du XVIIIe siècle anglais, avec une Desdémone bourgeoise en bonnet de nuit, que dans le mélodrame romantique où le héros était tour à tour un nègre primitif et dévoré de passion, ou le descendant noble et comblé d'honneurs des rois arabes. Ainsi compris, *Othello* était déjà en vérité un opéra « oriental » tout prêt, qui n'attendait plus que son compositeur. Ce fut Verdi qui en écrivit la musique en 1887, et sans doute n'est-ce pas par hasard que son *Othello* est peut-être l'unique succès véritable dans l'histoire des adaptations de Shakespeare pour la scène lyrique.

En fin de compte, il n'y avait pas grande différence à cette époque entre la représentation dramatique ou lyrique de l'œuvre. Dans le second acte, le chœur des Cypriotes chante en l'honneur de Desdémone, le troisième acte s'achève sur une scène d'ensemble avec participation du corps de ballet. De toutes les pièces de Shakespeare, *Othello* se prête le mieux à une mise en scène somptueuse; ainsi l'opéra entremêlé de ballets sur l'Oriental jaloux se métamorphosait lentement en un grand spectacle à tableaux historiques, où Venise apparaissait « comme vivante ».

Ces tendances ont trouvé leur expression la plus complète dans le théâtre russe. La tragédie de la jalousie y devient celle de la confiance trompée; Othello y est la victime non seulement des intrigues de Iago, mais de la jalousie du doge et de tout le sénat vénitien. Il fallait pour cela montrer Venise entière et Chypre. Le contexte social et historique devenait plus important que les protagonistes du drame. Stanislavski a une première fois mis *Othello* en scène au temps de sa jeunesse, mais c'est son projet de mise en scène de 1930 qui est passé dans l'histoire du théâtre. Il l'avait envoyé au Théâtre d'Art de Moscou depuis Nice où il résidait à l'époque. Depuis, ce texte a été publié (3).

(3) Mise en scène et commentaire de Constantin Stanislavski à *Othello*. Collection « Mises en scène », Ed. du Seuil, Paris 1948.

Stanislavski a fait de la fosse d'orchestre un canal où naviguent des gondoles. Au cours du premier tableau, par deux fois elles paraissent en scène : Roderigo et Iago naviguent en gondole, c'est en gondole qu'ensuite Brabantio et sa suite partent à la recherche d'Othello. Stanislavski recommandait de fabriquer la rame du gondolier en zinc et de la faire creuse ; de la remplir d'eau, afin qu'elle donnât le clapotis caractéristique chaque fois qu'elle se lèverait. Dans le second acte, il a introduit les silhouettes silencieuses des Cypriotes qui attendent, pleins d'inquiétude, l'arrivée des navires, et fuient, pris de panique, voyant que c'est la flotte vénitienne. Dans ses commentaires pour les acteurs, il décrit avec force détails les vaines tentatives de Roderigo auprès de Desdémone, ainsi que les rencontres entre la jeune fille et Othello le dimanche matin, alors qu'elle revient de la messe en gondole. Il sait même quelles sont les fleurs qu'Othello lançait dans sa gondole et comment s'achevait la sérénade offerte par Roderigo sous les fenêtres de Desdémone. Il sait tout sur Desdémone et Othello, absolument tout, depuis le jour de leur naissance jusqu'au moment de la tragédie.

Après l'opéra, ce fut le roman ; après l'*Otello* de Verdi, celui d'Alexandre Dumas. Mais voilà : dans *Othello* lu à la manière d'un roman, toutes les licences, toutes les obscurités, toutes les contradictions de l'intrigue ressortaient brusquement. Les spécialistes de Shakespeare les connaissaient depuis longtemps. Granville-Barker et Stoll ont utilisé l'exemple de cette pièce pour montrer l'existence simultanée, chez Shakespeare, de deux mesures du temps. La nuit de jalousie ne dure de minuit à l'aube que pour le seul Othello ; pour Iago, Roderigo et Desdémone, il faut des semaines pour que l'action puisse s'accomplir, pour que Desdémone ait la possibilité physique de trahir, pour que le navire ait le temps d'arriver de Chypre à Venise avec l'annonce de la victoire et de revenir à Chypre avec la nomination du nouveau gouverneur.

Stanislavski a poussé jusqu'à leurs conséquences extrêmes les tendances à présenter un Shakespeare vériste, joué en costumes historiques « d'époque », lesquelles ont régné sans partage dans tout le théâtre européen à partir des années 1890. Le théâtre d'hier répète toujours les interprétations d'avant-hier. La tragédie de la jalousie et celle de la confiance trompée, l'*Othello* d'opéra et de feuilleton historique pèsent aujourd'hui encore sur nous.

## II

Dans quel paysage la tragédie d'Othello se joue-t-elle? La question peut sembler absurde. Le premier acte se déroule à Venise, les quatre autres à Chypre. Le théâtre romantique avait déjà montré Venise et Chypre à l'aide de changements de décors à vue; ensuite, il a pu sembler que la scène tournante résolvait toutes les difficultés. Chaque scène pouvait avoir un autre décor. Le théâtre anglais du début du XIXe siècle jouait le plus souvent *Othello* dans des intérieurs bourgeois; ce n'est que plus tard que la pièce est devenue de plus en plus historique et à costumes. Le théâtre naturaliste a été capable, quant à lui, de construire sur scène toute la place Saint-Marc. *Othello* s'est à un tel point confondu avec ses décors du XIXe siècle que c'est sans doute la pièce de Shakespeare qu'il nous est le plus difficile de nous représenter sur un plateau nu. Et pourtant... Venise et Chypre y sont tout autant de convention que les villes et les contrées des autres tragédies et comédies de Shakespeare. Chypre et Venise ne sont ni plus ni moins réels qu'Elseneur, la Bohême ou l'Illyrie, la forêt de Dunsinane dans *Macbeth,* ou dans *Le Roi Lear,* les rochers de Douvres du haut desquels Glocester aveugle veut se précipiter dans le vide.

> Excellente créature! Que la perdition s'empare de mon âme si je ne t'aime pas! Va! quand je ne t'aimerai plus, ce sera le retour du chaos.
>
> (III, 3)

*Othello,* comme toutes les grandes tragédies shakespeariennes, ne se déroule vraiment que sur la scène élisabéthaine qu'est le Theatrum Mundi. C'est justement sur cette scène, comme dans *Hamlet* et *Le Roi Lear,* que le monde sort de ses gonds, que le chaos revient et que l'ordre même de la nature est menacé.

> Si elle me trompe, oh! c'est que le ciel se moque de lui-même! Je ne veux pas le croire.
>
> (III, 3)

Le ciel et la terre s'effondrent :

Commets des actions à faire pleurer le ciel et à épouvanter la terre entière.

(III, 3)

Jusqu'au firmament qui est bouleversé. L'équilibre des sphères célestes est compromis. Comme si la folie descendait des étoiles sur les hommes :

C'est l'aberration de la lune : elle approche de la terre plus que de coutume, et elle rend les hommes fous.

(V, 2)

Ceci, après que Desdémone a été étouffée. Sur le monde d'Othello s'abat une nuit apocalyptique.

Il me semble qu'il devrait y avoir à présent une immense éclipse du soleil et de la lune, et que le globe épouvanté devrait s'entrouvrir à ce bouleversement.

(V, 2)

Cette éclipse simultanée de soleil et de la lune, c'est la fin du monde telle que la voit la peinture baroque. La nuit tombe sur Othello. Et non seulement dépourvue de soleil et de lune. Comme dans *Le Roi Lear* et dans *Macbeth,* le ciel est vide.

N'y a-t-il donc au ciel de foudres que pour tonner?

(V, 2)

*Othello,* tout comme *Le Roi Lear* et *Macbeth,* est la tragédie de l'homme sous un ciel vide. A la fin, Iago est livré aux supplices. Mais en réalité, à partir du second acte, c'est Othello qui est torturé. Comme Lear, comme Macbeth, comme Glocester, il descend la pente. Comme Lear, comme Glocester, comme Macbeth, il est conduit à une situation sans issue. Il épuise jusqu'à la lie l'une des expériences humaines. *Othello,* comme *Le Roi Lear* et *Macbeth,* c'est lancer un fil à plomb dans l'abîme, c'est sonder les ténèbres. Les questions fondamentales, touchant au sens ou à l'absurdité du monde, ne peuvent être tranchées qu'à la fin du voyage. Là-bas, justement, au fond de l'abîme.

G. W. Knight (4) a le premier mis en évidence la musique d'Othello. Mais il lui a refusé l'universalité. Comparé au *Roi*

(4) G. Wilson Knight. *The Othello Music,* dans *The Wheel of Fire,* Londres. 1949.

*Lear* et à *Macbeth, Othello* est pour lui un drame qui ne grandit pas jusqu'aux dimensions du symbole et qui demeure enfermé dans sa littéralité. Ce n'est pas, pour Knight, une tragédie cosmique. Malgré l'insupportable rhétorique du romantisme, je préfère le jugement de Victor Hugo :

« Maintenant, qu'est-ce qu'Othello? C'est la nuit. Immense figure fatale. La nuit est amoureuse du jour. La noirceur aime l'aurore. L'Africain adore la blanche. Othello a pour clarté et pour folie Desdémona. Aussi comme la jalousie lui est facile! Il est grand, il est auguste, il est majestueux, il est au-dessus de toutes les têtes, il a pour cortège la bravoure, la bataille, la fanfare, la bannière, la renommée, la gloire, il a le rayonnement de vingt victoires, il est plein d'astres, cet Othello, il est noir. Aussi comme, jaloux, le héros est vite monstre! Le noir devient nègre. Comme la nuit a vite fait signe à la mort! »

Ce passage ne comporte-t-il pas un don de voyance théâtral? Il semble s'appliquer presque exactement à la dernière création d'Olivier dans le rôle d'Othello.

Victor Hugo poursuit : « Iago près d'Othello, c'est le précipice près du glissement. Par ici! dit-il tout bas. le piège conseille la cécité. Les ténèbres guident le noir. La tromperie se charge de l'éclaircissement qu'il faut à la nuit. La jalousie a le mensonge pour chien d'aveugle. Contre la blancheur et la candeur, Othello le nègre, Iago le traître, quoi de plus terrible! Ces férocités de l'ombre s'entendent. Ces deux incarnations de l'éclipse conspirent, l'une en rugissant, l'autre en ricanant, le tragique étouffement de la lumière. »

» Sondez cette chose profonde, Othello est la nuit. Et étant la nuit, et voulant tuer, qu'est-ce qu'il prend pour tuer? le poison? la massue? la hache? le couteau? Non, l'oreiller. Tuer, c'est endormir. Shakespeare lui-même ne s'est peut-être pas rendu compte de ceci. Le créateur, quelquefois presque à son insu, obéit à son type, tant ce type est une puissance. Et c'est ainsi que Desdémona, épouse de l'homme Nuit, meurt étouffée par l'oreiller, qui a eu le premier baiser et qui a le dernier souffle. » (5).

L'Othello d'Olivier entre en scène en dansant; il tient une rose à la bouche. L'Othello d'Olivier étouffe Desdémone au milieu des baisers.

(5) Victor Hugo, *William Shakespeare,* 2e édition, Paris 1867.

## III

C'est Iago qui a toujours présenté le plus de difficultés aux interprétateurs. Pour les romantiques, il était tout simplement le génie du mal. Pourtant, même Méphistophélès doit posséder ses raisons d'agir. Surtout au théâtre. Iago déteste Othello, comme il déteste tout le monde. Les commentateurs se sont depuis longtemps aperçus que dans cette haine il y a quelque chose de désintéressé; Iago commence par haïr et ce n'est qu'après qu'il semble découvrir les raisons de sa haine. La définition de Coleridge va au cœur même de la question : *motive-hunting of a motiveless malignity.* Méchanceté sans raison, en chasse des raisons d'être méchant. Ambitieux déçu, jaloux de sa femme, jaloux de Desdémone, de toutes les femmes, de tous les hommes — ce haineux cherche perpétuellement un nouvel aliment à sa haine et jamais il n'en a assez. Mais si la haine se cherche des raisons, quelles sont les raisons elles-mêmes de cette haine?

Il existe deux autres définitions excellentes de Iago. Carlyle l'a appelé *an inarticulate poet.* Hazlitt, « un amateur de tragédies dans la vie véritable ». Il ne suffit pas à Iago d'ourdir la tragédie, il veut en outre la jouer jusqu'au bout, il distribue les rôles à tous autour de lui, et il y paraîtra en personne.

Iago est un metteur en scène infernal, il vaudrait mieux dire un metteur en scène machiavélique. Ses raisons d'agir sont ambiguës et dissimulées, ses raisons intellectuelles claires et précises. Il les formule dès les premières scènes. Il monologue à voix haute :

> Il dépend de nous-mêmes d'être d'une façon ou d'une autre. Notre corps est notre jardin, et notre volonté en est le jardinier.
>
> (I, 3)

Le Iago démoniaque a été inventé par les romantiques. Iago n'a rien d'un diable. C'est un arriviste contemporain, tout comme Richard III. A une autre échelle, simplement. Il veut, lui aussi, mettre en marche le véritable mécanisme, exploiter les véritables passions. Il ne veut pas se laisser tromper.

> Nous ne pouvons pas tous être les maîtres, et les maîtres ne peuvent pas tous être fidèlement servis.
>
> (I, 1)

Cela n'a rien de démoniaque; dans son évidence, cette déclaration serait plutôt triviale. « L'avancement se fait par brigue et par faveur » (I, 1). Cela non plus n'a rien d'une affirmation démoniaque. Iago est un praticien, il ne croit pas aux idéologues, il n'a pas d'illusions : « La réputation est un préjugé vain et fallacieux : souvent gagnée sans mérite et perdue sans justice! » (II, 3).

Iago est évidemment machiavélique, mais ce n'est là pour lui que la généralisation de son expérience personnelle. Les imbéciles croient à l'honneur et à l'amour. En vérité, n'existent que l'égoïsme et le désir. Les forts sont capables de subordonner les passions aux ambitions. Votre propre corps, également, peut être un instrument. D'où le mépris de Iago pour tout ce qui désarme, tant pour les interdits moraux que pour l'amour :

> Je n'ai jamais trouvé un homme qui sût s'aimer. Avant de pouvoir dire que je vais me noyer pour l'amour de quelque guenon, je consens à être changé en babouin.
>
> (I, 3)

Iago est volontariste. On peut tout faire de soi, on peut tout faire des autres. Les autres, également, ne sont qu'un instrument. On peut les malaxer comme de la glaise. Iago, tout comme Richard III, méprise encore plus les hommes qu'il ne les hait. Il dit : le monde se compose de coquins et d'imbéciles, de ceux qui dévorent et de ceux qui sont dévorés. Les hommes sont comme des bêtes, ils s'accouplent et s'entre-dévorent. Les faibles ne méritent pas qu'on les prenne en pitié, ils sont aussi répugnants que les forts, ils ne sont que plus bêtes. Le monde est répugnant.

Othello dit : le monde est beau et les hommes sont nobles. L'amour et la fidélité existent.

Si l'on arrache à *Othello* son vernis romantique, tout ce qui est mélodrame et opéra, la tragédie de la jalousie et la tragédie de la confiance trompée se transforment en une dispute entre Othello et Iago sur la nature du monde. Comment est-il, ce monde : bon ou mauvais? quelles sont les limites de la souffrance? quel est le sens dernier des quelques courts instants qui séparent la naissance de la mort?

Iago met en mouvement un mécanisme de bassesse, d'envie et de bêtise. Comme Richard III. Et comme celui-ci, il est écrasé. Le monde dans lequel Othello peut croire à la trahison de Desdémone, dans lequel la trahison est possible, dans lequel Othello tue Desdémone, dans lequel n'existent ni amitié, ni fidélité, ni loyauté, dans lequel Othello consent à l'assassinat par traîtrise puisqu'il a consenti au meurtre de Cassio — un tel monde est vil. Iago est vraiment un metteur en scène par trop parfait.

Hors d'ici, va-t'en, tu m'as mis sur la roue!

(III, 3)

lui crie Othello. Iago a démontré que le monde est fait d'imbéciles et de coquins. Il les a tous détruits autour de lui. Et il s'est détruit lui-même. Il va au supplice dans cette tragédie qu'il a composée. Il a démontré qu'il ne méritait pas d'être pris en pitié. Ni le monde, ni lui. La catastrophe qui s'abat sur Richard est la confirmation du Grand Mécanisme. De même la chute de Iago. Le monde est vil. Il avait raison, c'est ce qui l'a perdu.

Tel est le premier paradoxe d'*Othello*.

## IV

Dans la dernière scène, Iago se tait. A quoi bon parler? Tout est clair à présent. Le monde s'est effondré. Mais pour Othello uniquement. Pas pour lui. On va lui broyer les os, mais il est libre de triompher. Le supplice et la mort de Iago ne sont pas actes de justice. Ils ne servent en vérité à rien. Ils sont en dehors de la tragédie. Même au sens littéral. Mais Iago remporte la victoire non seulement sur le plan intellectuel de la pièce, il triomphe également dans sa trame même, dans sa matière et son langage.

Au troisième acte, Othello se traîne aux pieds de Iago, l'écume lui mousse aux lèvres, il a une attaque. Shakespeare n'a jamais eu peur de l'atrocité : Glocester aura les yeux arrachés, Lear deviendra fou. Le magnifique Othello, le fier Othello, le bel Othello doit être rabaissé. Et cela, dans son intégralité physique. Tout sera ici décomposé comme sous l'action d'un acide. Le monde d'Othello et Othello lui-même :

Oh! désormais, adieu l'esprit tranquille! adieu le cœur content! adieu les troupes empanachées et les grandes guerres qui font de l'ambition une vertu! Oh! adieu! adieu le coursier qui hennit et la stridente trompette, le tambour qui entraîne et le fifre assourdissant! Adieu la bannière royale et tout l'éclat, l'orgueil, la pompe et l'attirail de la guerre glorieuse! Et vous, instruments de guerre dont les rauques gosiers imitent les clameurs redoutées de Jupiter, adieu! La tâche d'Othello est finie.

(III, 3)

Othello se voit doté par Shakespeare de tout l'héroïsme féodal du roman de chevalerie et du poème épique. Il y a là à la fois une poésie grisante et un monde de valeurs bien défini. Et par conséquent, en tout premier lieu, il y a le sang royal :

Je tiens ma vie et mon être d'une lignée royale.

(I, 2)

Ensuite, tous les stéréotypes héroïques dont l'origine remonte à la rhétorique romaine :

Ce tyran, l'habitude, ô graves sénateurs, a fait du lit de pierre et d'acier de la guerre, la couche de plume la plus douce pour moi.

(I, 3)

Et enfin, tout ce qui est conte, rêve, légende. Iago est tout entier pétri de réalité, de quotidienneté, de matière même. Othello est d'un autre monde, fait de tous les exotismes, depuis les aventures d'Ulysse jusqu'aux expéditions des navigateurs de la Renaissance. Il parle de Desdémone...

... des cannibales qui s'entre-dévorent, des anthropophages et des hommes qui ont la tête au-dessous des épaules.

(I, 3)

Sur la scène élisabéthaine vide, entrait avec Othello le paysage de tous les océans :

De même que la mer Pontique, dont le flot glacial et le courant forcé ne subissent jamais le refoulement des marées, se dirige sans cesse vers la Propontide et l'Hellespont, de même mes pensées de sang, dans leur marche violente, ne regarderont jamais en arrière.

(III, 3)

Le monde des valeurs d'Othello sera présenté en même temps que sa poésie et son langage. Mais dans cette tragédie, il existe également un deuxième langage, une autre rhétorique. C'est Iago qui le parle. Dans le domaine de la sémantique de Iago, ce qui ressort, comme mots clefs, ce sont les noms des choses et des animaux qui provoquent la répulsion, la peur, le dégoût. Iago parle de glu, d'appâts, de filets, de poisons, de médecines et de clystères, de poix et de soufre, de peste et d'épidémies.

C'est ainsi que je changerai sa vertu en glu, et que de sa bonté je ferai le filet qui les enserrera tous.

(II, 3)

Encore plus caractéristique est le bestiaire auquel fait appel Iago. Il se compose d'animaux sans défense (« ... te noyer, toi! on noie les chats et leur portée aveugle » I, 3), des symboles et des allégories de la bêtise et de la laideur (paons et pintades), du désir et de la concupiscence (« aussi pressés que des boucs, aussi chauds que des singes, aussi lascifs que des loups en rut » III, 3).

Othello sera amené jusqu'au bredouillement. Le pathos et la poésie héroïque de l'époque féodale seront détruits, dans leur langage et leurs images (Knight en a déjà parlé). Non seulement Othello se traînera aux pieds de Iago. Il lui empruntera sa voix. Ces phrases hachées sont en même temps la découverte du monologue intérieur dans le drame :

Couché avec elle? sur elle! Quand seulement tu dis : « j'ai couché avec cette femme », tu la déshonores... Couché avec elle? Ah, c'est dégoûtant!... Le mouchoir!... cet aveu!... Le mouchoir!... Qu'on lui fasse avouer, et qu'on lui mette la corde au cou! Non! D'abord lui mettre la corde au cou, et puis lui faire avouer... J'en frémis... La nature ne me laisserait pas envahir ainsi par cette noire fureur sans quelque grand motif... Ce ne sont pas de simples mots qui m'agitent comme cela... Pouah! ... Nez, oreilles et lèvres! Est-il possible?... L'aveu!... le mouchoir!... O démon!

(IV, 1)

Othello va dorénavant crier sans désemparer au rut, au feu et au soufre, aux cordes, couteaux et poison. Il fera appel au même bestiaire. Iago parlait de corbeaux cherchant leur pâture, Othello sera poursuivi par l'image d'un corbeau planant au-dessus d'une maison pestiférée. Il empruntera à

Iago toutes ses obsessions. Comme s'il ne pouvait un seul instant s'arracher à la vision de singes et de boucs, de chiens et de chiennes obscènes. (« échange-moi contre un bouc... »). Il ne peut se maîtriser, même pendant que se déroule la visite protocolaire de Lodovico :

> Soyez le bienvenu à Chypre... Boucs et singes !
>
> (IV, 1)

Caroline Spurgeon, dans son catalogue des images de Shakespeare, met en regard le bestiaire d'*Othello* et celui du *Roi Lear* (6). Dans les deux tragédies, les animaux apparaissent dans le domaine sémantique de la douleur et de la cruauté, des souffrances par lesquelles il faut passer, des tourments que l'on inflige. Dans *Le Roi Lear,* ce sont les bêtes féroces, belles et dangereuses : tigres, vautours, sangliers ; dans *Othello,* des reptiles et des insectes. La tragédie se joue en l'espace de deux longues nuits — selon l'horloge de la passion, tout au moins. Le paysage intérieur d'*Othello,* dans lequel s'enfoncent de plus en plus profondément les personnages qui mènent la tragédie, le paysage de leurs rêves, de leurs obsessions érotiques, de leurs terreurs, est tout obscurité : terre sans soleil, sans étoiles ni lune, caverne pleine d'araignées, d'orvets et de crapauds.

> J'aimerais mieux être un crapaud et vivre des vapeurs d'un cachot.
>
> (III, 3)

Et de nouveau :

> Cette fontaine où mon cours prend sa source sous peine de se tarir, dois-je en être dépossédé? Ou alors la garder, pareille à une citerne où des crapauds hideux s'accouplent et pullulent...
>
> (IV, 2)

Entre la zone animale d'*Othello* et celle du *Roi Lear,* il n'y a pas seulement une différence d'échelle. Le symbolisme bestial d'*Othello* sert à la dégradation du monde humain. L'homme est une bête. Oui, mais laquelle?

« L'homme — dans la description de l'homme doivent être compris les animaux de même espèce, tels que le babouin, le singe et les nombreux similaires (7). »

(6) Caroline Spurgeon, *Shakespeare's Imagery,* Cambridge 1952.
(7) Léonard de Vinci. *Textes choisis* par Péladan, Paris 1907.

C'est une note de Léonard de Vinci. L'homme peut être décrit comme s'il était une bête. Ce sera alors un animal carnivore et craintif, perfide et cruel. L'homme décrit sous les traits d'une bête ne peut que provoquer la répulsion.

Une toile d'araignée aussi mince me suffira pour attraper cette grosse mouche de Cassio.

(II, 1)

C'est là la plus significative de toutes les images de la tragédie. Mouches et araignées, araignées et mouches. Cassio, Roderigo, Othello — tous sont des mouches pour Iago. De petites ou de grandes mouches. Desdémone la blanche se métamorphose elle aussi en une mouche noire. Othello reprendra toutes les obsessions de Iago.

DESDÉMONE — J'espère que mon noble maître m'estime vertueuse.
OTHELLO — Oh! oui, autant qu'à la boucherie ces mouches d'été qui engendrent dans un bourdonnement!...

(IV, 2)

L'image des mouches reviendra de nouveau dans *Le Roi Lear*. Dans la phrase qui enclôt l'une des expériences humaines définitives :

Des mouches aux mains d'enfants espiègles, voilà ce que nous sommes pour les dieux : ils nous tuent pour leur plaisir.

(*Le Roi Lear*, IV, 1)

A qui la mouche peut-elle faire appel? Qu'est-ce qui peut justifier les souffrances d'une mouche? Quel est le sens de la vie d'une mouche? Les mouches méritent-elles la pitié? La mouche peut-elle exiger que les hommes compatissent à son sort? Et les hommes — peuvent-ils l'exiger des dieux?

Toi, Nature, es ma déesse; à ta loi sont liés mes services.

(*Le Roi Lear*, I, 2)

C'est Edmond qui dit cela dans *Le Roi Lear*. Dans les grandes tragédies de Shakespeare, nous participons à un tremblement de terre; les deux ordres se sont effondrés : la hiérarchie féodale des fidélités, et le naturalisme de la Renaissance. L'histoire du monde — ce sont des araignées et des mouches :

L'ARAIGNÉE (Iago) — Il dépend de nous-mêmes d'être d'une façon ou d'une autre.

(I, 3)

L'ARAIGNÉE — Ce n'est, le ciel m'est témoin, ni l'amour ni le devoir qui me font agir, mais, sous leurs dehors, mon intérêt personnel.

(I, 1)

L'ARAIGNÉE — Je ne reste auprès de lui que pour me servir de lui.

(I, 1)

LA MOUCHE (Othello) — Mon caractère, mon titre, ma conscience intègre, me montreront tel que je suis.

(I, 2)

LA MOUCHE (Desdémone) — Bonne nuit, bonne nuit! Que le ciel m'apprenne non pas à rendre le mal pour le mal, mais à tirer le bien du mal.

(IV, 3)

Othello ne s'est pas seulement transplanté dans le domaine sémantique de Iago. Bradley a dit que sa tragédie était « l'antichambre des tortures ». Othello, tout comme le roi Lear, sera livré aux supplices et conduit jusqu'à la folie.

Oui, qu'elle pourrisse, qu'elle disparaisse et qu'elle soit damnée dès cette nuit! Car elle ne vivra pas! Non. Mon cœur est changé en pierre : je le frappe, et il me blesse la main... Oh! le monde n'a pas une plus adorable créature! Elle était digne de reposer aux côtés d'un empereur et de lui donner des ordres! [...] L'infâme! Je dis seulement ce qu'elle est... Si adroite avec son aiguille!... Admirable musicienne! [...] Je la hacherai en miettes!...

(IV, 1)

Othello parle le langage de Lear dément. De toutes les rhétoriques, ne subsistent que des bribes. Des hommes, aussi. Othello, tout comme le roi Lear, comme Macbeth au cours de la dernière scène, s'est trouvé jeté dans l'abattoir. On peut comprendre *Othello* à travers Artaud : « Le bien est toujours sur la face externe mais la face interne est un mal. Mal qui sera réduit à la longue mais à l'instant suprême où tout ce qui fut forme sera sur le point de retourner au chaos.

## V

Avant qu'elle ne paraisse, déjà on parle d'elle. Déjà ce n'est qu'un cri : elle s'est enfuie avec le nègre! Déjà son image a été exposée dans un climat d'érotisme bestial :

Un vieux bélier noir est monté sur votre blanche brebis.

(I, 1)

Le prologue d'*Othello* est brutal. Iago et Roderigo veulent mettre Brabantio en rage. Mais cela n'explique pas encore cette obstination à user de comparaisons animales. Elles sont intentionnelles. L'Union d'Othello et de Desdémone, dès la première scène, est présentée comme un accouplement de bêtes :

Vous laissez couvrir votre fille par un cheval de Barbarie! Vous voulez avoir des petits-fils qui vous hennissent au nez! Vous voulez avoir des étalons pour cousins et des genets pour alliés!

(I, 1)

Othello est noir, Desdémone est blanche. Victor Hugo a déjà parlé de ce symbolisme du noir et du blanc, de la nuit et du jour; nous avons cité ce passage. Mais Shakespeare est plus concret que les romantiques. Plus matériel et plus charnel. Dans *Othello,* non seulement les corps sont torturés; les corps également s'attirent.

Votre fille et le More sont en train de faire la bête à deux dos...

(I, 1)

Cette image de la bête à deux dos, mi-blanche, mi-noire, semble être l'un des archétypes de l'acte sexuel. On y trouve également le climat de l'érotisme contemporain avec sa fascination de l'animalité pure et du tabou sexuel. Artaud a déjà écrit : « ... toute vraie liberté est noire et se confond immanquablement avec la liberté du sexe qui est noire elle aussi sans que l'on sache très bien pourquoi » (8). Desdémone se retrouve et se définit comme femelle dans ce champ noir. Othello est fasciné par Desdémone, mais elle l'est, et combien! par le noirceur d'Othello.

... devenir, en dépit de la nature, de son âge, de son pays, de sa réputation, de tout, amoureuse de ce qu'elle avait peur de regarder!

(I, 3)

(8) Antonin Artaud, *Le Théâtre et son double.*

Elle a tout abandonné. Elle se hâte. Elle ne veut plus d'une seule nuit vide. Elle s'embarquera pour Chypre sur les traces d'Othello.

Si j'ai aimé le More assez pour vivre avec lui, ma franche révolte et mon mépris du sort peuvent le clamer au monde.

(I, 3)

Desdémone, à l'époque de Kean, se couchait en bonnet de nuit. Les Desdémone d'aujourd'hui portent encore souvent cette coiffure victorienne. Heine s'inquiétait à l'idée que Desdémone pût avoir les mains moites. Il écrivait qu'il était parfois triste à l'idée que Iago pourrait bien avoir un tout petit peu raison. Heine déchiffrait Shakespeare de façon bien plus fielleuse que Schlegel, Tieck et tous les Allemands sentimentaux. Il comparait *Othello* à *Titus Andronicus :* « Et ici, et là, écrivait-il, est présentée avec une délectation toute particulière la passion d'une jolie femme pour un nègre laid. » (9)

Desdémone a deux ans ou peut-être quatre de plus que Juliette, elle peut avoir l'âge d'Ophélie. Mais elle est bien plus femme que ces deux-là. Heine avait raison. Desdémone est à la fois docile et obstinée. Docile jusqu'au seuil où commence la passion. C'est la plus érotique de toutes les figures féminines de Shakespeare. Plus silencieuse que Juliette ou Ophélie. Entièrement plongée au fond d'elle-même. Elle commence à s'éveiller à la nuit. Elle ne soupçonne même pas que par sa seule présence elle inquiète; que par sa seule présence, elle promet. Othello l'apprendra plus tard, mais Iago le sait dès le commencement.

Desdémone est fidèle, mais elle a certainement en elle quelque chose d'une putain. Virtuellement. Non *in actu,* mais *in potentia.* Sans quoi, le drame serait injouable. Othello serait ridicule. Or, il ne peut l'être. Desdémone est contaminée par Othello, mais tous les hommes : Iago, Cassio, Roderigo, sont contaminés par Desdémone. Ils se meuvent dans son climat érotique.

Le vin qu'elle boit est fait de grappes. Si elle était angélique à ce point, jamais elle n'aurait aimé le More. N'as-tu pas vu le manège de sa main?... Leurs lèvres étaient si rapprochées que leurs haleines se baisaient.

(II, 1)

(9) Heinrich Heine, *Les jeunes filles et les femmes de Shakespeare,* 1839.

Dans l'attitude d'Othello à l'égard de Desdémone, s'opère à présent une brusque transformation que les intrigues de Iago sont bien incapables d'expliquer totalement. Comme si Othello avait brusquement eu peur de Desdémone. Robert Speaight, dans ses considérations sur *Othello,* se demande où le mariage a été consommé. A Venise, ou seulement à Chypre, lors de cette nuit à Iago a enivré Cassio? (10) Pareille question peut sembler hors de propos dans une tragédie shakespearienne où les événements se déroulent selon deux rythmes différents et où les motivations sont données en bloc. Mais pourtant — justement parce que chez Shakespeare toutes les motivations existent — cette question fait mouche; elle touche à l'obscur domaine des rapports entre Othello et Desdémone. Othello se conduit comme s'il avait découvert une autre femme que celle qu'il attendait :

Celle qui, si jeune, a pu jouer un pareil rôle...

(III, 3)

Comme s'il était stupéfait et effrayé tout à la fois par cette explosion de sexualité chez une jeune fille qui récemment encore écoutait ses récits les yeux baissés.

Son lit lui fera l'effet d'une école; sa table, d'un confessionnal!

(III, 3)

Dès la première nuit, Desdémone s'est sentie amante et épouse. L'érotisme est sa vocation et sa joie; l'érotisme et l'amour, l'érotisme et Othello sont une seule et même chose. Son Eros est lumineux; pour Othello, il est un piège. Comme si, après cette première nuit, il s'était perdu dans les ténèbres où l'amour et la haine, le désir et la répulsion ne peuvent être démêlés.

Plus ardemment Desdémone s'oublie dans l'amour, et plus elle devient une catin pour Othello; elle l'a été, l'est ou le sera. Plus elle désire, mieux elle aime, et plus facilement Othello croit qu'elle peut ou a pu trahir.

Iago met en branle toute la malignité du monde et il finit par en être lui-même la victime. Desdémone est celle de sa

(10) Robert Speaight. *Nature in Shakespearian Tragedy,* Londres 1955.

propre passion. Sa passion témoigne contre elle, non pour elle. L'amour la conduit à sa perte.

Tel est le second paradoxe d'*Othello.*

Dans aucun des grands drames de Shakespeare, à l'exception du seul *Roi Lear* peut-être, le mot « nature » n'est redit aussi souvent que dans *Othello :*

> ... la perfection peut faillir ainsi contre toutes les lois de la nature...
>
> (I, 3)

Et de nouveau, bien des fois, presque dans les mêmes termes :

> Et cependant comme une nature dévoyée...
>
> (III, 3)

Qu'est la nature? Qu'est-ce qui est contre nature? Desdémone a trompé son père. Dans *Le Roi Lear,* nous regardons les filles du roi avec les yeux du vieillard banni. Nous entendons ses malédictions Dans *Othello,* la perspective est différente. Sur le proscenium, se tiennent Othello et Desdémone. Brabantio n'éveille pas la compassion. Mais pour un temps seulement. Car Othello répétera ses paroles :

> Aie l'œil prompt à tout voir. Elle a trompé son père; elle pourrait bien te tromper.
>
> (I, 3)

Le respect pour le père et le mari, pour la famille, l'état et la fortune est conforme à la nature. Naturel est l'ordre social. Contre nature tout ce qui le détruit. L'érotisme, lui aussi, est nature. Mais celle-ci peut être bonne ou mauvaise. L'érotisme est la nature dépravée. Le sujet d'*Othello,* tout comme de *Macbeth* ou du *Roi Lear,* est la chute. La nouvelle, dans le goût de la Renaissance, sur un coquin à l'esprit vif et un mari jaloux, se transforme en une moralité médiévale :

> OTHELLO — Eh bien! qu'es-tu?
>
> DESDÉMONE — Votre femme, monseigneur, votre fidèle et loyale femme.
>
> OTHELLO — Allons! jure cela, damne-toi! de peur que, te croyant du ciel, les démons eux-mêmes craignent de te saisir. Donc damne-toi doublement : jure que tu es honnête!

DESDÉMONE — Le ciel le sait vraiment.
OTHELLO — Le ciel sait vraiment que tu es fausse comme l'enfer!

(IV, 2)

L'ange devient diable. Après le symbolisme animal dans lequel l'érotisme a été enfermé, c'est là le second et le plus fréquent domaine sémantique de la tragédie. Le paysage d'*Othello* a été une terre sans étoiles ni lune, ensuite, un monde de reptiles et d'insectes; à présent, le décor, comme dans le théâtre médiéval, est fait de deux portes : la céleste et l'infernale. Même Emilia, la suivante, qui a la tête froide et les pieds sur terre, se transforme en portière de l'enfer :

Vous, dame, vous qui avez l'office opposé à celui de saint Pierre et qui gardez la porte de l'enfer!

(IV, 2)

C'est devant ces deux portes qu'Othello lance ses dernières grandes questions d'avant le suicide :

Quand nous nous rencontrerons au jour du jugement, ton apparition précipitera mon âme du ciel, et les démons s'en empareront.

(V, 2)

Mais, en vérité, *Othello* n'est ni une moralité, ni un mystère, pas plus qu'il n'est un opéra ou un mélodrame. La nature est corrompue, et l'on ne saurait lui faire confiance. Eros est la nature, et l'on ne saurait non plus lui faire confiance. Il n'y a pas de référence possible à la nature, ni à ses lois. Elle est mauvaise, et Othello n'est pas le seul à le penser. Elle est mauvaise pour Shakespeare. Aussi folle et aussi cruelle que l'histoire. La nature est corrompue comme dans une moralité du Moyen Age, mais elle n'est pas rachetée. Il n'y a pas de rédemption. Les anges se transforment en diables. Tous. Sans exception.

Oh! change de couleur, patience, jeune chérubin aux lèvres de rose, et prends un visage sinistre comme l'enfer!

(IV, 2)

La suite, c'est Lear devenu fou qui la dira :

Considérez cette dame minaudière dont le visage présage neige à la fourche des cuisses; elle grimace vertu et branle la tête à ouïr le nom du plaisir, mais le putois ou l'étalon gavé n'y vont pas d'un plus lubrique appétit. Au-dessous de la ceinture elles sont centauresses, bien que femmes au-dessus; en haut règnent les dieux, mais en bas tous les démons : là, c'est l'enfer, ténèbres, abîme sulfureux, brûlure, bouillonnement, puanteur, consomption.

(*Le Roi Lear,* IV, 6)

Othello et Lear sont dans le même champ de la folie. Un procès a été intenté à la nature. Une fois encore, l'antiphysis de Shakespeare annonce Swift. La nature est corrompue, avant tout dans sa fonction génitrice. Les histoires d'amour, les histoires d'amants et d'époux sont aussi impitoyables et cruelles que les histoires de rois, les histoires des souverains et des usurpateurs. Ici et là, on emporte les cadavres qui jonchent le plateau vide.

## VI

Tous les paysages d'*Othello* et tous ses gestes, sa rhétorique et la façon dont elle se brise — cela appartient à la poétique du baroque. J'imagine Othello, Desdémone et Iago vêtus de noir et d'or. Ils baignent dans le clair-obscur de Rembrandt, seuls leurs visages sont en pleine lumière. La première scène d'ensemble, lorsque Brabantio et sa suite partent à la recherche d'Othello, me fait toujours songer à la « Ronde de nuit ».

Rentrez ces épées qui brillent : la rosée pourrait les rouiller.

(I, 2)

*Othello* est une tragédie de gestes. Dans cela aussi, il y a du baroque. Mais ce geste est arrêté. Comme s'il restait suspendu. Tous, pour un instant, se sont figés. J'aimerais que les derniers gestes d'Othello restassent suspendus de même. Qu'il approche du lit de Desdémone. Et qu'il recule. Ne sait-il pas, déjà, que les raisons dernières appartiennent à Iago? Le monde est bien assez vil, si elle a pu trahir, si l'on croit à sa trahison, si même lui a pu y croire.

... être dans le doute, c'est déjà être résolu.

(III, 3)

Othello ne doit pas obligatoirement tuer Desdémone. Si, en ce dernier et décisif moment, il s'en allait, la pièce n'en serait que plus cruelle. Cressida ne périt pas après sa trahison et Troïlus ne se tue pas. Tout s'achève sur un sarcasme.

Othello tue Desdémone pour sauver l'ordre moral. Pour que reviennent l'amour et la fidélité. Il tue Desdémone afin de pouvoir lui pardonner. Afin que les comptes soient en règle et que le monde retourne à la norme. Othello ne bredouille plus. Il veut désespérément sauver le sens de la vie, le sens de sa propre vie, peut-être même le sens du monde.

> ... et dites en outre qu'une fois, dans Alep, voyant un Turc, un mécréant en turban, battre un Vénitien et insulter l'Etat, je saisis ce chien de circoncis à la gorge et le frappai ainsi.
>
> (V, 2)

La mort d'Othello ne pourra plus rien sauver. Desdémone ne vit plus et le monde de la fidélité féodale est bien mort. Les condottieri sont anachroniques. Eux et leur poésie enivrante, leur rhétorique, leur pathos et tous leurs grands gestes. Le suicide d'Othello est l'un de ces gestes.

Desdémone ne vit plus; ne vit plus ce pitre bête qui avait nom Roderigo; ne vit plus Emilia la sage. Dans un instant, Othello va mourir. Ils meurent tous, nobles ou vils, lucides ou fous, empiristes ou absolutistes. Tous les choix sont mauvais.

> DESDÉMONE — Ferais-tu une chose pareille pour le monde entier?
>
> EMILIA — Voyons! ne la feriez-vous pas?
>
> DESDÉMONE — Non! par cette lumière céleste!
>
> EMILIA — Ni moi non plus, par cette lumière céleste : je la ferais plutôt dans l'obscurité!
>
> DESDÉMONE — Tu ferais une action pareille pour le monde entier?
>
> EMILIA — Le monde est chose considérable; c'est un grand prix pour un petit péché.
>
> (IV, 3)

Iago se tait. Même dans les tortures, il ne dira pas un mot. Toutes les raisons sont de son côté. Mais seulement les raisons intellectuelles. L'ordre moral et l'ordre intellectuel, à dater de *Hamlet* et de *Troïlus et Cressida,* sont en conflit dans tous les grands drames de Shakespeare. Et ils le resteront, jusqu'au *Conte d'hiver*. Le monde est tel que le voit Iago, mais Iago est une canaille. Le monde de Shakespeare ne s'est pas ressoudé après le tremblement de terre. Pas plus que le nôtre. Il est demeuré sans cohésion. Tout comme le nôtre. En définitive, dans l'*Othello* shakespearien, tous sont perdants.

# « LE ROI LEAR »

## autrement dit « Fin de Partie »

Lear — *Me traites-tu de fou, gamin?*
Le fou — *Tous les autres titres, tu les as gaspillés ; celui-là, tu étais né avec.*
(*Le Roi Lear,* I, 4)

*Nous naissons tous fous. Quelques-uns le demeurent.*
(*En attendant Godot,* II)

### I

L'attitude de la critique moderne à l'égard du *Roi Lear* est ambiguë et comme gênée. Incontestablement, cette pièce continue à être considérée comme un chef-d'œuvre, comme le sommet en face duquel même *Macbeth* et *Hamlet* semblent timides et plats. On a coutume de comparer *Le Roi Lear* à la *Messe en si mineur* de J. S. Bach, à la *Cinquième* ou à la *Neuvième* de Beethoven, à *Parsifal* de Wagner, au *Jugement Dernier* de Michel-Ange, au *Purgatoire* et à l'*Enfer* de Dante. Mais, en même temps, *Le Roi Lear* fait l'effet d'une énorme montagne que tout le monde admire, mais que personne n'a envie d'aller voir si souvent que ça. C'est comme si ce drame avait perdu le pouvoir de contaminer la littérature et le théâtre. Comme s'il ne convenait pas à notre époque et en tout cas n'avait pas sa place dans le théâtre contemporain. Mais, de quel théâtre contemporain s'agit-il? Toute la question est là.

L'apogée théâtrale du *Roi Lear* fut incontestablement l'époque romantique. Il s'intégrait parfaitement dans ce théâtre; bien sûr, c'était un *Roi Lear* compris comme un mélodrame fourmillant d'atrocités et de malédictions, nous contant l'histoire d'un roi tragique, privé de sa couronne, contre qui se sont ligués la terre et le ciel, la nature et l'humanité. Charles Lamb pouvait bien, au début du XIXe siècle, railler ces spectacles où un vieillard réduit à l'indigence erre sur la scène, la tête nue et un bâton à la main, tandis que souffle la tempête et que tombe une pluie, réglées par les machinistes. Pourtant, le théâtre parvenait rapidement à l'illusion complète. Les dioramas, les changements de décors à vue, les praticables mobiles permettaient la transformation soudaine, presque miraculeuse, d'un château gothique en panorama de montagne, ou d'un coucher de soleil flamboyant en une nuit de tempête. L'imagination romantique retrouvait fort aisément dans *Le Roi Lear* son paysage favori : bâtisses lugubres, chaumières, déserts, lieux mystérieux et effrayants, rochers menaçants et blancs au clair de lune. *Le Roi Lear* convenait aussi au style romantique : il permettait le geste large, les scènes d'atrocités et les monologues récités, ou plutôt criés avec passion, dont se délectaient Kean et toute son école. L'acteur pouvait montrer les traits les plus noirs de l'âme humaine. Les destins de Lear et de Glocester devaient éveiller épouvante et pitié. Ils le faisaient. Ils devaient effrayer les spectateurs. Ils y parvenaient. Les malheurs blanchissaient Lear et lui restituaient une grandeur tragique.

*Le Roi Lear* de Shakespeare était le « théâtre noir » du romantisme.

Puis vint le temps du Shakespeare historique, réaliste, transformé en pièce de musée. On envoyait les décorateurs à Rome, afin qu'ils dessinent les décors de *Jules César* sur le motif, au Forum. Une foule de figurants en costume d'époque emplissait la scène. On copiait les atours médiévaux, les bonnets à oreillettes de la Renaissance, les meubles élisabéthains. Les décors devenaient de plus en plus massifs et somptueux; le plateau se transformait en grande exposition d'accessoires historiques. Le balcon était un vrai balcon; le palais, un palais; la rue, une rue. Une véritable forêt remplaça le simple « lieu désert ».

A cette époque, on essaya également de situer *Le Roi Lear* dans son temps. Avec le secours d'archéologues, on dressa sur la scène des cimetières de menhirs et de dolmens. Lear était devenu un vieux druide. La machinerie théâtrale était de plus en plus perfectionnée et la tempête, la pluie et le vent couvraient de plus en plus efficacement la voix des acteurs. Dans cette étrange association de la nouvelle technique théâtrale de plus en plus somptueuse et de cette reconstitution archéologique d'un tombeau celte, du *Roi Lear* de Shakespeare seule demeura l'intrigue. Dans un tel théâtre, il n'y avait vraiment plus place pour Shakespeare.

Le début du XX^e^ siècle marque un tournant dans l'interprétation de Shakespeare. Pour la première fois, on commence à le déchiffrer à l'aide de ce qu'avait été son propre théâtre. Toute une génération de chercheurs reconstitue patiemment le plateau, la façon de jouer, les traditions théâtrales du temps d'Elisabeth. Granville-Barker, dans ses célèbres *Prefaces to Shakespeare* montre — ou du moins essaye de montrer — ce qu'était la représentation du *Roi Lear* dans le théâtre « The Globe ». Ceci a marqué le début de ce que l'on a appelé le retour au « Shakespeare authentique ». Dès lors, la tempête devrait souffler dans la poitrine de Lear et de Glocester, non sur le plateau. Mais ce vieillard fou qui arrachait les poils de sa longue barbe blanche devenait soudain ridicule. Il devait être tragique. Il ne l'était plus.

Presque toutes les expositions de Shakespeare sont étonnantes de soudaineté, dans leur façon d'esquisser les conflits, de donner le ton. L'exposition du *Roi Lear* est maladroite pour qui voudrait y trouver ne serait-ce qu'un atome de vraisemblance psychologique : le souverain tout-puissant et terrible ouvre un concours d'éloquence sur l'amour filial entre ses trois filles, et en fait dépendre le partage du royaume. Il ne voit ni ne comprend rien : l'hypocrisie de Régane et de Gonerille saute pourtant aux yeux. Lear, si on doit le considérer comme un personnage, comme un caractère, est ridicule, naïf et bête. Lorsqu'il devient fou, il ne peut susciter que la compassion, jamais la pitié et l'épouvante.

Glocester, également, est naïf et ridicule. Dans les premières scènes, il est un personnage de comédie de mœurs. Robert Speaight le compare à un gentleman aux idées plutôt arriérées qui, en melon et parapluie au bras, se promène le dimanche dans Saint James Street (1). Rien n'annonce en lui le vieillard tragique à qui l'on crèvera les yeux. Il est vrai que Polonius, dans *Hamlet,* est également une figure de comédie et qu'ensuite il meurt poignardé. Mais la mort de Polonius est

(1) R. Speaight, *Nature in Shakespearian Tragedy,* Londres, 1955.

grotesque. Lear et Glocester auront à parcourir le chemin des tourments.

Aucun metteur en scène ne parvenait à résoudre les problèmes posés par l'intrigue du *Roi Lear*. S'il la traitait de façon réaliste, Lear et Glocester étaient trop ridicules pour être des héros tragiques. S'il traitait l'exposition comme une fable ou une légende, la cruauté du monde shakespearien devenait également fabuleuse ou légendaire. Or cette cruauté était celle du monde élisabéthain, contemporain du *Roi Lear*, et elle l'est demeurée. Mais c'est une cruauté philosophique. Que ni le théâtre romantique, ni le théâtre naturaliste ne surent montrer. Seul le nouveau théâtre est en mesure d'y parvenir. Dans celui-ci, il n'y a plus de « caractères » et le tragique a été chassé par le grotesque. Lequel est apparu plus cruel.

L'exposition du *Roi Lear* est tout aussi maladroite et indispensable que l'arrivée à Güllen de la milliardaire Clara Zachanassian accompagnée de toute sa suite, de son nouveau mari, de ses eunuques, d'un grand sarcophage et d'un tigre en cage (2). L'exposition du *Roi Lear* montre un monde qui sera détruit.

Nul n'a, depuis la fin du XVIII^e^ siècle, exercé une influence aussi brutale que Shakespeare sur la dramaturgie européenne. Mais celle-ci, à son tour, a façonné les théâtres qui jouaient Shakespeare. Celui-ci était vivant dans la mesure où la dramaturgie à l'aide de laquelle on déchiffrait ses drames était vivante. Si les représentations de Shakespeare sont plates et ennuyeuses, alors non seulement le théâtre, mais la dramaturgie de l'époque sont morts.

On n'a pas encore écrit d'ouvrage sous le titre : « Shakespeare et la nouvelle dramaturgie. » Mais il est frappant que le mot « shakespearien » soit si souvent prononcé lorsqu'il est question de Brecht, de Dürrenmatt ou de Beckett. Evidemment, pour ces trois dramaturgies, qui sont en même temps trois théâtres différents, le mot « shakespearien » signifie autre chose : pour Dürrenmatt, c'est le côté sanguinaire, virulent, sans cohésion, et le mélange des genres ; pour Brecht, le caractère épique ; pour Beckett, le nouveau Theatrum Mundi. Mais ces trois dramaturgies et ces trois théâtres sont davantage semblables à Shakespeare et aux moralités médiévales qu'au drame du XIX^e^ siècle, qu'il soit romantique ou naturaliste. En ce sens, et en ce sens

(2) Dans *La visite de la vieille dame* de Dürrenmatt.

seulement, le nouveau théâtre peut être qualifié d'anti-théâtre.

Ce qui frappe en lui, c'est son côté grotesque. Malgré les apparences, ce nouveau grotesque ne prend absolument pas la place de l'ancien drame ou de la comédie de mœurs. Il s'attaque aux problèmes, conflits et thèmes de la tragédie : la condition humaine, le sens de la vie, la liberté et la nécessité, la contradiction entre l'absolu et la fragilité de l'ordre humain. Le grotesque est l'ancienne tragédie écrite de neuf, sur un autre ton. Le paradoxe de Maurice Regnault : « L'absence de tragédie dans un monde tragique donne naissance au comique », n'est qu'apparent. Le grotesque est situé dans un monde tragique. La vision tragique et la vision grotesque du monde sont, pourrait-on dire, composées des mêmes éléments. Que ce monde soit tragique ou grotesque, les situations sont imposées, commandées, nécessaires. La liberté de choix et de décision est conditionnée par celles-ci. Dans une telle situation de contrainte, imposée, tant le héros tragique que l'acteur grotesque sont perdants dans leur combat avec l'absolu. L'échec du héros tragique est la confirmation et la reconnaissance de l'absolu; l'échec de l'acteur grotesque, c'est l'absolu tourné en dérision et désacralisé, sa transformation en un mécanisme aveugle, en une sorte d'automate. Non seulement le bourreau est tourné en dérision, mais également la victime qui avait cru à la justice du bourreau, qui avait fait de lui un absolu, qui l'avait inventé, puisqu'elle s'était reconnue elle-même pour victime.

En dernière instance, la tragédie est un jugement sur la condition humaine, une mesure de l'absolu; le grotesque est la critique de l'absolu au nom de l'expérience humaine. La tragédie conduit à la *catharsis;* le grotesque n'apporte aucune consolation. Le sophiste grec, Gorgias de Leontion écrivait : « La tragédie est une tromperie où celui qui trompe est plus juste que celui qui ne trompe pas, et celui qui est trompé plus intelligent que celui qui n'est pas trompé. » On peut travestir cette phrase : le grotesque est une tromperie dans laquelle celui qui est trompé est plus juste que celui qui trompe, et celui qui trompe plus intelligent que celui qui est trompé. Clara Zachanassian, dans *La visite de la vieille dame,* est plus intelligente que Ill, mais Ill est plus juste que Clara Zachanassian. La mort d'Ill est grotesque, tout comme celle de Polonius dans *Hamlet.* Ill n'est pas un héros tragique, pas plus que ne le sont les habitants de la ville de Güllen. La vieille dame n'est pas un dieu, elle a de faux seins, un dentier et une prothèse; la vieille dame existe à peine, c'est tout juste si elle n'est pas une illusion. Ill et les Gülleniens se trouvent dans une situation où il n'y a pas place pour le tragique, où il n'y a place que pour le grotesque. « Le comique étant intuition de l'absurde, écrit Ionesco dans *Expérience du théâtre,* il me semble plus désespérant que le tragique. Le comique n'offre pas d'issue. »

Le monde tragique et le monde grotesque sont clos; on ne peut s'en échapper. Dans le monde tragique, cette situation de contrainte était imposée tour à tour par les dieux antiques, le Fatum, le Dieu chrétien, la Nature, l'Histoire dotée de raison et de nécessité. Du côté opposé se trouvait toujours l'homme. Si cet absolu était la Nature, l'homme n'était pas naturel; si l'homme était naturel, l'absolu était la Grâce, sans laquelle il n'y a point de salut. Dans un monde grotesque, on ne peut justifier l'échec au moyen d'aucun absolu, ni faire porter à celui-ci la responsabilité de la défaite. L'absolu n'est doté d'aucune des raisons dernières; il est tout simplement le plus fort. L'absolu est absurde. C'est peut-être pourquoi le grotesque se sert si souvent de l'image d'un mécanisme mis en mouvement et qu'on ne saurait arrêter. Diverses sortes de mécanismes impersonnels et hostiles remplacent Dieu, la Nature ou l'Histoire de l'ancienne tragédie. Cette notion de mécanisme absurde est sans doute le dernier concept métaphysique à subsister encore dans le grotesque contemporain. Mais ce mécanisme n'est pas transcendant par rapport à l'homme, et encore moins par rapport à l'espèce humaine. Il est une embûche que l'homme s'est tendue à lui-même et dans laquelle il est tombé.

La tragédie se déroulait le plus souvent au sein d'un paysage. La nature déchaînée était le témoin de l'échec de l'homme ou bien, comme dans *Le Roi Lear,* participait activement à l'action. Le théâtre grotesque moderne a généralement pour scène la civilisation pure; la nature en est presque totalement absente. L'homme est enfermé dans une pièce, traqué par des choses et des objets. Mais les choses jouent à présent le même rôle de symboles de la condition humaine et de situation de l'homme que la forêt, la tempête ou l'éclipse du soleil chez Shakespeare. Jusqu'à l'enfer de Sartre qui est un énorme hôtel où il n'y a que chambres et couloirs, de nouveaux couloirs et de nouvelles chambres. Cet enfer du « huis-clos » n'a pas besoin des services de la métaphysique.

L'enfer de Ionesco est organisé de même. Un nouveau

locataire emménage dans un appartement vide. On apporte les meubles. Il y en a de plus en plus. Les meubles de toutes parts cernent le locataire. Le voici entre quatre armoires. Le nouveau locataire est enfermé par les meubles. On ne le voit plus. Il a été rabaissé au niveau des meubles. Il est devenu chose.

Dans *Fin de partie* de Beckett, la chambre contient un fauteuil à roulettes et deux poubelles. Au mur, un tableau retourné. Il y a en outre un escabeau, une lorgnette et un sifflet. De la nature, il ne reste plus que du sable dans les poubelles, une puce et ce qui est la nature dans l'homme : le corps.

HAMM — La nature nous a oubliés.
CLOV — Il n'y a plus de nature.
HAMM — Plus de nature! Tu vas fort.
CLOV — Dans les environs.
HAMM — Mais nous respirons, nous changeons! Nous perdons nos cheveux, nos dents! Notre fraîcheur! Nos idéaux!
CLOV — Alors elle ne nous a pas oubliés.

Il est facile de montrer la façon dont les situations tragiques, dans le nouveau théâtre, virent au grotesque. Une situation de ce genre, classique par excellence, est la nécessité de choisir entre des valeurs contradictoires. Antigone est condamnée à choisir entre l'ordre temporel et le respect pour les morts, entre les exigences de Créon et les impératifs de l'absolu. Le principe même d'un choix où l'une des deux valeurs doit être détruite est tragique en soi. La cruauté de l'absolu, c'est d'exiger un tel choix, où l'un des termes de l'alternative est la mort. L'absolu est dévorant, il exige tout; la mort du héros est sa confirmation.

La situation tragique se transforme en grotesque lorsque les deux termes de l'alternative, du choix forcé, sont absurdes, inadéquats ou compromettants. Le héros doit jouer, bien qu'il ait mauvais jeu. Toute solution est mauvaise, mais il lui est interdit de jeter les cartes. Car le faire est également une issue, une mauvaise issue.

C'est la situation du Romulus de Dürrenmatt. Il est le dernier César de l'empire déclinant. Incapable de modifier l'histoire. L'histoire s'est fichue de lui. Il peut soit mourir avec panache, soit rester couché, à attendre qu'on vienne l'égorger; il peut se rendre, composer des discours ou se suicider. Dans sa situation de dernier empereur de Rome, chacune de ces solutions est compromettante et ridicule. L'histoire a fait de Romulus un pitre, mais elle exige qu'il la prenne au sérieux. Romulus n'a qu'une bonne solution : il peut consciemment accepter ce rôle de pitre et le jouer jusqu'au bout. Il peut élever des poules. Alors, c'est la nécessité historique qui apparaîtra bouffonne. L'absolu est tourné en dérision.

*Antigone* est la tragédie du choix, *Œdipe,* celle de « la culpabilité de l'innocent ». Les dieux avertissent loyalement le héros que le *fatum* lui a assigné le rôle de parricide et d'époux de sa propre mère. Le héros est entièrement libre, libre de décider et d'agir. Les dieux n'interviennent pas; ils ne font que regarder. Ils attendent qu'il commette la faute. Alors ils le punissent. Les dieux sont justes, ils punissent le héros pour un crime qu'il a véritablement commis. Mais le héros *devait* commettre le crime. Œdipe voulait tromper le sort. Mais il n'a pas fui le *fatum.* Il n'a pas pu le fuir. Il est tombé dans l'embûche, il a commis la faute, il a tué son père et épousé sa mère. Arrive ce qui doit arriver.

Il est sans doute possible de présenter la tragédie d'Œdipe comme un problème de la théorie du jeu. Le jeu est juste, cela signifie : au moment où il commence, les deux partenaires doivent avoir les mêmes chances de gagner ou de perdre, et tous deux doivent jouer selon les mêmes règles. Le *fatum,* dans sa partie avec Œdipe, n'a pas recours à l'aide des dieux, il ne modifie pas les lois naturelles. Le *fatum* gagne contre Œdipe sans l'intervention du miracle.

Le jeu doit être juste, mais doit en même temps être construit de telle sorte que ce soit toujours un seul et même partenaire qui gagne. Qu'Œdipe perde toujours.

Imaginons un cerveau électronique qui joue aux échecs et qui calcule un nombre arbitraire ou illimité de coups à l'avance. L'homme *doit* jouer aux échecs avec le cerveau électronique, il ne peut quitter le jeu, il ne peut pas s'interrompre et il *doit* obligatoirement perdre. Il perd honnêtement, car il perd selon les règles; il perd, car il a commis une erreur. Mais il ne pouvait pas gagner.

L'homme qui perd aux échecs contre un cerveau électronique qu'il a auparavant programmé lui-même, à qui il a « appris » à jouer, n'est déjà plus un héros de tragédie. S'il joue ainsi aux échecs de sa naissance à sa mort et s'il doit perdre, il peut tout au plus être un héros tragi-grotesque. Ce qui subsiste du monde tragique, c'est la situation de « culpabilité de l'innocent », la partie inéluctablement perdue et l'erreur inéluctable. Mais l'absolu a cessé d'exister. Il a été remplacé par l'absurdité de la situation humaine.

Cette absurdité ne consiste pas dans le fait que les mécanismes créés par l'homme sont, dans certaines conditions, plus forts et même plus intelligents que lui. Elle consiste dans le fait que ces mécanismes créent des situations de contrainte, qu'ils le forcent à jouer dans une partie où la probabilité de perdre totalement augmente sans cesse. La fin du monde des chrétiens, avec son Jugement Dernier et son partage entre les justes et les injustes, est pathétique. Une fin du monde provoquée par un moucheron atomique est révoltante. Une telle fin du monde, tant pour les chrétiens que pour les marxistes, est intellectuellement inadmissible. Ce serait une fin du monde absurde.

La comparaison entre la partie qui se joue entre le *fatum* et Œdipe, et une partie d'échecs avec un cerveau électronique n'est pas suffisamment précise. L'automate qui joue aux échecs, même s'il sait calculer à l'avance un nombre aussi élevé que l'on voudra de coups, ne doit pas obligatoirement gagner. Tout simplement, il gagnera plus souvent qu'il ne perdra. Mais parmi les automates qui existent effectivement, on peut trouver un exemple bien meilleur. Il existe un automate qui joue une sorte de « pile ou face ». Je pose une pièce sur la table, comme il me plaît, côté face, ou côté pile. L'automate ne voit pas cette pièce. Il doit deviner comment je l'ai posée. S'il devine, il gagne. J'informe l'automate s'il a bien deviné. Je pose la pièce une seconde fois, etc. Au bout d'un certain temps, l'automate commence à gagner. De plus en plus souvent, il devine juste. Il s'est souvenu de mon système, il l'a appris, il m'a déchiffré. Il prévoit qu'après avoir trois fois de suite misé sur « face », je poserai deux fois de suite sur « pile ». Je change de système, je joue selon une autre méthode : l'automate aveugle l'apprend et une fois de plus commence à gagner. J'ai mon libre arbitre et toute liberté de décider. Je peux poser la pièce côté pile ou face. Mais en fin de compte, je dois perdre à ce jeu. Tout comme Œdipe.

Il existe une issue pour que je ne perde pas. Je ne pose plus la pièce sur la table, je ne choisis plus. Je la jette, tout simplement. J'ai renoncé au système. Je me suis abandonné au hasard. Alors tous deux nous avons des chances égales : l'automate et moi. La probabilité de gagner ou de perdre, la probabilité que ce soit « pile » ou « face » qui sorte, est la même; elle est exactement de un contre un. L'automate voulait que je le prenne au sérieux, que je joue rationnellement avec lui, au moyen d'un système, d'une méthode. Mais je ne le veux pas. C'est moi qui, à mon tour, ai déchiffré le principe de l'automate.

L'automate, c'est un *fatum* qui agit en vertu du principe du calcul des probabilités. Pour que mes chances soient égales à celles du destin, je dois moi aussi me faire destin, m'abandonner au sort, à la chance, au hasard. Agir avec une probabilité de un contre un. L'homme qui, jouant contre l'automate, renonce au libre arbitre et à la liberté de décision, adopte face au sort une attitude très semblable à celle que le Romulus de Dürrenmatt avait adoptée à l'égard de la nécessité historique. Au lieu de poser cent fois de suite la pièce du côté « face », ou tour à tour du côté « face » et du côté « pile », ou bien dix fois de suite « pile », puis deux fois « face », il préfère tout simplement lancer la pièce. Un tel homme n'est assurément pas un héros tragique. Il a adopté à l'égard du destin une attitude de pitre. Tout comme Romulus.

Dans le drame moderne, le destin, les dieux et la nature ont été remplacés par l'histoire. L'histoire est le seul système de référence, la dernière instance qui confirme ou récuse l'activité humaine. Elle est inéluctable, elle accomplit les tâches conformes à sa fin, elle est la « raison » objective et le « progrès » objectif. Dans cette conception, l'histoire est un théâtre qui n'a pas de spectateurs et ne comporte que des acteurs. Personne ne regarde la représentation de l'extérieur; tout le monde y participe. Le scénario de ce spectacle monumental est établi d'avance et il comporte un épilogue nécessaire qui explique tout. Mais ce scénario, tout comme dans la *commedia dell'arte,* n'est pas rédigé; les acteurs improvisent et seule une partie d'entre eux prévoit correctement de quoi auront l'air les actes suivants. Dans ce théâtre fort spécial, la scène se modifie en même temps que les acteurs; ceux-ci l'édifient et la démolissent sans désemparer.

Les acteurs se trompent, mais les erreurs sont prévues d'avance par le scénario; on pourrait même dire qu'elles en constituent le principe, que c'est grâce à elles que l'action se déroule. L'histoire enferme le passé et le futur. A l'action principale se mêlent sans cesse des acteurs des scènes précédentes qui répètent de vieux conflits, qui veulent jouer des rôles joués depuis longtemps. Ils prolongent inutilement la représentation; il faut les expulser de la scène. Ils sont venus trop tard. D'autres acteurs sont venus trop tôt. Ils posent déjà les questions de l'acte suivant; ils ne voient pas que le plateau n'a pas encore été préparé pour eux. Ils veulent hâter la représentation, mais cela est impossible, tous les actes doivent être joués à tour de rôle. Ceux qui sont venus trop tôt sont également chassés de la scène.

Tels sont les rôles qui ont été tenus pour tragiques par la philosophie et la littérature du XIXe siècle. Selon Hegel, les héros tragiques de l'histoire étaient ceux qui étaient venus trop tard. Leurs raisons sont nobles, mais unilatérales. Elles étaient justes à l'étape précédente, dans l'acte précédent. S'ils s'entêtent à les défendre, ils doivent être écrasés par l'histoire. Pour Hegel, la Vendée était un exemple du tragique de l'histoire.

Ceux qui sont venus trop tôt, qui ont en vain voulu accélérer l'histoire, en sont également les héros tragiques. Leurs raisons, elles aussi, sont unilatérales; elles ne seront justes qu'à l'étape suivante, qu'à l'acte suivant. Ils n'ont pas compris que la liberté n'est rien de plus que la prise de conscience de la nécessité. Et ils ont été écrasés par cette nécessité historique qui résout uniquement les problèmes qui peuvent l'être. La Commune de Paris est un exemple de cet aspect tragique de l'histoire.

Le grotesque tourne en dérision l'absolu de l'histoire tout comme il a tourné en dérision l'absolu des dieux, de la nature et de la prédestination. Il accomplit cette opération à l'aide de ce que l'on appelle « le tonneau du rire ». Le « tonneau du rire » est l'une des attractions les plus populaires de tout Luna-park. Une trentaine de personnes peuvent y prendre place à l'aise. Le tonneau culbute et oscille autour de son axe horizontal. On ne peut garder son équilibre qu'en se déplaçant sur son plancher en sens inverse du mouvement et à la même vitesse. C'est loin d'être facile. Ceux qui se déplacent trop vite ou trop lentement sont infailliblement renversés. Le tonneau les soulève, puis les précipite en bas tandis qu'ils se cramponnent convulsivement au plancher mobile. Plus leurs gestes sont brusques, plus désespérément ils se tiennent aux parois, et plus il leur est difficile de se relever. Et plus ils sont ridicules.

Le tonneau est actionné par un moteur. Lequel lui est transcendant. Il est pourtant facile d'imaginer un tonneau qui serait mû par ses clients, par les gens qui s'y trouvent. Par ceux qui se maintiennent en équilibre et par ceux qui ont été renversés. Un tel tonneau serait immanent. Évidemment, son mouvement serait variable, il oscillerait tantôt dans un sens, tantôt dans l'autre. Il serait infiniment plus difficile d'y garder l'équilibre; il faudrait tout le temps changer de pas; aller tantôt en avant, tantôt en arrière; tantôt plus vite, tantôt plus lentement. Dans un tonneau immanent de ce genre, bien plus de gens perdraient l'équilibre. Mais ni ceux qui le perdraient car ils vont trop vite, ni ceux qui le perdraient parce qu'ils vont trop lentement, ne seraient des héros tragiques. Ils ne pourraient être que grotesques. Ils le seraient même s'il était impossible de sortir de ce tonneau immanent. Le mécanisme social tel qu'il est montré dans la plupart des pièces d'Adamov rappelle beaucoup ce « tonneau du rire ».

Le monde de la tragédie et le monde du grotesque ont donc une structure semblable. Le grotesque adopte les schémas dramatiques de la tragédie et pose les mêmes questions fondamentales. Dans cette querelle sur l'interprétation tragique ou grotesque de la condition humaine, on retrouve un reflet de l'éternel et toujours actuel conflit entre deux philosophies et deux styles de vie, de l'antagonisme entre deux attitudes fondamentales, que Leszek Kolakowski a qualifié d'antagonisme incurable entre les prêtres et les pitres. Entre la tragédie et le grotesque, c'est la même discussion qui se déroule pour ou contre l'eschatologie, pour ou contre la croyance à l'absolu, pour ou contre l'espoir en une solution définitive de la contradiction entre l'ordre des valeurs et l'ordre de l'action. La tragédie est le théâtre des prêtres; le grotesque, le théâtre des pitres.

Ce conflit des deux philosophies et des deux théâtres devient particulièrement brutal dans les époques de grands bouleversements. Lorsque l'ordre des valeurs est réduit en cendres et qu'on ne peut plus faire appel à Dieu, à la Nature ou à l'Histoire contre « les tortures du monde cruel », le personnage central du théâtre devient le pitre, le fou. Il accompagne alors dans leur atroce errance le souverain, le dignitaire et le fils chassés dans la nuit noire qui s'est abattue sur le monde et qui n'a pas de fin. Cette « nuit froide » qui, dans *Le Roi Lear* de Shakespeare, « fera de tous des pitres et des fous ».

## II

Glocester, après qu'on lui a arraché les yeux, veut se jeter dans la mer du haut des falaises de Douvres. Son propre fils, qui fait semblant d'être fou, le guide. Tous deux ont atteint le fond de la misère humaine, ou, si l'on préfère, le sommet de cette « pyramide du malheur », ainsi que Slowacki qualifiait *Le Roi Lear*. Mais, en scène, ce ne sont que deux acteurs. L'un joue un aveugle, l'autre joue un homme qui joue le fou. Ils vont de compagnie.

GLOCESTER — Quand parviendrai-je au sommet de cette colline?
EDGAR — Mais vous la gravissez : voyez comme nous peinons.
GLOCESTER — Il me semble que le terrain est plat.
EDGAR — Horriblement abrupt. Ecoutez! Entendez-vous la mer?
GLOCESTER — Non, vraiment.

(IV, 6)

Il est facile d'imaginer cette scène. Le texte ici, est également didascalie, instruction aux acteurs. Edgar soutient Glocester; il lève haut le pied, fait semblant de grimper. Glocester, lui aussi, soulève la jambe, comme s'il s'attendait à ce que le pas suivant soit plus haut, mais sous son pied il ne rencontre que de l'air. Cette scène, en entier, est écrite pour un genre bien déterminé de théâtre. C'est de la pantomime.

Cette pantomime n'a de sens que si elle est jouée sur un plateau nu.

Edgar fait semblant d'être fou, mais pour cela il doit adopter les gestes de la folie. Dans son expression théâtrale, c'est là une scène où un fou guide un aveugle et cherche à le convaincre de l'existence d'une colline inexistante. D'ici un instant, le paysage sera esquissé. Très souvent Shakespeare crée le paysage sur une scène vide; dans son Théâtre du Globe, à l'aide de trois mots il transforme les lumières diffuses et douces de l'après-midi en nuit, soir ou aube. Mais aucun des paysages de Shakespeare n'est aussi exact, précis et détaillé que celui-ci. Comme dans un tableau de Breughel, il fourmille de personnages, d'événements et d'objets. Un petit homme cueille du fenouil, perché à mi-hauteur de la falaise; le long du rivage vont des pêcheurs pas plus gros que des petites souris, le vaisseau au loin a diminué aux dimensions d'une barque, la chaloupe se balance comme une mouche colorée.

Cet abîme réaliste créé par l'imagination de Shakespeare, Slowacki a voulu que son Kordian le contemple :

« Viens! voici le sommet; pas un mot, pas un geste... Le vertige te prendra si tu jettes un regard sur les abîmes qui s'ouvrent sous tes pieds... Les corneilles qui passent au milieu de l'abîme ne semblent pas plus grosses que des mouches... et là-bas à mi-côte vois-tu cet être qui grimpe?... Il cueille du fenouil marin... Oh! la rude existence!... D'ici on le voit aussi petit qu'une tête d'homme. Et ces pêcheurs qui suivent le rivage? on dirait des fourmis... » (3)

Toutefois, ce paysage vériste, dessiné en perspective, créé sur un plateau vide, n'est pas un décor et ne remplace pas un décor inexistant. Slowacki a merveilleusement compris la dramaturgie de cette scène : « Shakespeare! esprit créateur! tu as édifié une montagne plus haute que celles que Dieu fit. Tu as fait comprendre l'abîme à un aveugle... »

Le paysage continue à n'être que partition de la pantomime. Glocester et Edgar viennent de parvenir au sommet. Le paysage est sous eux, en bas :

Donnez-moi la main; vous êtes maintenant à un pied du bord extrême : pour tout ce qui est sous la lune, je ne sauterais pas.

(IV, 6)

Les acteurs de Shakespeare faisaient sans doute mine d'avancer un pied dans le vide, là-haut sur la plate-forme protégée d'une passerelle dérisoire, au-dessus des spectateurs debout au parterre. Comme s'ils avaient eu peur du précipice. Mais il ne s'agit nullement ici de reconstituer le spectacle élisabéthain tel qu'il fut. L'important est ici uniquement la présence, bien plus, la nécessité même de la pantomime. Shakespeare est obstiné. Glocester vient de sauter dans le précipice. Les deux acteurs sont à présent au pied d'une falaise qui n'existe pas. Le paysage maintenant est au-dessus d'eux; c'est le même, mais il est là-haut. La pantomime continue.

(3) Jules Slowacki, (1809-1849) *Kordian,* acte II, trad. W. Gasztowtt, Paris, 1870. *Kordian,* jeune Polonais après un suicide manqué, voyage à travers l'Europe à la recherche d'une raison de vivre et d'agir. A Douvres, il lit *Le Roi Lear* face à la mer. Il conclut : « C'est en vain que le génie du poète embellit le monde entier; à tous les échelons de la vie, la réalité nous attend ».

GLOCESTER — Mais suis-je tombé ou non?

EDGAR — Du sommet effarant de cette borne crayeuse. Regarde là-haut; de si loin l'alouette à la gorge perçante échappe à la vue comme à l'ouïe; mais regarde.

(IV, 6)

La pantomime crée l'espace scénique : le haut, le bas, le précipice. Shakespeare a recours à tous les moyens du théâtre anti-illusionniste pour créer un paysage des plus réaliste et concret. Paysage qui n'est que l'illusion d'un aveugle. Il comporte perspective et lumière, hommes et objets, même des sons étouffés. D'en haut on n'entend pas la mer, mais il est question de son bruissement; d'en bas, on n'entend pas l'alouette, mais il est question de son chant. Dans ce paysage, les bruits sont présents, en vertu de leur non-existence. Le silence en est rempli. Tout comme ce plateau vide est rempli par la colline.

La scène du suicide est également pantomime. Glocester s'agenouille pour une prière suprême, puis, conformément à la tradition du théâtre anglais, il tombe en avant. Le voici en bas. Mais il n'y avait pas de sommet. Le sommet était une illusion. Glocester s'est agenouillé sur une scène vide, est tombé en avant et s'est relevé. C'est le moment où intervient la désillusion (4).

Cette montagne inexistante n'est pas seulement façon de tromper l'aveugle. Pendant un court instant, nous-mêmes avons cru à ce paysage et à cette pantomime. C'est une parabole dont le sens, en dépit des apparences, n'est pas simple. Mais un tel type de parabole est inimaginable en dehors du théâtre, ou plutôt en dehors d'un certain genre de théâtre. Dans un récit en prose, Edgar aurait évidemment pu conduire Glocester aveugle à une journée de marche du château, lui ordonner de sauter d'un rocher haut de deux toises et le persuader qu'il avait sauté du haut d'une falaise. Dans le film ou la prose, le choix ne peut se faire qu'entre un saut dans le sable à partir d'un rocher qui existe, ou un saut dans la mer, tout aussi réel, du sommet d'une falaise crayeuse. On ne peut pas transposer dans un film le suicide de

(4) Cf. l'analyse de cette scène dans l'étude d'esprit très moderne de G. Wilson Knight sur les éléments de grotesque dans *Le Roi Lear,* qu'il comprend du reste un peu autrement que moi. « *King Lear* » *and the Comedy of the Grotesque* dans *The Wheel of Fire,* Londres 1949.

Glocester, à moins que ce ne soit du théâtre filmé. Dans le théâtre naturaliste, ou même dans un théâtre stylisé, où le gouffre est peint ou projeté sur un écran, la parabole de Shakespeare sera massacrée.

La scène doit être vide. Et là, sur cette scène vide, vient d'être joué le suicide, ou plutôt le signe du suicide. La pantomime consiste à jouer des signes. Dans *Tueurs sans gages* de Ionesco, l'architecte, qui est en même temps le commissaire de police, guide Béranger dans la Cité Radieuse. Béranger respire des fleurs inexistantes sur un plateau vide et frappe du doigt des monuments inexistants. La Ville Radieuse existe et n'existe pas. Ou plutôt existe toujours et partout. Et c'est pourquoi elle est effroyable. De même, le précipice de Douvres existe et n'existe pas. C'est le précipice constamment en attente. Partout est le précipice dans lequel on peut sauter.

Souvent Shakespeare, à l'aide de quelques répliques, transformait une plate-forme surplombante, l'avant-scène ou une galerie haute en rue de Londres, forêt, palais, navire ou terrasse de château. Mais c'étaient toujours les lieux véritables de l'action. Les bourgeois se rassemblaient devant la Tour de Londres, les amants erraient dans la forêt, Brutus assassinait César sur le Forum. Le paysage du blanc précipice de Douvres a une autre fonction. Glocester ne saute ni du sommet d'une falaise, ni du haut d'une pierre. Une fois seulement, et cela dans *Le Roi Lear,* Shakespeare nous montre le paradoxe du théâtre pur. Ionesco a recours au même paradoxe dans *Tueurs sans gages.*

Dans le théâtre naturaliste, on peut jouer une scène d'assassinat et une scène d'intimidation. Le coup peut partir d'un colt ou d'un pistolet à eau. Mais dans la pantomime, il n'y a pas de différence entre l'un et l'autre; c'est bien simple, il n'y a ni revolver ni pétard. La mise à mort n'est que théâtre, que parabole, que signe.

Glocester, qui tombe sur des planches lisses et nues, joue l'une des scènes d'une grande moralité. Il n'est plus le dignitaire de la couronne à qui l'on a arraché les yeux parce qu'il avait manifesté de la pitié pour le roi banni. La chose ne se passe plus dans l'Angleterre élisabéthaine ou celtique. Glocester, c'est *Everyman,* M. Tout-le-Monde. La scène devient le Theatrum Mundi médiéval. On y joue un apologue biblique sur le riche devenu pauvre, et sur l'homme devenu clairvoyant après avoir perdu la vue. *Everyman* erre de par le monde. Dans les mystères du Moyen Age, également, le plateau même était vide, mais au fond se dressaient quatre

« maisons », quatre portes représentant la Terre, le Purgatoire, le Ciel et l'Enfer (5). Dans *Le Roi Lear* de Shakespeare, la scène est vide du commencement à la fin, rien n'existe, si ce n'est la terre cruelle. C'est là que l'homme poursuit son errance du berceau jusqu'à la tombe. Le thème du *Roi Lear* est une interrogation sur le sens de cette errance, sur l'existence ou l'inexistence du Ciel et de l'Enfer.

A partir du milieu du second acte jusqu'à la fin du quatrième, Shakespeare reprend dans *Le Roi Lear* les thèmes bibliques. Mais ce nouveau *Livre de Job* et ce nouvel *Enfer* de Dante ont été écrits au déclin de la Renaissance. Dans *Le Roi Lear,* non seulement il n'y a plus le Ciel chrétien; n'existe pas davantage le ciel qu'avaient annoncé auquel croyaient les humanistes. *Le Roi Lear* tourne en cruelle dérision toute eschatologie, le ciel qu'on vous promet sur la terre, et le Ciel qu'on vous promet après la mort, la théodicée chrétienne et la théodicée laïque, la cosmogonie et l'histoire rationnelle, les dieux, la nature bienveillante et l'homme créé « à l'image et la semblance de... » Dans *Le Roi Lear,* les deux ordres de valeurs s'écroulent, celui du Moyen Age, celui de la Renaissance. Lorsque s'achève cette gigantesque pantomime, ne reste plus que la terre ensanglantée et vide. Sur cette terre, après une tempête qui n'y a laissé que pierres, le Roi, le Bouffon, l'Aveugle et le Dément poursuivent leur âpre dialogue.

L'aveugle Glocester tombe sur une scène vide. Son saut de suicidé est tragique. Glocester est tout au fond de la misère humaine. Au fond de cette misère se trouve également son fils, qui fait semblant d'être Tom le dément afin de sauver son père. Mais la pantomime que les acteurs nous ont montrée sur la scène est grotesque. Elle a un côté cirque. Glocester, l'aveugle, qui est monté sur une colline inexistante et qui est tombé sur des planches lisses est un clown. C'est

(5) *Everyman,* « moralite » anglaise datant probablement de la fin du xv^e^ siècle. Dieu envoie la Mort sur terre pour citer Everyman (« Chacun », « Monsieur Tout-le-Monde ») à comparaître devant son tribunal. Au désespoir, Everyman cherche l'ami qui va l'accompagner dans son dernier voyage. Il s'adresse tour à tour, et en vain, à Camaraderie, la compagne de ses plaisirs, à Parenté, à Biens Terrestres, Beauté, etc. Seule Bonnes Actions consentira à conduire Everyman devant le tribunal divin.

une farce philosophique qui a été jouée. La même farce que nous retrouvons dans le théâtre contemporain.

Coup de sifflet, coulisse gauche.
Il ne bouge pas.
Il regarde ses mains, cherche des yeux les ciseaux, les voit, va les ramasser, commence à se tailler les ongles, s'arrête, réfléchit, passe le doigt sur la lame des ciseaux, l'essuie avec son mouchoir, va poser ciseaux et mouchoir sur le petit cube, se détourne, ouvre son col, dégage son cou et le palpe.
Le petit cube remonte et disparaît dans les cintres emportant lasso, ciseaux et mouchoir.
Il se retourne pour reprendre les ciseaux, constate, s'assied sur le grand cube.
Le grand cube s'ébranle, le jetant par terre, remonte et disparaît dans les cintres.
Il reste allongé sur le flanc, face à la salle, le regard fixe.

*Acte sans paroles* sert de clôture à *Fin de partie* de Beckett et en est comme l'interprétation définitive. Les bribes de caractères, d'action et de situation y ont été réduits davantage encore. Ne reste plus qu'une seule situation qui est la parabole universelle de la condition humaine. Une situation totale. L'homme est précipité sur une scène vide. Il essaye de s'enfuir dans les coulisses, il est projeté à nouveau en scène. Des cintres descendent un petit arbre avec une maigre touffe de palmes, une carafe d'eau, des ciseaux de tailleur et des cubes. L'homme essaye de se mettre à l'ombre des palmes, les palmes se rabattent contre le tronc; il essaye d'attraper la carafe, la carafe remonte. C'est ensuite une tentative de suicide. Cela également est impossible : « la branche se rabat le long du tronc ». L'homme s'assied et réfléchit. La carafe et l'arbre redescendent. L'homme ne bouge plus.

Dans cette fin de *Fin de Partie,* « ce » qui est au-delà de l'homme — les dieux, le destin, le monde — n'est pas indifférent, mais railleur et méchant. « Ça » le tente. Le tente sans cesse. « Ce » qui est au-delà de l'homme est plus fort que lui. L'homme perd obligatoirement et ne peut échapper à la situation qui lui est imposée. Il ne peut que renoncer. Refuser de continuer à jouer à colin-maillard. Seule cette possibilité de refus peut le rendre plus fort que ce qui est au-delà de lui.

Il est aisé de remarquer combien cette parabole est biblique. Même dans ses métaphores : le palmier, son ombre, l'eau. Ce qui ici est au-delà et au-dessus de l'homme est étonnamment semblable au Dieu de l'Ancien Testament.

C'est là également un *Livre de Job,* mais sans conclusion optimiste.

Ce nouveau *Livre de Job* est montré sur le ton bouffe, dans une pantomime de cirque. *Acte sans paroles* est joué par un clown. Cette parabole philosophique peut être déchiffrée sur le mode tragique ou grotesque, mais son expression artistique est uniquement grotesque. Le suicide de Glocester aveugle, également, est une culbute de cirque sur un plateau vide. La situation de Glocester et d'Edgar est tragique, mais elle est montrée dans une pantomime qui est une farce classique. Il est fréquent que chez Shakespeare les bouffons singent les gestes des rois et des héros; mais uniquement dans *le Roi Lear* les grandes scènes tragiques sont montrées par l'entremise de la farce.

La pantomime du suicide n'est pas la seule à être grotesque. Le dialogue qui l'accompagne est également plein de cruauté et de dérision. Glocester aveugle s'agenouille et prie :

> A ce monde je renonce, et sous vos yeux me dépouille, résigné, de ma grande affliction; si je la pouvais souffrir plus longtemps et ne point tomber en querelle avec vos volontés irrésistibles, la mèche détestée de mon lot naturel se consumerait jusqu'au bout. Si Edgar vit, oh! bénissez-le!
>
> (IV, 6)

Le suicide de Glocester n'a de sens que si les dieux existent. Il est une protestation contre une souffrance imméritée et contre l'injustice du monde. Cette protestation s'adresse très précisément à quelqu'un. Elle fait appel à une eschatologie. Même si les dieux sont cruels, ils doivent prendre ce suicide en considération. Il aura du poids dans le règlement de comptes définitif entre les dieux et les hommes. Il n'a de valeur que par référence à l'absolu.

Mais si les dieux n'existent pas, ni l'ordre éthique du monde, le suicide de Glocester ne change rien et ne résout rien. Ce n'est qu'une culbute sur une scène vide. Il est illusoire et raté, et pas seulement dans son déroulement effectif. Grotesque est alors la pantomime, mais grotesque aussi toute la situation. Du commencement jusqu'à la fin. C'est attendre Godot qui n'arrive pas.

ESTRAGON — Et si on se pendait?
VLADIMIR — Avec quoi?
ESTRAGON — Tu n'as pas un bout de corde?

VLADIMIR — Non.
ESTRAGON — Alors on ne peut pas.
VLADIMIR — Allons-nous-en.
ESTRAGON — Attends, il y a ma ceinture.
VLADIMIR — C'est trop court.
ESTRAGON — Tu tireras sur mes jambes.
VLADIMIR — Et qui tirera sur les miennes?
ESTRAGON — C'est vrai.
VLADIMIR — Fais voir quand même. *(Estragon dénoue la corde qui maintient son pantalon. Celui-ci, beaucoup trop large, lui tombe autour des chevilles. Ils regardent la corde.)* A la rigueur, ça pourrait aller. Mais est-elle solide?
ESTRAGON — On va voir. Tiens.
*Ils prennent chacun un bout de la corde et tirent. La corde se casse. Ils manquent de tomber.*
VLADIMIR — Elle ne vaut rien.

(Samuel Beckett, *En attendant Godot,* II)

Glocester, de même, est tombé et s'est relevé. Il est passé par l'épreuve du suicide. Il n'a pas ébranlé le monde. Rien ne s'est produit. Le commentaire d'Edgar est ironique :

... s'il avait été là où il pensait, déjà sa pensée ne serait plus.

(IV, 6)

S'il n'y a pas de dieux, le suicide n'a pas de sens. Qu'on le veuille ou non, la mort existe. Le suicide ne change pas la condition humaine. Il ne fait que l'accélérer. Il cesse d'être une protestation. Il devient capitulation. Acceptation de la pire cruauté du monde : la mort. Glocester, enfin, a compris.

Désormais je veux supporter la douleur jusqu'à ce qu'elle-même s'écrie : « En voilà assez » et expire.

(IV, 6)

Et une fois encore, dans le dernier acte :

Je n'irai pas plus loin, monsieur; un homme peut aussi bien mourir ici.

(V, 2)

Après son suicide grotesque, Glocester aux yeux crevés parle avec Lear devenu fou. Estragon et Vladimir ont une conversation très semblable, coupée par les cris désespérés de l'aveugle Pozzo qui est tombé et ne peut se relever. Pozzo et Glocester se seraient très aisément compris :

... Un jour je suis devenu aveugle, un jour nous deviendrons sourds, un jour nous sommes nés, un jour nous mourrons... [...] Elles accouchent à cheval sur une tombe, le jour brille un instant, puis c'est la nuit à nouveau.

(*En attendant Godot*, II)

Shakespeare a dit la même chose, mais plus brièvement :

Les hommes doivent souffrir leur départ comme leur venue ici-bas ; le tout est d'être prêt.

(V, 2)

Mais c'est Ionesco qui l'a dit le plus brièvement dans *Tueurs sans gages :* « Nous mourrons tous, c'est la seule aliénation sérieuse. »

## III

Le thème du *Roi Lear,* c'est la décomposition et le déclin du monde. La pièce commence de la même façon que les chroniques : par le partage du royaume et l'abdication du souverain, et s'achève comme les chroniques : par la proclamation d'un nouveau roi. Entre le prologue et l'épilogue, se déroule la guerre civile. Mais, contrairement aux drames historiques et aux tragédies, le monde ne se ressoude pas. On n'a pas, dans *Le Roi Lear,* un jeune Fortinbras ne doutant de rien pour monter sur le trône de Danemark, ni un froid Octave, qui deviendra l'empereur Auguste, ni un noble Malcolm qui, après les crimes de Macbeth, « restituera les aliments à nos tables, le sommeil à nos nuits » (III, 6). Dans l'épilogue des chroniques et des tragédies, le nouveau souverain lançait des invitations au couronnement. Dans *Le Roi Lear,* il n'y aura pas de couronnement. Edgar n'a plus qui inviter. Tous ont été assassinés ou sont morts. Le mot de Glocester s'est accompli : « ... ce grand monde s'usera ainsi jusqu'au néant ». Ceux qui ont survécu : Edgar, le duc d'Albany et Kent ne sont, tout comme Lear, que « morceaux de nature en ruine » (IV, 6).

Des douze principaux personnages, la moitié est juste, l'autre injuste. Une moitié de bons, une moitié de méchants. Le partage est tout aussi logique et abstrait que dans une moralité. Mais c'est une moralité où tous seront anéantis ; les nobles et les vils, les persécutés et les persécuteurs, les tortureurs et les torturés. La vivisection durera tant qu'il y aura quelqu'un en scène. Cette décomposition et ce déclin du monde seront montrés sur deux plans, pour ainsi dire sur deux scènes différentes. On pourrait parler pour l'une d'une scène à la Macbeth, pour l'autre d'une scène à la Job.

La scène à la Macbeth est le théâtre du crime. Ça a commencé comme un conte pour enfants, sur les trois filles, deux méchantes et une bonne. Celle-ci périra pendue dans sa prison. Celles-là périront également, mais auparavant, elles auront été adultères, l'une d'elles aura même tué son mari et empoisonné sa sœur. Tous les liens craquent et tout ce qu'on appelle le droit divin, naturel ou humain sera violé. Tout l'ordre social s'effritera : le royaume et la famille. Il n'y a plus ni roi si sujets, ni pères ni enfants, ni maris ni femmes. Seuls demeurent les grands fauves de la Renaissance qui se dévorent les uns les autres « comme ces monstres dans les antres ». Tout est grossi, dessiné à traits épais, les caractères sont à peine indiqués. L'histoire du monde sait se passer de psychologie et de rhétorique. Elle est action pure. Ces séquences violentes ne sont qu'illustration et exemple ; leur fonction est d'entrecouper les scènes à la Job ou d'en présenter un tirage noir et réaliste.

Car les scènes à la Job constituent l'essentiel. C'est sur ce plan que sera jouée la moralité sarcastique et bouffonne sur la condition humaine. Auparavant, tous les personnages devront avoir été arrachés de leur place, de leur situation sociale, et précipités à bas, jusqu'à la déchéance finale. Ils doivent toucher aux bas-fonds. La chute n'est pas seulement une parabole philosophique, comme le saut de Glocester dans le précipice imaginé. Ce thème de la chute est obstinément développé par Shakespeare et répété pour le moins quatre fois. La chute est tout à la fois physique et spirituelle, corporelle et sociale.

Au début, il y avait un roi, une cour, des ministres ; ensuite il n'y a plus que quatre mendiants, errant sur les routes dans la tourmente et la pluie. La chute est lente ou brutale : Lear a d'abord une suite composée de cent chevaliers, puis de cinquante, puis d'un seul. Kent a été condamné au bannissement d'un seul geste rageur du roi. Mais le processus de la dégradation est toujours le même. Disparaît tout ce qui distingue : les honneurs, la situation sociale, le nom même. Les prénoms ne sont pas davantage nécessaires. Chacun n'est plus que l'ombre de lui-même. Plus qu'un homme.

LEAR — Quelqu'un ici me connaît-il? Ce n'est point Lear : est-ce ainsi que Lear marche? qu'il parle? [...] Qui pourra me dire qui je suis?
LE FOU — L'ombre de Lear.

(I, 4)

Voici une fois encore la même question et la même réponse. Kent, le banni, revient déguisé auprès de son roi.

LEAR — Allons, qui es-tu?
KENT — Un homme, monsieur.

(I, 4)

Un homme nu n'a pas de nom. Avant que ne commence la moralité, tous doivent se trouver nus. Nus comme des vers.

« Alors Job se leva, déchira son manteau, et se rasa la tête; puis, se jetant par terre, il se prosterna, et dit : Je suis sorti nu du sein de ma mère, et nu je retournerai dans le sein de la terre. »

(*Livre de Job*, I, 20, 21)

Dans ce nouveau Livre de Job, les images bibliques ne sont pas dues au hasard. Edgar dit :

Je veux, présentant ma nudité, affronter les vents et les persécutions du ciel.

(II, 3)

Ce thème revient constamment, avec une régularité obstinée :

La nuit dernière, dans la tempête, j'ai vu l'un de ses pareils et me suis pris à penser que l'homme est un ver.

(IV, 1)

La chute est souffrance et torture. La torture peut être physique ou morale, soit physique et morale tout à la fois. Lear perd l'esprit, Kent sera mis aux fers, Glocester aura les yeux arrachés et tentera de se suicider. Pour que l'homme soit entièrement nu, ou plutôt afin qu'il ne soit plus qu'un homme, il ne suffit pas de lui retirer son nom, sa situation sociale, de le dépouiller de son caractère. Il faut en outre le mutiler et le massacrer, moralement et physiquement. Transformer le roi Lear en un « morceau de nature en ruine » et lui demander, alors seulement, qui il est. Le nouveau Job de la Renaissance ne doit-il pas juger ce qui se passe sur l'autre plateau?

Andrzej Falkiewicz a remarqué la façon dont, non pas chez Shakespeare, mais dans la littérature et le théâtre contemporains, l'homme est massacré et estropié (6). Il a comparé cela à l'épluchage d'un oignon. D'abord on enlève la pelure, puis les couronnes successives. Où finit l'oignon et qu'y a-t-il au milieu? Un aveugle est un homme, un fou est un homme, un vieillard hébété est un homme. Rien qu'un homme. Un « rien » qui souffre, essaye de donner un sens ou une dignité à sa souffrance, qui se révolte contre elle ou l'accepte, et qui doit mourir.

> O dieux! Qui donc peut dire : « Je suis au pire »? Voici plus grand mal que jamais [...] Et pourtant je puis connaître pire encore. Le pire n'est point atteint tant que nous pouvons dire : « Voici le pire. »
>
> (IV, 1)

Le dialogue de Vladimir et d'Estragon est fort semblable. Ils bredouillent, mais dans ce balbutiement il y a des bribes de cette même eschatologie.

> VLADIMIR — Nous ne risquons plus de penser.
> ESTRAGON — Alors de quoi nous plaignons-nous?
> VLADIMIR — Ce n'est pas le pire, de penser.
> ESTRAGON — Bien sûr, bien sûr, mais c'est déjà ça.
> VLADIMIR — Comment, c'est déjà ça?
> ESTRAGON — C'est ça, posons-nous des questions.
> VLADIMIR — Qu'est-ce que tu veux dire, c'est déjà ça?
> ESTRAGON — C'est déjà ça en moins.
> VLADIMIR — Evidemment.
> ESTRAGON — Alors? Si on s'estimait heureux?
> VLADIMIR — Ce qui est terrible, c'est d'avoir pensé.
>
> (*En attendant Godot,* II)

Pozzo est superbe et orgueilleux lorsque, dans la première partie de *En attendant Godot,* il traîne au bout d'une corde Lucky affamé. Ce sont encore le maître et le domestique, l'exploiteur et l'exploité. Ils réapparaissent dans le second

(6) A. Falkiewicz, « Experyment teatralny lat piećdziesigtych », *Dialog* (Varsovie), nov. 9, 1959.

acte. Pozzo est devenu aveugle — et Lucky muet. La même corde les unit. Mais ils ne sont plus que des hommes.

> C'est la plaie du temps que les fous mènent les aveugles.
>
> (IV, 1)

C'est Edgar qui conduit Glocester aveugle vers le précipice de Douvres. Tel est précisément le thème de *Fin de partie;* Beckett a été le premier à le déceler dans *Le Roi Lear,* à le débarrasser de toute action, de tout ce qui est extérieur, et à le redire dans sa pleine nudité.

Clov est incapable de s'asseoir; Hamm l'aveugle ne peut pas se lever et ne se déplace qu'en fauteuil à roulettes. Il urine à l'aide d'un cathéter. Nell et Nagg ont perdu la boule et crèvent tout doucement dans leurs poubelles. Mais Hamm continue à être le maître, son fauteuil à roulettes rappelle un trône. Dans la mise en scène de Roger Blin, il était vêtu de pourpre déteinte et s'essuyait le visage d'un mouchoir taché de sang. Il était, tout comme le roi Lear, un tyran déchu et impuissant, « un morceau de nature en ruine ». Il était le roi Lear du quatrième acte, alors qu'il rencontre Glocester l'aveugle et qu'il ordonne, après son grand monologue dément, qu'on lui retire sa botte qui le gêne. C'est également une chaussure que l'un des clowns de *En attendant Godot* enlève au début de la première scène.

C'est précisément cela, éplucher un oignon, chez Shakespeare ou de nos jours; c'est cruel et dérisoire; l'éplucher jusqu'au bout, jusqu'à ce « rien » qui souffre. C'est précisément cela, le thème de la chute. Le concept d'homme a été réduit, toutes les situations ramenées à une condition humaine unique et dernière, totale et les contenant toutes. A la question de Vladimir : « Qu'est-ce qu'il y a dans la valise? », Pozzo l'aveugle répond : « Du sable ». Clov dans *Fin de partie* soulève le couvercle de la poubelle, pour voir ce que devient Nagg. « Il pleure », constate-t-il. « Donc, il vit », répond Hamm.

Il pleure, donc il vit. Les critiques anglais ont vu là la réplique de Beckett à la formule cartésienne de l'homme, qui était également une réduction de la formule de la théologie. Pourtant, Beckett n'a fait que répéter après Shakespeare :

> ... nous venons au monde en pleurant [...] A notre naissance, nous pleurons de nous voir arrivés sur ce grand théâtre de fous.
>
> (*Le Roi Lear,* IV, 6)

Le monde est réel et la chaussure blesse véritablement. La souffrance, elle aussi, est réelle. Mais le geste par lequel un déchet d'homme, après avoir mis une fois pour toutes le monde en accusation, exige qu'on lui retire la chaussure qui le blesse est ridicule. Tout comme la cabriole de Glocester aveugle sur le plateau vide.

Le Job de la Bible est également un déchet d'humanité. Mais ce morceau d'homme converse sans désemparer avec Dieu. Il injurie, maudit, blasphème. Il finit par donner raison à Dieu. Il a justifié ses souffrances, leur a conféré une dignité. Il les a intégrées dans l'ordre métaphysique et absolu. *Le Livre de Job,* c'était le théâtre des prêtres. Dans les deux *Fin de partie,* chez Shakespeare et chez Beckett, le Livre de Job sera joué par des pitres. Mais là aussi les dieux seront invoqués. Par tout le monde : Lear, Glocester, Kent et même par le duc d'Albany. Dès le début, dès les premières scènes :

Par Jupiter, je le jure, non.
Par Junon, je le jure, si.

(II, 4)

Les dieux ont tout d'abord des noms romains. Puis ils ne sont plus que des dieux, de grands et terribles juges, tout là-haut, qui tôt ou tard devront s'en mêler. Mais ils ne s'en mêlent pas. Ils se taisent. Progressivement, le ton devient de plus en plus sarcastique. Ce déchet humain invoquant Dieu devient de plus en plus ridicule. Et les scènes de plus en plus atroces, mais en même temps de plus en plus bouffonnes :

Par les dieux bons! C'est agir très ignoblement que me tirer la barbe.

(III, 7)

Les échecs, les souffrances, les atrocités ont un sens même si les dieux sont cruels. Alors encore. Telle est la dernière chance théologique de justifier la souffrance. Le Job de la Bible le savait bien. Il criait à Dieu :

« Si du moins le fléau donnait soudain la mort!... Mais il se rit des épreuves de l'innocent. »

(*Job,* IX, 23)

On peut toujours, d'un Dieu juste, en appeler à un Dieu injuste. Glocester, après qu'on lui aura arraché les yeux, dira :

Des mouches aux mains d'enfants espiègles, voilà ce que nous sommes pour les dieux : ils nous tuent pour leur plaisir.

(IV, 1)

Pourvu seulement que les dieux existent. Alors tout encore peut être sauvé.

« Job, sois attentif à ces choses!
Considère encore les merveilles de Dieu! »

(*Job*, XXXVII, 14)

On croirait entendre un dialogue de *Fin de partie :*

CLOV — On m'a dit, C'est là, arrête-toi, relève la tête et regarde cette splendeur. Cet ordre! On m'a dit, Allons, tu n'es pas une bête, pense à ces choses-là et tu verras comme tout devient clair. Et simple! On m'a dit, Tous ces blessés à mort, avec quelle science on les soigne.

HAMM — Assez!

CLOV — Je me dis — quelquefois, Clov, il faut que tu arrives à souffrir mieux que ça, si tu veux qu'on se lasse de te punir — un jour. Je me dis — quelquefois, Clov, il faut que tu sois là mieux que ça, si tu veux qu'on te laisse partir — un jour.

Clov est un clown, mais il est plus malheureux que Hamm. Les bredouillements de Clov sont encore eschatologiques, tout comme les divagations de Lucky dans *En attendant Godot*. Dans ce dialogue entre déchets humains, seul Hamm a compris le dérisoire de toute souffrance. Il a réponse à l'eschatologie : « Pas plus haut que le cul. » Les deux paires : Pozzo, devenu aveugle et Lucky, devenu muet — Hamm qui ne peut se lever, et Clov qui ne peut s'asseoir, sont tirées de la « fin de partie » du *Roi Lear :*

LEAR — Lis.

GLOCESTER — Quoi! Avec les orbites de mes yeux?

[...]

LEAR — Es-tu fou? Un homme peut voir sans yeux comment va ce monde. Regarde avec tes oreilles.

(IV, 6)

Les paraboles sont bibliques. Les aveugles sont clairvoyants, les fous disent la vérité. En définitive, tout le monde est fou : « Pas moins de quatre fous, écrit Camus, l'un par métier, l'autre par volonté, les deux derniers par tourment : quatre corps désordonnés, quatre visages indicibles d'une même condition. » (7) Le Fou de profession tient compagnie à Lear qui chemine dans la nuit froide de la folie, Edgar guide Glocester tout le temps de son suicide grotesque. A l'invocation des dieux par Lear répondent les plaisanteries scatologiques du Fou, aux prières de Glocester la démonologie bouffonne d'Edgar :

Frateretto m'appelle pour me dire que Néron pêche à la ligne dans le lac des ténèbres. Prie, innocent et prends garde à l'impur démon. [...] L'impur démon me mord l'échine. Rrron! Le chat est gris.

(III, 6)

Mais la démonologie d'Edgar n'est que parodie, que travestissement des clefs des songes égyptiennes et des livres de sorcellerie, une énorme raillerie brutale. Une raillerie dirigée contre lui-même, contre cette scène à la Job, contre Job conversant avec Dieu. Car, dans *Le Roi Lear,* au-dessus de la scène à la Job, seule existe la scène à la Macbeth. Où l'on assassine, où l'on égorge et torture, où l'on s'accouple et se roule sur les lits, où l'on partage les royaumes. Contemplé avec les yeux d'un Job qui a cessé de converser avec Dieu, c'est là une scène de bouffons. De pitres qui ne savent pas encore qu'ils sont des pitres.

LEAR — ... allons, allons, je suis un roi, mes maîtres, savez-vous ça.
LE GENTILHOMME — Votre personne est royale, et nous vous obéissons.
LEAR — Alors il y a de la vie en elle, oui, et si vous l'attrapez, vous l'attraperez à la course. Sa, sa, sa, sa.

(IV, 6)

L'heure zéro est venue. Lear a enfin compris. Tout comme l'aveugle Hamm a tout compris, vissé à son trône à roulettes. Et comme a tout compris Pozzo lorsqu'il est devenu aveugle et a buté contre ses valises pleines de sable :

POZZO — Un beau jour, je me suis réveillé aveugle comme le destin. [...]
VLADIMIR — Quand ça?
POZZO — Je ne sais pas. [...] Vous n'avez pas fini de m'empoisonner avec vos histoires de temps? C'est insensé!

(*En attendant Godot,* II)

(7) Albert Camus, *Le mythe de Sisyphe,* 2e partie : L'homme absurde, La comédie.

Le roi Lear achève sa dernière tirade démente :

Point de secours? Quoi! Prisonnier? Je suis vraiment le jouet natuıel de la fortune.

(IV, 6)

Tout à l'heure, en sautillant, il s'enfuira de scène. Mais auparavant, il aura ordonné qu'on lui retire la botte qui le blesse. Du moment que c'est fait, qu'il est un pitre, il peut se le permettre. Sur cette scène à la Job, une vieille sotie médiévale sur la décomposition et le déclin du monde a été jouée par quatre fous. Mais dans ces deux *Fin de partie,* celle de Shakespeare et celle de Beckett, c'est le monde qui s'est effondré : celui de la Renaissance et le nôtre.

## IV

Le premier fou, c'est Arlequin. Il a quelque chose d'un animal, d'un faune et d'un diable; c'est pourquoi il porte un masque noir. Il semble ne pas être soumis aux lois habituelles de l'espace et du temps. Il change d'aspect en l'espace d'un éclair, il est doué d'ubiquité; c'est le démon du mouvement. Dans le *Serviteur de deux maîtres* de Goldoni dans la mise en scène de Giorgio Strehler au Piccolo Teatro, Arlequin, joué par le génial Moretti, s'asseyait sur le bord d'une estrade en planche, s'arrachait un cheveu, le rallongeait, le raccourcissait, le faisait entrer par une oreille et sortir par l'autre, ou le maintenait tendu en équilibre sur son nez. Arlequin est prestidigitateur. Ce serviteur en vérité ne sert personne et mène tout le monde en bateau. Il se moque des négociants et des amoureux, des marxistes et des soldats. Il tourne en ridicule l'amour et l'ambition, le pouvoir et l'argent. Il est plus intelligent que ses maîtres, bien qu'il semble seulement plus malin. Il est indépendant, car il a compris que le monde est chose bouffonne.

Puck, dans *Le Songe d'une nuit d'été,* est le lutin des légendes anglaises, Robin Bonenfant. Mais il est aussi l'Arlequin de la *commedia dell'arte* de la Renaissance. Il est un illusionniste, un prestidigitateur et le metteur en scène de la comédie des erreurs. Il mêle les couples d'amants, et si la belle Titania caresse une tête d'âne, c'est lui le coupable. En définitive, il les tourne tous en ridicule : Titania et Obéron, Hermia et Lysandre, Héléna et Démétrius. Il montre la bouffonnerie de l'amour. Il est le hasard, le destin, l'accident. L'accident est parfois ironique, mais lui, il l'ignore. Puck joue des tours. Il ne sait pas ce qu'il a fait. C'est pourquoi il peut faire des cabrioles sur la scène. Tout comme Arlequin.

Faire le fou, c'est à la fois une philosophie et un métier. Pierre de Touche et Feste, eux, sont déjà des fous professionnels. Ils paraissent en costume de bouffon, ils sont au service d'un duc. Ils sont encore des Arlequins et ne méprisent pas la pantomime. Mais ils ne mettent plus en scène le spectacle, ils n'y prennent même plus part, ils se contentent de le commenter. C'est pourquoi ils sont railleurs et amers. La situation du bouffon est ambiguë et intérieurement contradictoire. C'est une contradiction entre la profession et la philosophie. La profession du fou, comme celle de l'intellectuel, consiste à distraire; sa philosophie à dire la vérité, à démystifier. Dans *Le Roi Lear,* le bouffon n'a même plus de prénom, il n'est plus que bouffon, il est le Fou à l'état pur. Mais il est le premier fou à avoir conscience de la situation du fou.

LE FOU — Je t'en prie, noncle, prends un maître d'école pour enseigner le mensonge à ton fou; j'aimerais bien apprendre à mentir.

LEAR — Si tu mens, fripon, nous te ferons fouetter.

LE FOU — Je m'émerveille que vous puissiez être parents, toi et tes filles : elles me feraient fouetter pour dire la vérité, et toi tu me ferais fouetter pour mentir; il arrive encore qu'on me fouette pour ce que je tiens ma langue. J'aimerais mieux être n'importe quoi que fou, et pourtant je ne voudrais pas être dans ta peau, noncle; tu as rogné ton esprit des deux côtés sans rien laisser au milieu.

(I, 4)

Le fou qui s'est reconnu lui-même comme fou, qui a accepté de n'être qu'un fou au service d'un prince, cesse d'être un fou. Il doit admettre alors que le monde se divise en bouffons et non bouffons, et que le prince n'est pas un bouffon. Mais à la base de la philosophie du fou est le principe que tout le monde est fou, et que le pire fou est celui qui ne sait pas qu'il l'est, autrement dit le prince. C'est pourquoi le fou doit des autres faire des fous. Sinon il ne serait pas le fou. Il est victime de l'aliénation, puisqu'il est le fou, mais en même temps il ne peut accepter l'aliénation, il en prend conscience et la rejette. Le fou est dans la situation sociale du bâtard, telle que l'a maintes fois décrite Sartre. Le bâtard est bâtard aussi longtemps qu'il accepte son destin de bâtard, aussi longtemps qu'il le considère comme inévitable. Le bâtard cesse d'être un bâtard lorsque lui-même ne se reconnaît plus comme tel. Mais alors il doit détruire la distinction entre bâtards et enfants légitimes. Il se dresse alors contre les principes de l'ordre social, ou du moins il les démystifie. Les autres veulent que le bouffon s'en tienne à son rôle de bouffon, ils veulent tout le temps lui coller une « gueule » de bouffon, mais lui, il ne l'accepte pas ; c'est lui qui la colle aux autres :

LEAR — Me traites-tu de fou, gamin?

LE FOU — Tous les autres titres, tu les as gaspillés ; celui-là, tu étais né avec.

KENT — Ce n'est point toute folie, monseigneur.

LE FOU — Non, sur ma foi, les seigneurs et les grands n'entendent pas m'en laisser tout l'usage ; quand j'aurais un monopole, ils en voudraient leur part, et les dames aussi ; jaloux de me voir accaparer la folie, ils me viendraient chaparder.

(I, 4)

Ainsi commence la représentation que les bouffons donnent sur la scène à la Job. Lors de sa première entrée, le Fou offre son bonnet de fou à Lear. Car la bouffonnerie n'est pas seulement philosophie ; elle est également théâtre. Et c'est cet aspect du théâtre qui, dans *Le Roi Lear*, nous est le plus contemporain. Il suffit de déchiffrer la pièce, de la voir ; d'en arracher tous les accessoires romantiques ou naturalistes, de la débarrasser de l'opéra et du mélodrame sur le vieillard chassé par ses filles, qui erre dans la tempête tête nue et que ses souffrances ont véritablement rendu fou. Dans cette folie, il y a une méthode, comme c'était le cas pour Hamlet. La folie, dans *Le Roi Lear*, est une philosophie, le passage délibéré aux attitudes de pitre.

« Le bouffon est celui qui fréquente vraiment la bonne société, écrit Leszek Kolakowski, mais qui n'en fait pas partie et lui lance des impertinences ; celui qui met en doute tout ce qui passe pour évident ; il ne pourrait le faire s'il appartenait vraiment à la bonne société ; il pourrait alors, tout au plus, être un salonnard aimant le scandale : le bouffon doit demeurer en dehors de la bonne société, l'observer de biais afin de découvrir la non-évidence de ses évidences et le non-définitif de ses jugements définitifs; toutefois, il doit fréquenter cette bonne société, afin d'en connaître les tabous et avoir l'occasion de lui débiter des impertinences. [...] La philosophie des bouffons c'est celle qui, à chaque époque, démasque comme douteux ce qui passe pour être le plus intangible, fait éclater les contradictions de ce qui semble patent et incontestable, expose à la risée publique les évidences du bon sens et trouve ses raisons dans les absurdités... » (8).

LE FOU — Noncle, donne-moi un œuf, et je te donnerai deux couronnes.
LEAR — Et quelles seront ces deux couronnes?
LE FOU — Et bien! lorsque j'aurai coupé l'œuf par le milieu et gobé la chair, il restera les deux couronnes dudit œuf. Fendre ta couronne par le milieu pour en distribuer les deux moitiés, c'était porter ton âne sur le dos à travers le bourbier. [...] te voilà maintenant à zéro sans chiffre. Je vaux mieux que toi : je suis un fou, tu n'es rien.

(I, 4)

Richard II, après qu'on lui eut arraché la couronne de la tête, demanda qu'on lui donnât un miroir; il s'y regarda et le brisa. Il avait vu dans la glace un vieillard tout tremblant. Et pourtant, c'était là son visage. Le même que lorsqu'il était roi. Dans *Le Roi Lear*, la dégradation du souverain s'effectue peu à peu, pas à pas : Lear a partagé le royaume et s'est démis du pouvoir, mais il voulait rester le roi. Il croyait qu'un roi ne peut cesser d'être le roi, tout comme le soleil ne peut s'arrêter de briller. Il croyait à la majesté pure, à l'idée de roi. Dans les drames historiques, la désacralisation de la majesté est le fait d'un coup de stylet ou d'un geste qui arrache brutalement la couronne de la tête du souverain vivant. Dans *Le Roi Lear*, la désacralisation de la majesté est le fait du Fou.

Lear et Glocester sont à la recherche des fins dernières, ils affirment obstinément l'existence de l'absolu. Ils invoquent les dieux, croient à la justice, se réfèrent aux lois de la nature. Ils ont basculé hors de la scène à la Macbeth, mais ils continuent à en être les prisonniers. Seul le Fou est au-dehors, ni sur la scène à la Macbeth, ni sur la scène à la Job. Il regarde de l'extérieur et n'est pas un idéologue. Il rejette

(8) L. Kolakowski, « The Priest and the Jester », in *Toward a Marxist Humanism*, New York, 1969.

toutes les apparences : celles du droit, de la justice, de l'ordre des valeurs. Il voit la violence nue, la cruauté nue et le désir à nu. Il n'a pas d'illusions et il ne cherche pas de consolation dans l'existence d'un ordre naturel ou surnaturel où le mal serait puni et le bien récompensé. Le roi Lear, qui s'entête à sauvegarder la fiction de sa majesté, est pour lui ridicule. D'autant plus ridicule qu'il est incapable de voir qu'il l'est. Pourtant le Fou n'abandonne pas son roi risible, rabaissé; il l'accompagne sur la route menant à la folie. Le Fou sait que la seule véritable folie est de considérer que ce monde que voilà est raisonnable. L'ordre féodal est absurde et on ne saurait le décrire qu'à l'aide des catégories de l'absurde. Le monde est sens dessus dessous.

... Lorsque les usuriers compteront en plein champ
Et que les prostituées bâtiront des églises,
Alors le royaume d'Albion
Tombera dans la confusion,
Alors viendra le temps, et qui vivra verra,
Où d'aller sur les pieds la coutume sera.

(III, 2)

Hamlet n'avait pas cherché un refuge dans la folie seulement pour dérouter les espions et tromper Claudius. La folie était également pour lui une philosophie, une critique de la raison pure, un grand règlement de comptes ricanant avec un monde sorti de ses ornières. Le Fou adopte le langage employé par Hamlet dans les scènes où celui-ci jouait la folie. Il n'y reste plus rien de la rhétorique grecque ou latine à laquelle recourait si souvent la Renaissance, ni de la froide et digne indifférence d'un Sénèque face à un destin inéluctable. Lear, Glocester, Kent, le duc d'Albany, même Edmond, sont encore des rhéteurs. Le langage du Fou est autre. Il est plein de travestissements bibliques et de paraboles médiévales inversées. Il comporte des beautés d'un surréalisme baroque, des bonds soudains de l'imagination, des tournures denses ou lapidaires, des brutalités, des vulgarités, des comparaisons scatologiques. Ses couplets sont semblables à des vers de mirliton. Le Fou a recours à la plaisanterie absurde, à la dialectique et au paradoxe. Son langage est celui de l'humour noir contemporain qui rend patent l'absurde de l'évidence et l'absurde de l'absolu, par une grande et universelle *reductio ad absurdum.*

LEAR — Oh! mon cœur, mon cœur se soulève! A bas donc!

LE FOU — Crie-lui, noncle, ce que la cuisinière criait aux anguilles en les mettant toutes vives en pâte; elle leur donnait du bâton sur la calotte et criait : « A bas, friponnes, à bas! » C'est le frère de la même qui, par pure bonté pour son cheval, lui beurrait son foin.

(II, 4)

Le Fou apparaît sur la scène lorsque commence la décadence de Lear. Il disparaît vers la fin du troisième acte. « J'irai me coucher à midi » (III, 6). Ce sont ses derniers mots. Il ne reparaîtra plus. Le Fou n'est plus nécessaire. Le roi Lear est passé par l'école de la philosophie des fous. Lorsqu'il rencontrera pour la dernière fois Glocester, il parlera le langage du Fou et observera cette scène à la Macbeth comme le Fou aurait su le faire : « Ils m'ont dit que j'étais tout : c'est un mensonge, je ne suis pas à l'épreuve de la fièvre » (IV, 6).

# PUISSE ROME S'ABÎMER DANS LE TIBRE!

*D'impudents licteurs nous bousculeront comme des filles; de pouilleux rimailleurs chanteront sur nous des ballades discordantes; d'agiles comédiens recréeront nos faits et gestes et étaleront sur leurs tréteaux les festins d'Alexandrie.*

(*Antoine et Cléopâtre*, V, 2)

L'exposition d'*Antoine et Cléopâtre* est l'une des plus magnifiques, même parmi les expositions de Shakespeare. Elle est d'une rapidité extrême, et d'un seul coup tout s'y trouve. Le thème, les personnages, le monde dans lequel ils vivent, et les dimensions de la tragédie. Les grands amants ne sont pas encore en scène. Seuls les amis d'Antoine sont devant nous. Ils conversent :

... reconnaissez un des trois piliers du monde dans ce fou, ce hochet à putains. Regardez!

Antoine et Cléopâtre font leur entrée. Et commence ce dialogue exacerbé où il n'y a pas un instant de répit :

CLÉOPÂTRE — Si c'est vraiment l'amour, dis-moi jusqu'où il va.
ANTOINE — Fi du piteux amour qui se laisserait mesurer!
CLÉOPÂTRE — Je veux chercher jusqu'où je pourrais être aimée.
ANTOINE — Cherche alors, sous des cieux neufs, une terre inconnue.

(I, 1)

Et déjà, au même instant, sans que la tension se relâche une seule seconde, entre un messager. Il ne prononce qu'une phrase. Six mots au total : « Nouvelles de Rome, mon bon Seigneur ». Encore quelques répliques violentes, une douzaine de vers et Antoine se déchaîne. Il lance un défi au monde :

> Puisse Rome s'abîmer dans le Tibre et la voûte immense de l'empire s'écrouler! Je me cantonne ici... Les royaumes sont de l'argile et le même limon fangeux nourrit indifféremment la bête et l'homme. La noblesse de la vie, c'est de faire ceci *(il l'embrasse)*.

Ainsi pourrait commencer une tragédie de Racine. A cette seule différence près que la rhétorique est ici mise en pièces. Le texte ne permet à aucun moment de reprendre le souffle. Mais le thème et le climat de la tragédie sont les mêmes que chez Racine. Les amants royaux, la terre et le ciel. La terre où ils ne parviennent pas à trouver leur place, et le ciel qu'ils ne peuvent changer. Le monde est hostile. La terre et le ciel doivent crouler pour que l'amour triomphe. Mais la terre et le ciel sont plus forts qu'Antoine et Cléopâtre. Les amants royaux doivent se soumettre ou choisir la mort.

Cette seule situation aurait suffi à Racine pour toute une tragédie. Et une seule salle du palais de Cléopâtre lui aurait fourni le décor. Là se serait déroulée l'action de la première à la dernière scène. A Racine aurait suffi le messager venu de Rome et les confidents d'Antoine et de Cléopâtre. Le monde les aurait surpris et attaqués dans cette salle. Au-dessus d'eux il n'y aurait eu que le ciel cruel, vide, immuable et muet. Au cours des cinq actes auraient été discutées et épuisées toutes les possibilités de fuite et de révolte. Le messager à plusieurs reprises serait revenu de Rome. Chaque fois il aurait ordonné le retour d'Antoine. Le monde aurait été aussi catégorique que le ciel et tout comme le ciel, impitoyable. La tragédie aurait pu se dérouler en douze heures, en six heures, ou même dans le courant d'une heure. En fait, elle se serait jouée en dehors du temps. *Hic et nunc.* Toute l'histoire, tous ses antécédents, tout ce qui est extérieur à la tragédie même, aurait été narré par les confidents. Pour Racine, seuls auraient importé Antoine et Cléopâtre, et peut-être même la seule Cléopâtre. Toute la tragédie aurait été condensée, réduite à cette dernière heure du choix, à cette heure au cours de laquelle Antoine et Cléopâtre se décident à mourir.

Le temps, l'espace et l'histoire ne sont pour Racine que des concepts, que des signes abstraits. Comme chez Kant : « Le ciel étoilé au-dessus de moi, la loi morale en moi ». A cette différence près que les héros de Racine se révoltent contre la loi et que la loi les tue. La tragédie d'Antoine et Cléopâtre, telle que l'a écrite Shakespeare, embrasse dix années, et le lieu de l'action, c'est la totalité du monde connu des Romains. Le temps y est réel, il a du poids. L'espace est encore plus matériel que dans les autres drames de Shakespeare. La scène de Shakespeare, c'est toujours le monde. Mais ici le monde n'est pas une métaphore, il est concret et différencié, il est historique et géographique. Tour à tour l'action se déroule à Alexandrie, Rome, en Sicile, sur le champ de bataille d'Actium, puis à Athènes, de nouveau à Rome et en Egypte. Ce ne sont pas seulement des noms. Ce monde est bourré d'hommes, d'objets et d'événements et, tout comme dans les toiles monumentales de Rubens, il n'y a pas un seul endroit vide. Au milieu, les nobles amants, dans la colère, l'amour, le désespoir, se couvrant d'injures ou se consumant dans les étreintes. Mais tout à côté, tout près d'eux, des chefs de guerre, des gouverneurs, des soldats, des députés, des eunuques, des gentilshommes, des défilés d'esclaves et des parades militaires, des tables ployant sous les venaisons et les vins, des vaisseaux et des galères, des festins et des manœuvres, des conciliabules et de grandes batailles, la mer, le sable, les rues de Rome, des paysages et des architectures, le vacarme et la musique.

Ce monde est historiquement vrai, et pas seulement parce que Shakespeare reste, dans les grandes lignes, fidèle aux faits et aux dates. L'histoire, dans *Antoine et Cléopâtre,* n'est pas seulement présente en vertu des droits de l'anecdote; les noms des chefs et des lieux géographiques sont pris dans Plutarque. Mais, comparé à celui de Shakespeare, le monde de Plutarque n'a que deux dimensions. On y trouve les héros et l'histoire. Côte à côte. Chez Shakespeare, l'histoire en soi est un drame. César a liquidé Pompée, Brutus a tué César, Antoine a brisé Brutus. Trois hommes se sont partagé le monde : Antoine, Octave qui a pris le nom de César, et Lépide. Contre eux s'est dressé Sextus Pompée, fils du grand Pompée. Antoine a donné à ses légats l'ordre d'assassiner Pompée. César le Jeune a emprisonné et fait assassiner Lépide. Ils ne sont plus que deux :

Ainsi donc Antoine et César demeurent seuls en présence, comme une paire de mâchoires prêtes à se fermer sur le monde, et tout ce que le monde pourra jeter entre eux d'aliments ne les empêchera pas de grincer.

(III, 5)

C'est justement cela, Shakespeare. Le monde est divers et varié, mais le monde est petit. Trop petit pour trois maîtres. Trop petit même pour deux. L'un doit périr : Antoine ou César. *Antoine et Cléopâtre* est la tragédie de l'exiguïté du monde. Ceci n'était pas dans Plutarque. Le monde de Plutarque n'est pas tragique : les capitaines et les souverains sont méchants ou bons, bêtes ou sages, fous ou circonspects. Antoine était fou et a perdu. César le Jeune était circonspect et il a gagné. L'histoire est parfois cruelle, car il existe aussi de cruels tyrans. Mais le monde est sagement agencé, en définitive la vertu et le bon sens triomphent. Le monde est grand.

Dans *Antoine et Cléopâtre,* le monde est petit. Il semble bien plus petit que chez Plutarque. On y est à l'étroit et tout se trouve à proximité. Le messager parle :

Tes ordres ont été suivis; il ne se passera point d'heure, noble César, que tu ne sois averti de ce qui se passe au loin.

(I, 4)

Cette phrase, elle non plus, ne figure pas dans Plutarque. Shakespeare ne lisait pas seulement les *Vies des Hommes illustres* dans la traduction d'alors, due à North. Il regardait le monde, aidé de l'expérience de la fin de la Renaissance. Dans *Antoine et Cléopâtre,* le soleil tourne encore autour de la terre, mais la terre est déjà une toute petite boule perdue et ne signifiant rien, au sein de l'univers.

Son visage était semblable aux cieux : le soleil y brillait et la lune, illuminant ce petit rond, la terre.

(V, 2)

Le monde est petit, car on ne peut s'en enfuir. Le monde est petit, car on peut le conquérir. Le monde est petit, car il suffit d'un hasard, d'une main docile, d'un coup habile pour devenir le numéro un. Ils sont trois à s'être partagé le monde. Le quatrième, qui voulait leur résister, le voici déjà humilié. Il offre un banquet, il invite les triumvirs sur sa propre galère. Ils boivent. Le premier à s'enivrer est Lépide. Il s'effondre sur le pont. Un valet le jette sur son épaule et emporte ce « pilier du monde ». Les officiers observent leurs chefs :

ENOBARBUS — Voilà de bien solides gaillards, pour transporter un tiers du monde!
MENAS — Oui-da! le tiers du monde est ivre. Que ne l'est-il en entier. Tout irait comme sur des roulettes.

(II, 7)

C'est la première confrontation. Mais, sur cette galère, une seconde confrontation a lieu, encore plus cruelle et plus brutale. Une fois les triumvirs ivres, le confident de Pompée vient le tirer de table. Il lui propose de lever l'ancre et d'égorger les trois maîtres du monde.

C'est l'une des scènes capitales d'*Antoine et Cléopâtre*. Une fois encore, une scène qui n'a pas été lue dans Plutarque, mais tirée tout simplement des expériences de la Renaissance. Frappante par son côté contemporain. Pompée refuse. Mais de quelle façon? En reprochant à Menas de ne pas l'avoir fait lui-même, de lui demander son accord *avant* et non *après* l'acte :

Ah! que ne l'as-tu donc fait, sans m'en parler. De ta part c'eût été bon service; de la mienne ce serait vilenie.

(II, 7)

Les héros de Racine ont pleine liberté de choix; le ciel se tait toujours, la terre pour eux n'existe pas. Ils sont seuls, dévorés par la passion, mais transparents pour eux-mêmes. L'acte est derrière ou devant eux, il appartient aux antécédents de la tragédie ou bien sera accompli au cours de la dernière scène. Ils le remâchent en eux pendant cinq actes. Ils s'y préparent comme à un saut dans le précipice. Ils le retournent en tous sens dans un alexandrin coulant. Et cet alexandrin jamais ne se brise. Les héros sont dignes et transparents comme un alexandrin.

Les personnages de Shakespeare, à l'exception peut-être du seul Hamlet, sont énigme et surprise pour eux-mêmes. Les héros sont déchirés par les passions, mais ce déchirement est autre que chez Racine. Le monde est présent, il les accule au mur, sans cesse, sans relâche, de la première à la dernière scène. Eux aussi effectuent un choix, mais un choix par l'action. Ils sont entièrement plongés dans le concret. Le thème d'*Antoine et Cléopâtre* est racinien : l'honneur et l'amour sont inconciliables avec la lutte pour le pouvoir, laquelle est la matière de l'histoire. Mais ni le monde ni la lutte pour le pouvoir ne sont ici des abstractions. Les héros se débattent, comme de grands fauves en cage. La cage est de plus en plus étroite et ils se débattent de plus en plus désespérément.

Cléopâtre a vingt-neuf ans lorsque commence la tragédie, et trente-neuf lorsqu'elle s'achève. Antoine a quarante-trois ans lors de la première scène et cinquante-trois dans la dernière. Ce n'est pas là seulement chronologie historique et indifférente. *Roméo et Juliette* est la tragédie du premier amour, qui a oublié tout ce qui n'est pas lui. Pour ce couple de tout jeunes amants le monde n'existe pas. Peut-être est-ce pour cela qu'ils choisissent si aisément de mourir. *Antoine et Cléopâtre* est l'histoire d'un amour entre grandes personnes. Jusqu'à leurs étreintes qui sont amères... Ils savent que c'est un défi qu'il leur faudra payer. Dans l'amour de ce couple royal, dès le départ, il y a un germe de haine. Ni Antoine ni Cléopâtre ne veulent renoncer à leur liberté intérieure, ils accueillent l'amour comme une contrainte, chacun veut dominer son partenaire.

Antoine s'arrache à Cléopâtre, il retourne à Rome, il fait un mariage de raison; il lutte, mais non avec lui-même; il lutte pour la domination du monde. Ensuite, une fois encore il revient en Egypte, il essuie une véritable défaite, il est battu. Cléopâtre veut retenir Antoine et conserver pour soi l'Egypte. Elle calcule toutes ses chances, essaye toutes les possibilités, elle est hardie et poltronne, elle est fidèle et prête à trahir au moment où elle doit, où elle peut se vendre au nouveau César et sauver le royaume. Dans le monde de Shakespeare, même les souverains n'ont pas de liberté de choix; l'histoire n'est pas un concept abstrait, mais une pratique, mais un mécanisme. Cléopâtre perd, elle perd tout comme Antoine; elle ne perd pas dans le combat avec sa propre passion, elle perd en tant que reine. Il ne lui reste plus qu'à devenir la prise du nouveau César et à figurer dans son triomphe en tant qu'attraction principale.

Cléopâtre pourrait rester avec Antoine. Mais Cléopâtre aime l'Antoine qui est l'un des piliers du monde, qui est un chef invincible. L'Antoine qui a perdu, qui a subi une défaite, n'est plus Antoine. Antoine pourrait rester avec Cléopâtre. Mais Antoine aime la Cléopâtre qui est la déesse du Nil. La Cléopâtre qui deviendra la prise de guerre de César, qui sera montrée du doigt dans les rues de Rome, n'est plus Cléopâtre.

Antoine et Cléopâtre n'accomplissent le choix définitif qu'après la catastrophe. Ce choix qui chez Racine, précisément, eût été en lui-même le thème des cinq actes de la tragédie. Chez Shakespeare, ce choix est forcé. Mais un choix forcé n'enlève pas leur grandeur aux héros. Antoine et Cléopâtre ne deviennent de grands amants que dans les quatrième et cinquième actes. Et pas seulement de grands amants. Ils jugent le monde. A la fin de la tragédie revient le thème de l'exposition. La terre et le ciel sont trop petits pour l'amour. Cléopâtre, avant de mourir, répétera les mots d'Antoine :

Quelle dérision d'être César ! [...] L'acte qui met un terme à tous les autres, cet acte est grand ; qui garrotte les accidents, muselle les vicissitudes ; qui délivre enfin le sommeil et fait perdre goût à la fange dont se nourrissent également le mendiant et l'empereur.

(V, 2)

Dans *Richard III*, il est apparu que tout le royaume valait moins qu'un cheval. Un coursier rapide permet d'avoir la vie sauve. Antoine et Cléopâtre ne veulent pas se sauver et n'ont pas où s'enfuir. « Les royaumes sont poussière. » Dans les deux grands drames, le pouvoir et les souverains ont été jugés. Définitivement ! Lorsque chez Racine le héros se tue, la tragédie s'achève et simultanément cessent d'exister le monde et l'histoire. De fait, le monde et l'histoire, dès le début, n'existaient pas. Lorsque Antoine et Cléopâtre se tuent, la tragédie est finie, mais l'histoire et le monde existent toujours. L'oraison funèbre, devant les corps d'Antoine et de Cléopâtre, sera dite par le vainqueur du triumvirat mortel, Octave, le futur empereur Auguste. Fortinbras avait prononcé une oraison fort semblable devant la dépouille de Hamlet. Il parle encore, mais la scène s'est vidée. Tous les héros sont sortis. Et le monde n'a plus que deux dimensions.

# « CORIOLAN »

## ou considérations sur les contradictions shakespeariennes

*Vous avez bien mérité de votre pays, et en même temps démérité [...] Vous avez été un fléau pour ses ennemis, vous avez été une verge pour ses amis ; je veux dire que vous n'avez jamais aimé les petites gens.*

(*Coriolan,* II, 3)

### I

De toutes les grandes pièces de Shakespeare, *Coriolan* a été la plus rarement jouée. Elle ne compte que de rares enthousiastes et admirateurs. Il est vrai que figurent parmi eux Coleridge et Swinburne, Brecht (1) et Leon Schiller. Mais, en règle générale, cette pièce décourage, indigne ou, dans le meilleur des cas, est froidement accueillie. Elle n'a été un succès ni du vivant de Shakespeare, ni pendant les trois siècles qui suivirent, ni de nos jours. On l'a qualifiée parfois de tragédie nue ou de monodrame. On ne trouve dans *Coriolan* ni poésie enivrante, ni musique des sphères. On n'y voit ni amants sublimes et bouffons magnifiques, ni éléments déchaînés et créatures conçues par l'imagination mais plus véritables que l'expérience. Ce n'est rien de plus qu'une

(1) Brecht a préparé une représentation de *Coriolan.* Il a lu la pièce d'une façon antitraditionnelle, mais didactique. Il y voyait le drame du peuple trahi par un chef fasciste. Cf. *Etude de la première scène de « Coriolan ».*

chronique historique que Shakespeare a desséchée au maximum et transformée en drame brutal. Et un héros auquel il a donné des proportions monumentales, qui peut éveiller divers sentiments, mais jamais la sympathie.

Cependant, *Coriolan* n'est qu'apparemment un monodrame. En réalité, la tragédie a deux héros, à ceci près que le second possède plusieurs têtes et plusieurs noms. Je ne veux pas le nommer tout de suite. Je préfère commencer par la constatation que Coriolan n'est jamais seul. Il n'est pas seul, ne serait-ce qu'au sens physique et dramatique. Sur les vingt-neuf scènes du drame, vingt-cinq se déroulent avec la participation de la foule. Douze d'entre elles se passent dans les rues de Rome, sur le Forum et au Capitole, deux à Corioles, dix dans le fracas de la bataille et les camps militaires. Non seulement la foule a bien des noms ; la plupart du temps elle est anonyme : Premier Citoyen, Deuxième Citoyen, Troisième Citoyen ; Premier Sénateur, Deuxième Sénateur ; Premier Garde, Deuxième Garde ; Premier Serviteur, Deuxième Serviteur ; Premier Conjuré, Deuxième Conjuré. Les caractères des chefs militaires et politiques sont indiqués en quelques traits de burin, à peine. Ils émergent pour un temps de la foule, pour s'y perdre ensuite. Il y a encore la mère, la femme et le fils de Coriolan. Mais eux non plus n'ont pas de vie propre. Ils sont également une toile de fond et créent les situations dans lesquelles se jouera la tragédie.

La sécheresse de *Coriolan* a dû assurément décourager lecteurs et spectateurs. Le drame est vraiment pénible et sévère. Mais la sévérité de la matière dramatique n'explique pas entièrement cet éloignement que l'on a si longuement et presque universellement ressenti envers l'une des œuvres les plus profondes de Shakespeare. J'estime que les véritables raisons de cet éloignement étaient autres. Il découlait de l'ambiguïté, ou plutôt de la multiplicité des sens de cette tragédie. De la multiplicité de ses acceptions politiques, morales et, en dernière instance, philosophiques. Toutes choses difficiles à assimiler.

Le *Coriolan* écrit par Shakespeare ne pouvait totalement convenir ni aux aristocrates, ni aux républicains, ni aux amis du peuple, ni à ses ennemis. Il irritait tant ceux qui croyaient aux masses, que ceux qui les méprisaient. Ceux qui reconnaissaient le sens et l'enseignement de l'histoire, et ceux qui raillaient cet enseignement. Ceux qui considéraient l'humanité comme un nid de termites, et ceux pour qui seuls existent des termites solitaires, subissant dans les tourments le tragique de l'existence. *Coriolan* ne s'adaptait à aucune des conceptions historiques ou philosophico-historiques consacrées des XVIIIe et XIXe siècles.

*Coriolan* ne pouvait plaire ni aux classiques, ni aux romantiques. Pour les classiques, il était incohérent, vulgaire et brutal. Pour les romantiques, trop amer, plat et sec. Se répétait l'histoire de *Troïlus et Cressida*, autre pièce de Shakespeare incomprise ou comprise de la façon la plus fausse, et dont l'essence philosophique, malgré toutes les différences apparentes, est très semblable à celle de *Coriolan*. Dans ces deux drames, il y a une confrontation brutale, amère et sarcastique de l'idée et de la pratique, mais il ne découle nullement de cette confrontation qu'il faille reconnaître la *praxis* comme la mesure unique et dernière des valeurs.

*Coriolan* n'est qu'apparemment un monodrame, et tout aussi apparemment une tragédie antique. *Polis* ou *urbs*, ville qui est simultanément patrie, héros, *fatum*. Le héros viole la loi morale, la ville est menacée d'anéantissement. Le héros doit choisir entre sa vie et la ville. Il a choisi. Il meurt. La ville est sauvée. Elle élève un temple à la Fortune. La ville est Rome, le héros Coriolan. On peut tout aussi bien résumer la tragédie de la sorte. Mais le *fatum* dont se sert Shakespeare, bien qu'ainsi que les Erinnyes grecques il poursuive le héros, l'accule au mur et le brise, a un visage moderne. Ce *fatum*, c'est la lutte des classes. Rome est la ville et la patrie. Mais à Rome il y a la plèbe et les patriciens.

L'histoire de *Coriolan* se passe alors que les rois viennent d'être chassés, à l'époque semi-légendaire de la naissance de la république romaine. Tite-Live la mentionne brièvement; Plutarque, dans ses *Vies des Hommes illustres*, en parle longuement. La traduction anglaise de Plutarque parut en 1579. C'est là que Shakespeare a puisé la trame du drame, les caractères et le déroulement des faits.

Rome combat les tribus voisines; dans Rome même, c'est une lutte de tous les instants des pauvres contre les riches. « ... il advint que le sénat, soutenant les riches, entra en grande dissension avec le menu peuple, lequel se sentait trop durement traité et oppressé par les usuriers, qui leur avaient prêté quelque argent, parce que ceux qui avaient quelque peu de quoi en étaient privés par les créanciers, qui leur faisaient saisir ce peu de bien qu'ils avaient, à faute de payer les usures, et puis conséquemment décréter et vendre au plus offrant pour être payés; et ceux qui n'avaient du tout rien étaient eux-mêmes saisis au corps, et leurs personnes détenues en servitude [...] Le sénat faisait l'oreille sourde, montrant ne se point souvenir des promesses qu'il leur avait faites, mais les laissait emmener comme esclaves en servitude par leurs créanciers, et souffrait qu'ils fussent dépouillés de tous leurs biens, adonc commencèrent-ils à se mutiner ouvertement, et à émouvoir de mauvaises et dangereuses séditions dans la ville (2). »

Les patriciens s'enrichissent dans les guerres. Ils s'emparent de terres et d'esclaves. Mais sans la plèbe, on ne saurait faire la guerre. Les plébéiens obtiennent le droit d'élire leurs propres tribuns et de participer au gouvernement.

Le plus vaillant des Romains est Caïus Marcius, d'une vieille famille de patriciens. Après avoir conquis sur les Volsques, tribu de montagnards, la ville de Corioles, il a reçu le surnom de Coriolan. Il a bien mérité de Rome, il est un grand chef de guerre, son corps porte la marque des vingt-sept blessures reçues de l'ennemi. Les patriciens proposent Coriolan à la dignité de consul. Pour cela, l'accord de la plèbe est nécessaire. Coriolan est un aristocrate, il hait le peuple et en est détesté. A Rome, c'est la famine. Coriolan s'oppose à la vente du blé, il exige que la plèbe renonce tout d'abord à élire ses tribuns. Indigné, le peuple lui refuse le consulat. Les tribuns l'accusent de violer les lois de la république. Coriolan comparaît devant le tribunal. Le peuple arrache aux patriciens une sentence condamnant Coriolan au bannissement perpétuel. Coriolan n'a plus qu'un rêve : se venger. Il se rend chez les Volsques et propose à ses ennemis d'hier une expédition en commun contre Rome. Il en prend la tête.

Tel est le premier chapitre de la légende romaine de Coriolan. Elle comporte une morale républicaine. Le chef qui méprise le peuple trahit la patrie et passe du côté de l'ennemi, Le général ambitieux qui aspire à un pouvoir dictatorial est un danger mortel pour la république. Le peuple a eu raison de chasser Coriolan. Mais voici à présent le second chapitre de l'histoire. Coriolan, à la tête des Volsques, arrive aux portes de Rome. La ville n'a pas de chefs, elle est sans défense et condamnée à la perte. Plébéiens et patriciens s'accusent mutuellement du bannissement de Coriolan. Ils essayent d'obtenir son pardon. En vain. Ils implorent sa pitié. Sans

(2) Plutarque, *Les vies des Hommes illustres,* traductions de Jacques Amyot, tome I, p. 475-476, Ed. de la Pléiade, Paris, 1937.

effet. Alors les Romains envoient en délégation à Coriolan sa femme et sa mère. Coriolan s'éloigne des portes de la ville. Il accepte de conclure la paix et ramène à Corioles l'armée ennemie.

Suivent deux épilogues. Le premier, que donne Tite-Live, est sentimental et idyllique. Les Romains reconnaissants élèvent un temple à la gloire de la mère et de la femme de Coriolan, tandis que lui-même retourne auprès des Volsques où il vit très vieux et meurt l'âme tranquille. Le second épilogue est bien plus dramatique. Coriolan sait qu'en s'éloignant de Rome, il a signé sa condamnation à mort. Il a trahi une seconde fois, il a rompu l'accord passé avec les Volsques. Et les Volsques le tuent, parce que traître.

C'est cette seconde version que donne Plutarque. Mais l'auteur des *Vies des Hommes illustres* ne se rend absolument pas compte que l'histoire de Coriolan comporte deux morales en totale contradiction. La morale du second chapitre est fort amère. La ville qui chasse son chef se retrouve désarmée. Le peuple est capable seulement de haïr et de mordre, mais il est incapable de défendre sa propre ville. Les masses sont une force aveugle et destructrice, comme l'incendie ou l'inondation. Parmi cette foule innombrable et anonyme, seul Coriolan était un homme d'envergure. La patrie s'est montrée ingrate à son égard. Il y était à l'étroit. Il était né pour gouverner. L'histoire est pleine d'embûches, elle est cruelle. Les grands périssent, les petits demeurent.

Plutarque ne remarque ni l'aspect tragique du personnage de Coriolan, ni le caractère tragique de l'histoire elle-même. Dans ses *Vies*, il opposait à la *virtus* romaine l'idéal éthique grec. La morale qu'il a tirée de la biographie de Coriolan telle qu'il l'a contée, était psychologique et empirique : « ... une nature forte et vigoureuse, quand elle est destituée de bonne nourriture, produit beaucoup de maux et de biens tout ensemble, ni plus ni moins qu'une bonne terre grasse produit beaucoup de bonnes et de mauvaises herbes. [...] [Coriolan n'avait pas] cette gravité, cette froideur et douceur tempérées par le jugement de bonne doctrine et de raison, qui est nécessairement requise à un gouverneur d'état politique et [il n'entendait pas] que la chose de ce monde que plus doit éviter un homme qui se veut mêler du gouvernement d'une chose publique, et converser entre les hommes, est l'opiniâtreté... (3) »

(3) *Ibid.* p. 472 et 487

Voici pour le vertueux Plutarque. Mais l'histoire de Coriolan est pleine de venin. Que Shakespeare a été le premier à déceler. Cela a dû le frapper tout particulièrement, puisqu'il en a fait le véritable sujet du drame. Dans les chroniques historiques et les tragédies, qui sont des chroniques plus condensées, Shakespeare faisait de l'histoire féodale un absolu. Il en montrait le mécanisme nu et immuable. L'histoire se déroulait au sommet même de la hiérarchie sociale. Elle était personnelle, elle avait des noms, et ces noms étaient peu nombreux. Parfois seulement apparaissent dans les drames royaux des bourgeois effrayés. Ils apprennent la mort du souverain, que la guerre est déclarée ou qu'un coup d'Etat a eu lieu. Ils considèrent tout changement de souverain comme un cataclysme. L'histoire fonctionne au-dessus de leurs têtes, mais ce sont eux qui payent.

L'histoire féodale découvrait facilement ses modèles et ses images dans l'histoire des empereurs romains. Le parallèle entre César et Brutus était le thème fréquent des considérations morales de la Renaissance, l'histoire des tyrans, l'intrigue favorite des tragédies pré-shakespeariennes et élisabéthaines. Tacite et Suétone étaient les auteurs latins les plus cités. Les bustes des douze empereurs ornaient les palais de tous les rois chrétiens (4).

La Rome de la République était beaucoup plus lointaine et étrangère pour la Renaissance. La seule expérience contemporaine était la République vénitienne mais, là aussi, le pouvoir était exercé par le doge et l'aristocratie. Les hommes de la Renaissance étaient fascinés par le problème du pouvoir illimité, par le mécanisme qui transforme le bon prince en tyran. C'était là leur pain quotidien. Et c'est également l'un des grands thèmes de Shakespeare. Mais pas le seul.

Shakespeare a beaucoup plus innové dans *Jules César* ou dans *Coriolan* que dans *Antoine et Cléopâtre*. Il a introduit dans la tragédie la Rome de la République. Il l'a incontestablement regardée avec l'expérience de la Renaissance finissante et il y a cherché la confirmation de son amère philosophie de l'histoire, si pessimiste et cruelle. Mais la matière, ici, était différente; il était impossible de l'enfermer dans ce cercle immuable où le début et la fin de tout règne est le supplice du souverain. L'image du grand escalier que

(4) T.J.B. Spencer, *Shakespeare and the Elisabethan Romans,* « Shakespeare Survey », n° 10, 1957.

gravissent à tour de rôle tous les monarques, et dont la première et la dernière marche est l'échafaud, ne convenait plus à cette histoire-là.

Coriolan possède encore une sombre grandeur, et l'histoire l'écrase. Mais l'histoire qui le brise n'est plus celle des rois. C'est l'histoire d'une ville divisée en plèbe et en patriciens. C'est l'histoire de la lutte des classes. L'histoire, dans les chroniques royales et dans *Macbeth,* était le Grand Mécanisme, mais avec quelque chose de démoniaque. L'histoire, dans *Coriolan,* a cessé d'être démoniaque. Elle n'est plus qu'ironique et tragique. Et c'est la seconde raison pourquoi *Coriolan* nous est contemporain.

## II

La première scène de *Coriolan* commence par l'entrée des plébéiens révoltés. On y trouve, dès le départ, le thème, le conflit, les héros.

PREMIER CITOYEN — Vous êtes tous résolus à mourir plutôt qu'à crever de faim?

TOUS — Résolus, résolus!

PREMIER CITOYEN — Et d'abord vous savez que Caïus Marcius est le principal ennemi du peuple?

(I, 1)

Telles sont les troisième, quatrième et cinquième répliques du drame. Shakespeare ne perd jamais de temps. La situation est esquissée. C'est la famine à Rome : les plébéiens exigent la baisse du prix du blé. Caïus Marcius ne l'accepte pas. Les plébéiens décident de tuer Marcius. L'action commence dès la première minute. Mais le thème du drame n'a pas encore été formulé. Il va l'être à l'instant. Les plébéiens se répandent en cris, mais dans ces répliques brutales la théorie de la division en classes a été énoncée. Elle est complète et développée. Elle comporte trois oppositions fondamentales : les uns travaillent, les autres se nourrissent de la misère des premiers; les uns sont pauvres, les autres sont riches; les uns sont en bas et doivent obéir, les autres sont en haut et gouvernent. Tout cela dans la première scène, tout cela réparti entre plusieurs voix, tout cela dans le cri de la plèbe :

> La maigreur qui nous afflige, le spectacle de notre misère, est comme un inventaire détaillé de leur opulence ; notre détresse est profit pour eux. [...] Ils nous laissent mourir de faim quand leurs magasins regorgent de grain, font des édits en faveur de l'usure pour soutenir les usuriers, rejettent chaque jour quelque acte salutaire établi contre les riches, et promulguent des statuts chaque jour plus vexatoires pour enchaîner et asservir les pauvres. Si les guerres ne nous dévorent pas, ils s'en chargeront.
>
> (I, 1)

Là-dessus le patricien Ménénius Agrippa fait son entrée. Le Sénat l'a envoyé calmer les révoltés. Agrippa reconnaît que la disette sévit, qu'il y a des riches et des pauvres. Mais il établit autrement le lien entre les causes et les effets. Les pauvres ne souffrent pas de faim parce que les riches possèdent trop. Les patriciens se soucient du peuple. La misère est le verdict des dieux. C'est ainsi qu'est organisé le monde et personne n'est en mesure de changer l'ordre éternel :

> Pour vos besoins, pour vos souffrances en cette disette, autant vaudrait frapper le ciel de vos bâtons que les lever contre l'Etat. [...] Quant à la disette, ce ne sont pas les patriciens, ce sont les dieux qui la font ; et auprès d'eux vos genoux vous serviront mieux que vos poings.
>
> (I, 1)

Agrippa parle en vers. Les plébéiens en prose. Le partage en classes est de rigueur même pour les héros de Shakespeare. Mais ce n'est pas seulement une dictinction entre vers et prose. A la conscience plébéienne de l'oppression de classe et à sa métaphore spatiale la plus simple : le haut et le bas, Agrippa oppose la société comprise comme un grand organisme. Il raconte aux plébéiens la célèbre fable sur les membres du corps révoltés contre l'estomac. L'estomac, c'est le Sénat romain ; la plèbe, les membres révoltés. Le récit d'Agrippa se trouve déjà chez Tite-Live et chez Plutarque. Mais Shakespeare, comme toujours, condense et dramatise. La fable d'Agrippa est également une théorie de la division de la société en classes. Oui, mais de la division en classes vue par les yeux d'un patricien. A la brutale dichotomie de la plèbe est opposée une théorie fonctionnelle et organique. Shakespeare les montre toutes deux dans leur fonction de classe. Elles sont moyen d'agitation et justification de l'action. Rôle qu'elles ont précisément joué dans l'histoire.

En effet, les arguments d'Agrippa ont fait une grande carrière politique et scientifique. Théodoret de Cyr les reprend dans les premiers siècles de l'ère chrétienne. (« Les serviteurs ont leurs maîtres pour compagnons de leur besogne et ne participent nullement aux soucis de leurs maîtres ») ainsi que le planteur américain du temps de Franklin Roosevelt (« Nous devons nous soucier du blé, du financement de nos fermes et de maintes choses de ce genre, tandis que le Nègre, ouvrier agricole, attend de nous que nous prenions soin de lui, et il n'a aucun souci aussi longtemps que nous l'entretenons »). La conception de l'interdépendance des classes d'Agrippa est celle défendue par les physiocrates (« un ensemble parfait, composé de différentes parties qui sont toutes également nécessaires les unes aux autres ») et les encycliques du XIX^e^ siècle. Spencer et Durkheim la développent pour en faire des systèmes scientifiques de sociologie (5). Une seule question suffit à Shakespeare, tout est dit dans les cinq premières minutes.

La première scène de *Coriolan* n'est pas encore achevée. A peine Agrippa a-t-il fini de raconter sa fable qu'entre Caïus Marcius. Il se met à insulter la plèbe dès sa première phrase :

> De quoi s'agit-il, séditieuses canailles, vous qui, à force de gratter la triste vanité qui vous démange, êtes devenus galeux?
>
> (I, 1)

Agrippa est l'idéologue des patriciens, au sens où Marx, avec le plus parfait mépris, employait ce mot. Agrippa est le tacticien et le philosophe de l'opportunisme. Marcius n'est pas un idéologue et il rejette toute tactique. Il adopte une

(5) Les trois citations qui précèdent figurent dans l'ouvrage de Stanislaw Ossowski, *La structure de classe dans la conscience sociale,* Lodz 1957. La première est tirée de *l'Histoire du Communisme* de Gérard Walter, p. 198-199; la seconde est une réponse consignée par les auteurs de *Deep South,* The University of Chicago Press, 1941, p. 19; la troisième est tirée des *Doutes proposés aux philosophes économistes* de Mably. Lettre II.

Ossowski isole trois schémas principaux de la structure de classe : le dichotomique, le schéma de graduation et le fonctionnel. Il mentionne la fable d'Agrippa mais ne rappelle pas le rôle qu'elle joue dans *Coriolan*.

division en classes apparemment conforme à la vision plébéienne : antagoniste, verticale, en haut et bas qui se haïssent mortellement. Il déclare aux sénateurs :

Vous êtes les plébéiens, s'ils sont les sénateurs; et ils le sont du moment où, leur suffrage étant mêlé au vôtre, c'est leur goût qui l'emporte. Ils choisissent leur magistrat; et celui qu'ils choisissent peut opposer son « il le faut », son populaire « il le faut », à une réunion plus grave que n'en vit jamais la Grèce.

(III, 1)

Marcius accepte deux des oppositions classiques de la théorie plébéienne : les riches — les pauvres; ceux qui gouvernent — ceux qui sont gouvernés. Mais à ces deux oppositions il en ajoute une troisième et une quatrième : les nobles et les vils, les sages et les imbéciles. Le peuple est pour lui semblable aux bêtes qui s'entre-déchirent, haïssent le plus fort et sont incapables de se rappeler aujourd'hui ce qu'elles voulaient hier.

Que vous faut-il, aboyeurs, à qui ne conviennent ni la paix ni la guerre? L'une vous épouvante, l'autre vous rend insolents. [...] Qui mérite la gloire mérite votre haine. [...] Se fier à vous? Plutôt vous pendre! A chaque minute vous changez d'idée : vous trouvez noble celui que vous haïssiez tout à l'heure. [...] Pourquoi, dans les divers quartiers de la cité, criez-vous ainsi contre ce noble Sénat qui, sous l'égide des dieux, vous tient en respect et empêche que vous ne vous dévoriez les uns les autres?

(I, 1)

Le Marcius de Plutarque lui aussi déteste le peuple. Il hait le peuple avant tout parce qu'il est dévoré de fierté et d'orgueil, parce qu'il est un solitaire qui ne sait pas se comporter avec les hommes. Plutarque, au fond, donne raison à Agrippa et à son raisonnement pratique. Shakespeare se gausse d'Agrippa. Dans *Coriolan,* au mieux, il joue le rôle qui était celui de Polonius dans *Hamlet*. De la première à la dernière scène de la tragédie, le conflit est entre Coriolan et le peuple. Et, comme dans tous les grands drames de Shakespeare, c'est là un conflit sur la façon de comprendre l'histoire et sur sa valeur morale, un conflit sur l'aspect du monde véritable. Le Coriolan de Shakespeare, lui aussi, est sans retenue, fier et orgueilleux. Mais son comportement n'est pas le résultat des défauts de son caractère — ou plutôt ne découle pas seulement de ces défauts. Il n'est pas « défaut d'éducation », comme chez le bon Plutarque. La tragédie du Coriolan de Shakespeare ne saurait être décrite au moyen de la psychologie, ni réduite à celle-ci. Ce n'est pas davantage la tragédie du grand homme et de la foule, ainsi que le soutiennent la plupart des commentateurs. Dans *Coriolan,* il n'y a pas de foule ; il n'y a que les patriciens et la plèbe.

Coriolan accepte les oppositions de classes telles que les voit la plèbe, mais il est facile de remarquer qu'il en modifie la nature, qu'il les transpose dans le monde des valeurs. Les plébéiens n'affirment pas qu'ils sont nobles et que les patriciens sont vils ; les plébéiens savent simplement qu'ils ont faim et qu'ils ont faim parce que ceux-là sont rassasiés. Agrippa affirme qu'en fait il n'y a pas d'affamés et de rassasiés, car il serait difficile de dire que les mains ont faim lorsque le ventre est plein. Coriolan accepte la division entre affamés et rassasiés, mais non parce que les dieux veulent qu'il en soit ainsi. Coriolan ne croit pas aux dieux et il n'a pas besoin d'eux. Le peuple? ce sont des bêtes. Si on les laisse s'enhardir et si on leur permet de s'empiffrer de nourriture, elles se jetteront sur les hommes. Les rats dévoreront la ville :

> Ainsi nous ravalons la dignité de nos sièges, nous autorisons la canaille à traiter de frayeur notre sollicitude! Ainsi un jour nous verrons forcer les portes du Sénat, et l'essaim des corbeaux s'abattre sur les aigles.
>
> (III, 1)

Trois théories de la division en classes ont été exhaustivement exposées, jusqu'à leurs conséquences dernières. Chacune d'elles comporte une description de la réalité sociale et un système de valeurs, chacune est une vision du monde, un jugement, une réponse à deux questions : comment est le monde et comment devrait-il être? Il est facile de trouver des appellations universelles convenant à ces trois systèmes : l'égalitarisme, le solidarisme, le système hiérarchique. Le *Coriolan* de Shakespeare est une confrontation impitoyable et cruelle entre ces trois systèmes. Une confrontation antididactique, en outre. C'est là — comme toujours chez Shakespeare — un grand système de miroirs : le peuple vu par les yeux de Coriolan, Coriolan et les patriciens vus par les yeux du peuple. Et le dernier miroir : l'Histoire. Dans le drame, l'Histoire, c'est l'action, le déroulement des événements, leurs rapports mutuels et leurs conséquences. L'Histoire peut soit confirmer le système des valeurs, soit le railler et le détruire. Si elle le raille et le détruit, elle est alors soit grotesque, soit tragique. Ou peut-être tout à la fois grotesque et tragique.

## III

La première grande confrontation, c'est la guerre. Les Volsques ont attaqué Rome. Les plébéiens sont embarrassés. La situation s'est modifiée en un instant. Les chefs militaires prennent le pouvoir. Les insurgés font marche arrière. Les arguments d'Agrippa semblent justes et son apologue sur l'estomac se vérifie. Caïus Marcius triomphe :

> Les Volsques ont beaucoup de blé : emmenons ces rats pour ronger leurs provisions...
>
> (I, 1)

Les Romains sont à présent devant Corioles. La première attaque de la ville a été repoussée. Les soldats ont pris la fuite. Marcius injurie les fuyards, appelle à lui les courageux, repart à l'assaut. Il poursuit les Volsques jusqu'aux portes et entre seul dans la ville ennemie.

> PREMIER SOLDAT — Quelle folie ; très peu pour moi !
> DEUXIÈME SOLDAT — Ni pour moi.
> TROISIÈME SOLDAT — Voyez ! ils l'ont enfermé.
> TOUS — Il est dans la marmite, c'est garanti.
>
> (I, 4)

Chez Shakespeare, les scènes guerrières s'accompagnent du battement du tambour et de l'écho des trompettes. Mais elles comportent fort peu de tumulte et de vacarme. Elles se déroulent sur une scène vide. Dans les grandes batailles est engagée une dizaine, parfois une trentaine de soldats. Evidemment, sur les planches du Théâtre du Globe, la peinture rouge coulait à flots et les épées cliquetaient longtemps pendant les duels. Mais ce n'est là une guerre ni illusoire ni descriptive. Le caractère dramatique de ces scènes est d'une autre nature, les duels mortels sont interrompus par une amère réflexion philosophique. Ou même par le sarcasme. Le jeune Henry est héroïque et il défait Percy. Mais Falstaff préfère faire le mort (6); il sait qu'avant tout il faut rester vivant. La guerre, c'est bon pour les rois et les chefs, pas pour les soldats. Dans *Coriolan,* la guerre se présente de même.

Corioles est prise. Marcius est passé par là, pareil à l'ouragan. Ne subsiste plus que le cadavre d'une ville. Les soldats s'arrachent les pauvres restes.

PREMIER ROMAIN — Ceci, je l'emporterai à Rome.
DEUXIÈME ROMAIN — Et moi ceci!
TROISIÈME ROMAIN — Au diable! j'avais pris ça pour de l'argent.

(I, 5)

Ce sont précisément celles-là, les scènes shakespeariennes de l'histoire éternelle. Ecrites une fois pour toutes. Elles contiennent les généralisations les plus poussées tout en demeurant absolument concrètes. Il suffit de se représenter cette scène, ou bien de la lire telle qu'elle a été écrite, pour comprendre les raisons profondes de l'enthousiasme de Brecht pour le *Coriolan* de Shakespeare. C'était là un modèle bien plus expressif, violent et contemporain que les chroniques royales pour ce genre de théâtre que Brecht qualifiait d'épique. La Mère Courage se nourrit de la guerre et jusqu'à la fin elle ne sait pas qu'à l'inverse la guerre se nourrit d'elle et lui prendra tout ce qu'elle a jamais possédé. La Mère Courage est semblable à ces soldats qui s'arrachent un gobelet d'étain, le prenant pour de l'argent. Dans la dernière période, Brecht qualifiait souvent de « dialectique » son théâtre « épique ». Et il en cherchait les modèles chez Shakespeare. Car voici que dans les rues de la ville morte, vide autant que la scène du « Globe », les généraux romains triomphants font leur entrée, et parmi eux est Marcius :

Voyez-moi ces poltrons qui estiment leur temps au prix d'une drachme fêlée! Des coussins, des cuillers de plomb, des bouts de fer d'un liard, des pourpoints que le bourreau enterrerait avec ceux qui les portaient, voilà ce que ces gueux emballent avant que le combat soit fini... Au diable les lâches! Ecoutez-moi ce vacarme que fait notre général!

(I, 5)

(6) Dans *Henry IV*.

Marcius est nettement et consciemment héroïsé par Shakespeare. Il possède tout comme Achille une force presque surhumaine et une voix plus forte que celle du commun. Le chef des Volsques l'appelle un Hector parmi ces fanfarons de Romains. Même le type des comparaisons dans la description des vertus guerrières de Marcius, même le style sont homériques :

... il s'avance, pareil au moissonneur qui doit tout faucher ou perdre son salaire.

(I, 3)

C'est ainsi que sa mère parle de lui.

Une escarboucle de ta grosseur serait un moins riche joyau que toi. Tu étais un homme de guerre selon le vœu de Caton : non seulement tu étais rude et âpre aux coups de main ; mais par ton regard terrible et par l'éclat foudroyant de ta voix, tu faisais frissonner tes ennemis, comme si le monde avait la fièvre et tremblait.

(I, 4)

Ainsi parle de lui le général en chef.

Je ne sais quel charme est en lui ; mais son nom est pour les soldats la prière qui précède le repas...

(IV, 7)

C'est ce que dit de lui le lieutenant au chef des Volsques.

Marcius est courageux. Au cours de sa première campagne, il a protégé des coups de l'ennemi et ramené du champ de bataille un soldat blessé ; il a été vingt-sept fois blessé au service de Rome et, tout seul, il a conquis Corioles. Marcius est désintéressé. Il refuse le dixième du butin, la part qui lui revient pour avoir remporté la victoire, et il exige que les prises de guerre soient également partagées entre tous. Il ne veut pas parler de ses exploits guerriers et il ne veut pas davantage que les autres en parlent.

La guerre confirme la hiérarchie des classes que Marcius avait remarquée déjà en temps de paix. Les patriciens et les plébéiens se comportent différemment à la guerre. Comparés à Marcius, courageux, généreux et désintéressé, combien misérables doivent sembler les plébéiens, qui tremblent avant le combat, et après la victoire s'arrachent l'un à l'autre des gobelets, des cuillers et des chiffons puants!

Quant à nos gentilshommes de la canaille — la peste soit d'eux et de leurs tribuns! — jamais souris n'a fui le chat comme ils ont lâché pied devant des gueux pires qu'eux-mêmes.

(I, 6)

Marcius a raison. La plèbe, à la guerre, a un comportement de rats. Ceci est le premier miroir. C'est la guerre, telle que la voient les patriciens. Mais, même dans ce miroir, le tableau de la guerre s'objective brutalement, tout comme dans *Mère Courage.* Shakespeare conduit toujours ses confrontations jusqu'au bout. A la guerre, il n'y a pas que des vainqueurs, il y a aussi des vaincus. Dans la ville conquise, Titus Lartius assume le commandement militaire :

... condamnant les uns à mort, les autres à l'exil, rançonnant celui-ci, graciant ou menaçant celui-là, tenant Corioles au nom de Rome, comme un humble lévrier en laisse, qu'il peut lâcher à volonté.

(I, 6)

Ce ne sont plus là des comparaisons homériques et ce tableau ne figure pas dans Plutarque. C'est une fois de plus l'éternelle scène de toute occupation. Et une fois de plus, il faut la lire et se l'imaginer telle que Shakespeare l'a écrite. C'est la mise en question de tout le système des valeurs que défend Marcius. C'est là cette « dialectique objective » dont parlait Brecht. Laquelle s'en remet au jugement des spectateurs. Dans *Coriolan,* ces mots sont dits par Marcius en personne. Tout Shakespeare est là.

Et encore une surprenante remarque de Marcius. Le voici qui revient en triomphe à Rome. Il est accueilli par sa mère et sa femme. Sa femme, tout au long de cette scène, ne dit pas un mot. Elle pleure. Coriolan réagit :

Ah! ma chère, elles ont ces yeux-là, les veuves de Corioles et les mères qui ont perdu leurs fils.

(II, 1)

Ces mots s'insèrent difficilement dans le portrait psychologique de Coriolan. Ils sont trop sensibles, trop faibles. Ils sont comme un grincement dans cet instant de liesse. Ils jouent le rôle des « songs » dans la dramaturgie de Brecht. C'est de nouveau le passage brutal à l'objectivité, le rappel des autres, des vaincus. Un second miroir, en fait, est inutile. Mais Shakespeare ne renonce jamais à rien. Il montrera le second miroir : la guerre vue par les yeux du chef défait :

AUFIDIUS — La ville est prise!

PREMIER SOLDAT — Elle sera restituée à de bonnes conditions.

AUFIDIUS — Des conditions! Je voudrais être Romain; car je ne puis plus, en restant Volsque, être ce que je suis... Des conditions! Est-ce qu'un traité peut contenir de bonnes conditions pour celle des parties qui est à la merci de l'autre?

(I, 10)

## IV

La mère et la femme de Coriolan sont assises sur de petits tabourets, elles cousent, elles brodent et attendent des nouvelles de la guerre. Ces tabourets bas sur lesquels le soir s'asseyaient les femmes pour bavarder, on peut encore les voir à Stratford. Dans la Rome de Shakespeare il y a le Forum, le Capitole et la Roche Tarpéienne; il y a les consuls et les tribuns, les licteurs et le Sénat; tous les noms sont tirés de Plutarque. Les anachronismes que Ben Jonson déjà relevait avec satisfaction, sont rares dans *Coriolan*. Le plus joli d'entre eux est le tableau qu'offre le héros romain qui, sur le Forum, devant les foules assemblées, agite avec dédain son chapeau à larges bords. Coriolan coiffé d'un chapeau nous fait sourire, mais il n'était pas ridicule pour les spectateurs du temps de Shakespeare. Shakespeare écrivait pour son propre théâtre. Ce n'est que dans la deuxième moitié du XIX^e^ siècle qu'on a commencé à monter ses drames romains dans le goût antique. Pour lui, il s'agissait d'un tout autre historicisme.

Il ne trouvait pas chez Plutarque de croquis de la vie quotidienne, aussi les tirait-il de sa propre expérience, de Londres et de Stratford. Il leur donnait un cachet de son temps. Il mêlait consciemment le style noble et prosaïque.

Une telle Rome, un Corneille ou un Racine aurait été incapable de la montrer :

Toutes les bouches parlent de lui, et les vues troubles mettent des bésicles pour le voir. La nourrice bavarde laisse son poupon geindre à s'étouffer tandis qu'elle jase de lui; la souillon de cuisine fixe son plus beau fichu autour de son cou enfumé et grimpe aux murs pour l'apercevoir. Les auvents, les bornes, les fenêtres sont encombrés, les gouttières remplies...

(II, 1)

Une voisine, la noble dame Valérie, vient voir la mère et la femme de Coriolan, voulant les faire bavarder. Virgilie ne veut pas sortir de chez elle tant que son mari n'est pas revenu de la guerre. Elle tisse sur son métier. Madame Valérie la plaisante : « Vous voulez être une autre Pénélope; pourtant on dit que toute la laine qu'elle fila en l'absence d'Ulysse ne servit qu'à remplir Ithaque de mites » (I, 3). Tout comme dans *Troïlus et Cressida,* le mythe grec est présenté sous un jour ironique, vu sous son aspect quotidien. On dirait presque une plaisanterie tirée de la *Belle Hélène.* Pas trace d'héroïsme, rien de l'attente pathétique du retour du chef valeureux. Or, c'est justement dans cette atmosphère idyllique et quotidienne d'une douce soirée à Stratford que Volumnie soudain, de façon inattendue, se transforme en mère romaine, ou plutôt en mère spartiate. Elle n'a qu'un fils, mais elle préférerait le voir sur une civière que de le savoir poltron. Et si elle en avait douze, elle les aurait donnés tous les douze : « J'aimerais mieux en voir mourir onze noblement pour leur patrie qu'un seul se gorger d'une voluptueuse inaction » (I, 3).

Une fois de plus, c'est là le premier miroir. Et, comme toujours chez Shakespeare, immédiatement se produit une confrontation. Seules les trois femmes sont en scène : la mère spartiate, l'épouse aimante et la voisine jacassante; il y a en outre le tout jeune fils de Coriolan. Il ne dit pas un mot. Ce n'est pas nécessaire. Il est question de lui :

Valérie — Sur ma parole! il est tout à fait le fils de son père; c'est un bien joli enfant, je vous jure. Croiriez-vous que, mercredi dernier, je suis restée toute une demi-heure à le regarder? Il a un air si résolu! Je le voyais courir après un papillon doré; il l'a pris, l'a lâché, a recouru après, l'a repris, puis l'a relâché et rattrapé encore; alors, exaspéré, soit par une chute qu'il avait faite, soit par toute autre raison, il l'a déchiré à belles dents; oh! je vous garantis qu'il l'a déchiqueté!

VOLUMNIE — Une boutade comme en a son père!

VALÉRIE — Vraiment, là, c'est un noble enfant.

(I, 3)

« C'est un noble enfant ». L'ironie de Shakespeare se borne à ces trois mots. Cette scène ne figure pas dans Plutarque. Shakespeare a donné à la mère spartiate un petit-fils qui, pour s'amuser, déchiquette un papillon doré. Rien de plus. Dans *Titus Andronicus* qui passe pour la plus cruelle des pièces de Shakespeare, le jeune Marcus écrase une mouche sur son assiette. Titus, qui, au cours de la dernière scène, nourrira la reine Tamora d'un pâté fait du cœur de ses enfants, ne peut pas regarder la mort innocente d'une mouche :

Mais si cette mouche avait père et mère? Comme ils iraient partout étendant leurs délicates ailes d'or et bourdonnant dans l'air leurs lamentations!

(*Titus Andronicus,* III, 2)

Le roi Lear en appelait aux dieux afin qu'ils atténuent la cruauté du monde. Les dieux se taisaient. Ils se sont montrés tout aussi cruels que la nature et l'histoire. Dans *Coriolan,* la nature et l'histoire sont débarrassées de toute métaphysique. La cruauté est l'école du chef. Le fils de Coriolan est le petit-fils de la mère spartiate.

Coriolan est rentré. Les patriciens veulent lui confier le consulat. Il lui faut simplement, conformément à la loi et à la coutume, se présenter sur le Forum, montrer ses cicatrices et demander l'assentiment des citoyens. Coriolan refuse. Il méprise trop le peuple. Il est un soldat, il ne mentira pas. Il veut rester fidèle à lui-même. Fidèle à lui-même, c'est-à-dire fidèle à la nature. Les aigles ne s'abaissent pas au niveau des rats et des corbeaux. Coriolan exige du monde qu'il reconnaisse sa grandeur. Mais le monde se partage en plèbe et patriciens. La hiérarchie de la nature chère à Coriolan ne s'adapte pas au monde réel. Les rats ne veulent pas admettre qu'ils sont pires que les aigles.

La mère spartiate exige de son fils qu'il s'abaisse, qu'il se rende sur le Forum quémander des voix. L'artifice n'est pas contraire à l'honneur, la ruse n'est pas honteuse en temps de guerre. La guerre n'est pas finie, elle dure. L'ennemi est en ville; l'ennemi, c'est la plèbe :

... il vous est loisible de parler au peuple, non d'après votre propre inspiration, ni d'après les sentiments que vous souffle votre cœur, mais en phrases murmurées du bout des lèvres, syllabes bâtardes. [...] Or, il n'y a pas là plus de déshonneur qu'à vous emparer d'une ville par de douces paroles, quand tout autre moyen compromettrait votre fortune et exposerait nombre d'existences.

(III, 2)

Pour la mère spartiate, il n'y a pas de différence entre la guerre et la paix, entre l'ennemi de l'extérieur et l'ennemi intérieur. La mère de Coriolan, tout comme les plébéiens, voit deux classes qui se haïssent et entre lesquelles la guerre ne cesse jamais. A ceci près, que Rome, pour elle, ce sont les patriciens :

Rome est sur le point de se battre avec ses rats. Il faut qu'un des deux partis succombe.

(I, 1)

Ces mots, Agrippa les prononce. Le même qui, dans la première scène du drame, racontait aux plébéiens insurgés la fable de l'estomac et des membres révoltés. Lui aussi appelle à présent Coriolan à se rendre sur le Forum. Et Coriolan ira; il ira contre sa volonté. Dans ce drame de la haine des classes, Coriolan est tel que le voit la plèbe, mais la plèbe, de son côté, est telle que la voit Coriolan. Shakespeare est sans illusions. Juger le monde ne modifie pas celui-ci. Un incendie peut provoquer l'admiration ou l'effroi : il ne cesse pas pour autant d'être un incendie.

Quant à la multitude inconstante et infecte, qu'elle se mire dans ma franchise et s'y reconnaisse!

(III, 1)

« Ce peuple-là est muet, noir, fangeux, dit dans *Kordian* le grand-duc Constantin. Je déteste ce peuple. » (7) Dans *Coriolan* le peuple est noir et fangeux, mais il n'est pas muet. Il aboie comme une paire de mâtins à qui on a enlevé un os. Dans la première scène, le peuple veut tuer Coriolan, puis il se disperse aux premières nouvelles de la guerre.

Il s'entasse dans les rues et lance ses bonnets en l'air pour fêter ce même Coriolan après la victoire. Il oublie tout, il accepte de l'élire consul, il mendie simplement une bonne

(7) Slowacki, *Kordian.* Trad. de Gasztowtt, Paris, 1870.

parole. Une heure plus tard, excité par les tribuns, il exige la tête de Coriolan et le chasse de la ville. Une fois de plus, il lance ses bonnets en l'air. Lorsque Coriolan, à la tête des Volsques, est aux portes de Rome, la plèbe se jette sur ses propres meneurs, veut les déchirer, fait des grâces aux patriciens, supplie qu'on ait pitié d'elle. Elle est prête à tout, à la seule condition de sauver ses loques puantes et sa vie.

L'histoire de tous les temps nous l'enseigne : celui qui est, on le souhaitait durant le temps qu'il n'était pas, et l'homme en disgrâce, qu'on n'aimait point tandis qu'il méritait d'être aimé, devient cher au peuple par son absence. Cette foule incertaine va et vient au gré des courants, pareille aux végétations qu'emporte le fleuve puis que repousse la marée et que ce mouvement désagrège.

(*Antoine et Cléopâtre*, I, 4)

La citation est tirée d'*Antoine et Cléopâtre.* Elle pourrait tout aussi bien provenir de *Coriolan,* de *Henry VI,* ou de *Jules César.* Dans la grande scène de l'attentat, le peuple acclame bruyamment Brutus, mais à peine Marc Antoine a-t-il achevé son discours, la plèbe regrette la mort de César et veut dépecer ses meurtriers. Shakespeare avait vu les artisans londoniens sortir en foule dans la rue pour saluer Essex avec des torches, et ensuite s'entasser sur le lieu du supplice afin de se repaître du spectacle de son exécution. Le peuple, pour Shakespeare, n'est que la matière de l'histoire, non son acteur; il peut éveiller le dégoût, la pitié ou la crainte, mais il est impuissant, il est un jouet aux mains de ceux qui ont le pouvoir. Shakespeare déchiffre Plutarque à l'aide des expériences de la Renaissance. Mais le peuple, chez Plutarque, a ses tribuns. Qui sont-ils? Sur le Forum se tiennent deux juges londoniens, choisis parmi les artisans :

MÉNÉNIUS — Vous ambitionnez les coups de chapeau et les courbettes des pauvres hères; vous épuisez toute une sainte matinée à ouïr une chicane entre une vendeuse d'oranges et un marchand de canules, et vous ajournez cette controverse de trois oboles à une seconde audience. Quand vous entendez une discussion entre deux parties, s'il vous arrive d'être pincés par la colique, vous faites des figures de mascarade, vous arborez le drapeau rouge contre toute patience, et, hurlant après un pot de chambre, vous renvoyez l'affaire sanglante, embrouillée de plus belle par votre intervention...

(II, 1)

Ces deux sots incapables, comme les qualifie Ménénius Agrippa, orgueilleux, violents et têtus, représentent le peuple dans *Coriolan.* Ils sont « les bouches de la voix populaire » et ils puent tout comme la populace. Ils sont dévorés par la gale et se grattent sur tout le corps. Ils sont également semblables à des mâtins, mais ces mâtins savent défendre leur troupeau. Ces deux tribuns ridicules, Brutus et Sicinius, petits et souffreteux, haineux et soupçonneux, ont l'instinct de classe. Ils demandent des nouvelles de la guerre :

BRUTUS — Bonnes ou mauvaises?
MÉNÉNIUS — Peu conformes aux vœux du peuple, car il n'aime pas Marcius.
SICINIUS — La nature apprend aux animaux mêmes à reconnaître leurs amis.

(II, 1)

Shakespeare n'était pas fasciné seulement par la transformation d'un bon souverain en tyran. L'histoire le fascinait. Où et quand se décide-t-elle et qui tranche ici? Possède-t-elle un visage humain, le nom et les passions du souverain, ou est-elle une somme de hasards, ou encore, tout simplement, un mécanisme mis en mouvement? Dans *Coriolan,* l'histoire se déroule sur la place publique. Ces deux petits tribuns ridicules la font avancer :

Au Capitole, venez au Capitole! Nous serons là avant le flot du peuple; et l'on attribuera à lui seul ce qu'il n'aura fait qu'à notre instigation.

(II, 3)

Dans les scènes de bataille, les soldats traversent le podium l'épée à la main. Les souverains s'installent à leur tour, flanqués d'énormes étendards, des deux côtés du plateau. Les généraux apparaissent en hâte à la galerie supérieure et observent le champ de bataille. Shakespeare apprécie le spectacle à sa valeur, mais celui-ci n'est jamais une fin en soi. Shakespeare juge la guerre; il la condamne en montrant le massacre féodal.

Les figurants sont déjà en scène. Ils vont jouer le peuple. Dans le fond ou sur la galerie supérieure se sont assis les sénateurs pleins de morgue. Sur l'avant-scène, tout près des spectateurs, se tiennent Coriolan, Ménénius et les deux tribuns. Ceux-ci ne sont plus ridicules.

Nous vous accusons d'avoir cherché à supprimer, dans Rome,

toutes magistratures constituées et à vous investir d'un pouvoir tyrannique : en quoi nous vous déclarons traître au peuple.

(III, 3)

La rue de Londres du XVIIe siècle se transforme soudain sous nos yeux en une grande scène de révolution populaire. Shakespeare le premier a jeté sur les épaules de deux artisans londoniens malodorants et criailleurs la toge romaine des défenseurs de la liberté et de la république. Cette scène, elle non plus, ne figure pas dans Plutarque. Les Jacobins pouvaient se reconnaître dans les tribuns du peuple de Shakespeare bien mieux que sur les grandes toiles de David.

BRUTUS — Il n'y a plus rien à dire, sinon qu'il est banni comme ennemi du peuple et de son pays. Qu'il en soit ainsi.

LES CITOYENS — Qu'il en soit ainsi! qu'il en soit ainsi!

(III, 3)

Dans ses scènes de bataille et de pillage, Shakespeare montrait le visage permanent de la guerre et de l'occupation. Le trait le plus bouleversant des tragédies shakespeariennes, c'est qu'elles sont de l'histoire qui se répète. Inutile de les actualiser, de les rapprocher de notre temps : l'histoire, sans désemparer, les remplit une fois de plus et s'y retrouve. Dans la première scène de *Coriolan,* la théorie plébéienne de la division en classes a été criée à pleins poumons. A présent, les voici les uns devant les autres : les sénateurs, froids, fastueux, et la plèbe qui lève le poing et agite des bâtons. Ce n'est qu'une mise en scène et cette mise en scène n'a pas plus d'importance que l'anecdote de Plutarque. Au Capitole et sur le Forum sont montrés les lois de la révolution, les attitudes et les conflits, aussi acérés que des formules et condensés à des bribes de dialogue. Ils sont face à face : le haut et le bas, les Jacobins et la Gironde, les démocrates révolutionnaires et les libéraux. Le jugement de Coriolan est en cours.

Brutus parle, autrement dit les Jacobins :

Monsieur, ces moyens de sang-froid qui semblent de prudents remèdes, sont de vrais poisons quand le mal est violent. — Empoignez-le, et menez-le à la roche.

Ménénius parle, autrement dit les libéraux :

Ne criez pas hallali! quand vous devriez modérer votre meute. [...] Si son pays lui faisait perdre le reste [de son sang], ce serait pour nous tous, complices ou témoins, l'infamie jusqu'à la fin du monde. [...] Le pied une fois gangrené, on ne tient plus compte des services qu'il a rendus. [...] Procédez dans les formes!

Le Sénateur parle, autrement dit les aristocrates :

Nobles tribuns, cette démarche est la seule humaine; l'autre voie est trop sanglante, et c'est s'engager dans l'inconnu que la prendre.

Sicinius parle, autrement dit les Girondins :

Noble Ménénius, soyez donc comme le représentant du peuple. — Déposez vos armes, mes maîtres.

Brutus parle, autrement dit les Jacobins :

Ne rentrez pas encore chez vous!

(III, 1)

Le peuple, dans *Coriolan*, est bête et ignare, il pue et ramasse sur les champs de bataille des guenilles nauséabondes. Les tribuns sont petits, souffreteux et rusés, Coriolan est courageux, grand et noble. Mais le peuple, c'est Rome, et Coriolan est traître à la patrie.

SICINIUS — Qu'est-ce que la cité, sinon le peuple?
LES CITOYENS — C'est vrai : la cité, c'est le peuple.
SICINIUS — Du consentement de tous, nous avons été institués les magistrats du peuple.
LES CITOYENS — Et nos magistrats vous resterez!

(III, 1)

Alors seulement commence la seconde partie du drame, pleine de venin. La plèbe a chassé Coriolan de Rome. Les patriciens poltrons l'ont abandonné. Rome n'a pas su voir son courage et sa noblesse. Rome s'est montrée vile.

A cause de vous, je méprise la cité et lui tourne le dos. Il est un monde ailleurs.

(III, 3)

« *There is a world elsewhere.* » Il est un monde ailleurs... Mais le monde de Shakespeare est dense et ne comporte pas de vides. Il ne renferme que les patriciens, la plèbe et les ennemis de Rome. Coriolan ne peut choisir qu'au sein de ce monde en flammes. Coriolan ne s'évanouit pas dans le néant comme un héros romantique, il ne peut fuir. Les situations sont historiquement déterminées, elles sont indépendantes de Coriolan, le dépassent. Coriolan ira chez les Volsques. L'histoire a donné raison aux plébéiens : l'ennemi du peuple est devenu traître à Rome. Dans les trois premiers actes de *Coriolan* a été joué le drame nu des attitudes de classe. On pourrait tout aussi bien l'appeler le drame de la nécessité historique. Il ne comportait aucun battement entre la situation sociale et l'action, et la psychologie. Coriolan aurait tout aussi bien pu ne pas avoir de prénom, pas plus que n'en ont les Premier, Deuxième et Troisième Citoyens. Il n'était rien de plus qu'un général ambitieux haïssant le peuple, qui était passé à l'ennemi après avoir vainement tenté de s'emparer du pouvoir dictatorial. Et ce n'est qu'à partir du moment où Coriolan trahit que le monde cesse d'être ordonné selon un principe unique. L'histoire n'est déjà plus une institutrice enseignant la morale laïque. Les contradictions du monde deviennent à présent le thème de la tragédie, et ce nouveau thème n'est pas moins shakespearien que le premier. Jusqu'au style qui change : il est tour à tour pathétique et sarcastique. Coriolan se moque de lui-même et du monde, comme Hamlet dans ses entretiens avec Polonius. Il va jusqu'à raconter ses propres rêves. « Le temps est sorti de ses gonds », *the time is out of joint,* comme dans le royaume de Danemark.

TROISIÈME SERVITEUR — Où loges-tu?
CORIOLAN — A l'enseigne de la belle étoile.
TROISIÈME SERVITEUR — A l'enseigne de la belle étoile?
CORIOLAN — Oui.
TROISIÈME SERVITEUR — Où ça se trouve-t-il?
CORIOLAN — Au pays des milans et des corbeaux.
TROISIÈME SERVITEUR — Au pays des milans et des corbeaux?... Quel âne tu fais!... Alors tu demeures aussi avec les buses?
CORIOLAN — Non, je ne sers pas ton maître.

(IV, 5)

Coriolan ne peut pas entrer dans la peau d'un traître, il n'est ni déterminé, ni défini par la situation, par son être social. Il en sort, il ne s'y adapte pas intimement. L'histoire a donné raison à la plèbe, mais Shakespeare ne donne pas raison à l'histoire, ou du moins ne lui donne pas définitivement raison. L'histoire est apparue plus forte que Coriolan, elle l'a surpris, l'a acculé dans une impasse, en a fait un traître par deux fois. L'histoire s'est gaussée de Coriolan, mais elle n'est pas parvenue à en faire une chiffe. Dans les quatrième et cinquième actes, Coriolan s'élève au-dessus de Rome et des Volsques, au-dessus de la plèbe et des patriciens. Son échec est en même temps une victoire. Une victoire, du moins au sens où l'entendait Conrad.

« C'est un caractère trop noble pour ce monde », dit Ménénius de Coriolan. Auparavant, au troisième acte, le tribun du peuple, Brutus, avait lancé à Coriolan en plein visage : « Vous parlez du peuple comme si vous étiez un dieu pour punir et non un homme infirme comme nous. » Ces deux phrases, ces deux jugements, ne sont qu'apparemment contradictoires. Coriolan méprise le monde, car le monde est vil. Il veut détruire le monde et Rome, car le monde et Rome ne méritent pas d'exister :

> J'ai essayé de réveiller sa sympathie pour ses amis personnels. Il m'a répondu qu'il ne pouvait s'arrêter à les trier dans un tas de fumier infect et pourri. Il a dit que c'était folie, pour un pauvre grain ou deux, de ne pas brûler un rebut qui blessait l'odorat.
>
> (V, I)

Coriolan oppose au monde son système de valeurs absurde. La défaite de Coriolan a commencé dès le moment où, malgré lui, il a accepté de se rendre sur le Forum, de montrer ses cicatrices et de quémander des voix. Cela, non seulement sa mère, non seulement Ménénius Agrippa et les patriciens le lui demandaient. Le peuple et ses tribuns l'exigeaient également. C'est en cela que consiste la venimosité de Shakespeare. Les deux parties, se haïssant et fâchés les uns contre les autres, exigeaient de Coriolan un compromis, réclamaient de lui un geste. Dans ce brusque retournement des valeurs qui fournit le dénouement de la tragédie, Coriolan est le seul qui rejette le compromis et les gestes, qui du moins tente de les rejeter :

> Comme un acteur stupide, voilà que j'ai oublié mon rôle.
>
> (V, 3)

Une fois de plus, le monde s'est révélé plus fort que Coriolan; Brutus avait raison : Coriolan n'est qu'un homme; plein de faiblesses comme tous. Coriolan veut détruire le monde, car le monde dément les lois de la nature. Mais, au nom de ces mêmes lois de la nature, sa mère, sa femme et son fils blâment Coriolan. Il doit se blâmer lui-même. Il sent qu'il s'est laissé prendre, qu'il est tombé dans l'embûche que lui avait dressée le monde sans valeur mais le seul qui existe. Il est la victime de sa propre mythologie, de sa dialectique démente des lois de la nature (8).

> Mais arrière l'affection! Qu'ils se brisent tous les liens et les privilèges de la nature! Que la seule vertu soit d'être inexorable! [...] Je m'attendris... Ah! Je ne suis pas d'une argile plus ferme que les autres... Ma mère s'incline : comme si, devant une taupinière, l'Olympe devait s'humilier! Et mon jeune enfant a un air si suppliant que la grande nature crie : « Ne refuse pas! »
>
> (V, 3)

Coriolan a compris qu'il a été trompé lors de la distribution des rôles. Il voulait jouer le rôle d'un dieu vengeur, or dans le scénario de l'histoire, ce n'était que le rôle d'un traître. Il ne lui reste plus qu'à se détruire. Il sauvera Rome, afin de confirmer sa propre noblesse, afin de sortir du rôle qui lui a été imposé. Mais, en sauvant Rome, il doit commettre une nouvelle trahison. Il mourra de la main des Volsques en tant que parjure. La mort de Coriolan est tout à la fois tragique et ironique. Elle est tragique dans le monde que s'est créé Coriolan, dans son système de valeurs dément et absolu. Elle est ironique dans le monde réel. Aufidius, le chef des Volsques, prononcera l'éloge du courage et de la noblesse de Coriolan. De celui qu'il a tué. Il rendra le suprême hommage à la dépouille de Coriolan, tout comme l'empereur Auguste à la dépouille d'Antoine, comme Fortinbras au cadavre de Hamlet. Rome se réjouit et célèbre la fête de la paix. Pour la première fois, dans ce sombre drame plein du cliquetis des épées et des cris de la foule, on entend la musique et le soleil brille (9). *Coriolan* s'achève comme *La visite de la vieille dame* de Dürrenmatt. Il vient d'être assassiné, les habitants de Güllen nagent dans le bien-être et célèbrent joyeusement la fête de la justice.

> Les trompettes, les saquebutes, les psaltérions, les fifres, les tambourins, les cymbales et les acclamations des Romains font danser le soleil. Ecoutez!
>
> (V, 4)

(8) H. Heuer, *From Plutarch to Shakespeare. A Study of « Coriolanus »*, Shakespeare Survey, n° 10, 1957.

(9) G. Wilson Knight, *The Sovereign Flower*, Londres, 1958.

Ici est l'épine cachée dans le drame; longtemps elle fut la cause qu'il demeurait étranger. L'image du monde est fêlée et sans homogénéité. Les contradictions ne sont pas résolues et il n'y a pas de système de valeurs commun à la cité et à l'individu. « Il aime vos plébéiens; mais ne le forcez pas à coucher avec eux », a dit de Coriolan, Ménénius Agrippa en s'adressant à Brutus. Ce n'est pas vrai. Coriolan n'aimait pas le peuple. Mais ce n'est pas là un jugement sur Coriolan. Il y a dans cette phrase le drame amer de l'humanisme de la Renaissance. Et pas de la seule Renaissance.

# II. COMÉDIES

# TITANIA ET LA TÊTE DE L'ÂNE

*Qu'ils s'en retournent tous à Athènes et ne voient dans les incidents de cette nuit que les tourments d'un mauvais rêve.*

(*Le Songe d'une nuit d'été,* IV, I)

## I

Les philologues ont depuis longtemps déjà découvert l'origine diabolique de Puck. C'était tout simplement l'un des noms du diable dont on se servait — comme du loup-garou ou des incubes — pour effrayer femmes et enfants. Les commentateurs de Shakespeare ont aussi, depuis longtemps, mis l'accent sur les ressemblances entre Puck et Ariel, sur la répétition des situations et même des problèmes. Puck et Ariel jettent un charme sur les promeneurs, les entraînent vers des sentiers perdus, se transforment en feux follets au-dessus des marécages :

... égare les voyageurs de la nuit et se rit de leur peine.

(II, 1)

Cela a toujours été l'occupation favorite de tous les diables populaires. Tant Puck qu'Ariel s'y adonnent avec délectation. Ariel se métamorphose en nymphe et en harpie; n'est-ce pas lui qui mord Caliban jusqu'au sang, qui le pique, le pince ou encore le chatouille jusqu'à le rendre fou? George Lamming qualifie Ariel d'archétype de l'espion : « Ariel est la source d'information de Prospéro; l'espion-type, l'incarnation — lorsqu'il se fait chair — de la police secrète, parfaite et inexplicable ». Nous le retrouverons plus loin, à la fois ange, bourreau et agent-provocateur (1).

Dans deux pièces seulement, Shakespeare a mis en scène des monstres : dans *Le Songe d'une nuit d'été* et dans *La Tempête*. Parfois il semble que Shakespeare n'a écrit en vérité que trois ou quatre pièces et qu'il s'est contenté de les répéter dans tous les registres et dans tous les tons, comme un thème musical est repris en majeur et en mineur — et cela, jusqu'à rompre avec toutes les harmonies dans la musique concrète du *Roi Lear*. La tempête surprend le roi Lear et le conduit à la folie dans cette même forêt d'Ardennes où, si peu de temps auparavant, dans *Comme il vous plaira*, un autre souverain banni, un autre frère exilé et d'autres amants se berçaient de l'illusion qu'ils allaient retrouver la liberté, la sécurité et le bonheur. Les souverains en exil sont accompagnés de leur fou. A dire vrai, c'est toujours le même bouffon qui les accompagne. Le fou sait parfaitement que la vie idyllique de la forêt d'Ardennes n'est qu'une illusion, qu'il n'y a pas de fuite possible hors de la cruauté du monde et que, tôt ou tard, nous devrons vivre une nuit glaciale « qui fera de nous tous des bouffons et des fous ».

La parenté de Puck et d'Ariel n'est pas importante seulement pour l'interprétation littéraire du *Songe* et de *La Tempête;* peut-être est-elle plus essentielle encore pour leur réalisation scénique. Si Ariel, cet *airy spirit*, est le démon, Prospéro devient alors l'une des incarnations de Faust; tout comme lui, il est le maître des forces de la nature et comme lui il perd, en dernière analyse. Peut-être est-ce cette conception qui permettrait de donner de la vie au personnage de Prospéro, de lui conférer une dimension dramatique, alors que sur scène il semble presque toujours fait de papier mâché. Ariel — qui est l'esprit et le malin — ne pourra plus jamais alors apparaître sous l'aspect d'une ballerine en maillot rose, survolant la scène de ses petites ailes de tulle et de gaze avant de remonter vers les cintres.

Mais Puck, lui aussi, doit changer si l'on veut qu'il y ait en lui une étincelle du futur Ariel. Il ne peut plus se contenter d'être le nain taquin des contes allemands pour enfants sages, ni même le farfadet poétique de la féerie romantique. Peut-être alors le théâtre parviendra-t-il enfin à montrer sa double nature : celle du brave Robin Bonenfant et celle du diable inquiétant qui a nom Hobgoblin. « Ceux qui t'appellent

(1) Cf. le chapitre « La baguette de Prospéro ».

Hobgoblin ou cher Puck... », lui dit la petite fée (II, 1). Elle a peur de lui, lui parle d'un ton caressant, cherche à l'apprivoiser. Puck, le lutin familier, revêt alors brusquement la forme du Malin :

> Tantôt je serai cheval, tantôt chien, cochon, ours sans tête, tantôt flamme ; et je vais hennir, et aboyer, et grogner, et rugir, et brûler tour à tour, comme un cheval, un chien, un cochon, un ours, une flamme.
>
> (III, 1)

Ariel, dans la récente mise en scène de *La Tempête* réalisée à Stratford, est un garçon silencieux au visage pensif. Jamais il ne sourit. Dans la mise en scène du Théâtre Populaire de Nowa Huta, en 1959, il avait été dédoublé. Dans *La Tempête* de Stratford, il possède, pour lui tenir compagnie, rien moins que quatre sosies silencieux. Le diable est toujours capable de se multiplier. Les sosies portent des masques qui sont la reproduction du visage du premier Ariel.

> Leur raison si faible, égarée par une frayeur si forte, a tourné contre eux les êtres inanimés. Les épines et les ronces accrochent leurs vêtements.
>
> (III, 2)

Ce n'est pas, ici, Ariel à la poursuite des assassins couronnés à travers l'île de Prospéro, mais le brave Robin Bonenfant qui disperse la troupe de l'honorable monsieur Lecoing, laquelle n'a pourtant fait de mal à personne. Puck est le diable et il lui est, à lui aussi, facile de se multiplier. Il est aisé d'imaginer une mise en scène où Puck serait accompagné de diables-sosies jouant le rôle de miroirs. Puck, à l'égal d'Ariel, est rapide comme la pensée :

> Je puis faire une ceinture autour de la terre en quarante minutes.
>
> (II, 1)

Shakespeare ne s'est pas trompé de beaucoup : le premier spoutnik soviétique a fait le tour de la terre en quarante-sept minutes. Pour Puck, tout comme pour Ariel, le temps et l'espace n'existent pas. Puck est un illusionniste et un prestidigitateur, tel un Arlequin de la *commedia dell'arte*. Celui présisément que nous a montré, il y a quelques années, l'inoubliable Marcello Moretti dans *Le serviteur de deux maîtres* joué par le Piccolo Teatro de Milan. Il avait quelque chose d'une bête et d'un faune. Un masque de cuir noirci où des trous avaient été ménagés pour les yeux et la bouche, donnait à son visage une expression de chat, ou de renard. Mais, avant tout, il était le diable. Tout comme Puck. Il se multipliait, se dédoublait, se détriplait, il semblait ne pas être soumis aux lois ordinaires de la pesanteur, il se métamorphosait et se mettait en quatre, parvenait à être en plusieurs endroits à la fois. Alors que chaque personnage a un répertoire de gestes fini, Arlequin, lui, connaît tous les gestes. Il a l'intelligence du diable, il est le démon du mouvement.

> Quoi! une pièce en train? Je serai spectateur, peut-être acteur aussi, si j'en trouve l'occasion.
>
> (III, 1)

Puck n'est pas un paillasse. Il n'est pas seulement rien qu'un acteur, non plus. C'est lui qui, de même qu'Ariel, tire les ficelles de tous les personnages. Il libère les instincts et met en marche le mécanisme de ce monde. Et, le mettant en marche, il s'en gausse. Arlequin est l'inspirateur et le metteur en scène, exactement de la même façon dont ces deux-là, Puck et Ariel, sont les inspirateurs et les metteurs en scène du spectacle dont l'idée appartient à Obéron et à Prospéro.

Puck a fait jaillir dans les yeux des amants le suc d'une baie. Quand donc le théâtre nous montrera-t-il enfin un Puck qui aura en lui quelque chose d'un chèvre-pied, d'un diable et d'un Arlequin?

## II

Selon la plus récente biographie de Shakespeare, due à la plume de A. L. Rowse, la première représentation du *Songe d'une nuit d'été* fut donnée dans le vieux palais londonien des Southampton, au coin de Chancery Lane et de Holborn. C'était une grande bâtisse datant de la fin du gothique, pleine de galeries et de balcons courant les uns au-dessus des autres tout autour d'une cour carrée à ciel ouvert donnant sur un jardin où il faisait bon se promener. Il serait difficile d'imaginer cadre meilleur pour la véritable action du *Songe d'une nuit d'été.* Il est déjà fort avant dans la nuit et les réjouissances tirent à leur fin. Tous les toasts ont été portés et les danses ont cessé. Des valets porteurs de lanternes se tiennent encore en faction dans la cour. Mais à côté, dans le jardin, il fait sombre. Par la porte passent lentement des couples enlacés. Le vin d'Espagne était lourd, les amants se sont endormis. Quelqu'un s'est approché, le suc des baies a jailli, le garçon s'est éveillé. Il ne voit pas la jeune fille qui dort à côté de lui; il a tout oublié, il a même oublié qu'il a quitté le bal en sa compagnie. Non loin, il y a une autre jeune fille, il suffit de tendre les bras; déjà il les a tendus, déjà il court après elle. Déjà il hait avec la même force avec laquelle, une heure plus tôt, il ressentait le désir.

Heureux avec Hermia? Non, je regrette les fastidieuses minutes que j'ai passées avec elle. Ce n'est pas Hermia, mais Héléna que j'aime à présent.

(II, 2)

Chez Shakespeare, il y a toujours cette merveilleuse soudaineté de l'amour. La fascination existe dès le premier regard; l'asphyxie, dès le premier toucher des mains. L'amour s'abat comme un épervier, le monde a cessé d'exister, les amants ne voient rien qui ne soit eux. L'amour, chez Shakespeare, emplit tout l'être, il est enchantement et désir de possession. Dans *Le Songe,* de ces passions amoureuses seule subsiste la nudité du désir :

LYSANDRE — Je n'avais pas de jugement quand je lui jurai mon amour.
HÉLÉNA — Non, ma foi, pas plus qu'en ce moment où vous l'abandonnez.
LYSANDRE — Démétrius l'aime, et ne vous aime pas.
DÉMÉTRIUS, *s'éveillant* — O Héléna, déesse, nymphe, perfection divine! à quoi, mon amour, comparerai-je tes yeux? Le cristal n'est qu'une fange à leur prix.

(III, 2)

*Le Songe* est la plus érotique de toutes les pièces de Shakespeare. Et sans doute dans aucune de ses tragédies et de ses comédies, *Troïlus et Cressida* excepté, l'érotisme n'est-il aussi brutal. Les traditions théâtrales de la représentation du *Songe* sont particulièrement insupportables, qu'il s'agisse de la version classique, avec amants en tunique grecque et fond de décor fait d'escaliers de marbre, ou de la variante de style opéra, avec tulle et personnages volant au-dessus des planches. Depuis longtemps, le théâtre nous montre avec prédilection *Le Songe* comme il le ferait d'un conte de Grimm, et sans doute est-ce la raison pour laquelle la violence, la brutalité des situations et des dialogues est totalement estompée sur la scène. On ne la voit presque pas, on ne l'entend pour ainsi dire pas.

LYSANDRE, *à Hermia qui le retient* — Bas les griffes, chatte, ronce, affreuse créature ; lâche-moi, ou je vais te secouer de moi comme un serpent.

HERMIA — Pourquoi êtes-vous devenu si grossier ? Pourquoi ce changement, mon doux amour ?

LYSANDRE — Ton amour ? Arrière, fauve Tartare, arrière ! Arrière, médecine dégoûtante ! Odieuse potion, va-t'en !

(III, 2)

Les commentateurs ont remarqué depuis longtemps déjà que dans ce quatuor amoureux, les amants sont presque impossibles à distinguer. Les femmes ne diffèrent en fait que par la taille et la couleur des cheveux. Hermia est peut-être la seule à posséder quelques traits individuels qui permettent de discerner en elle la Rosaline des *Peines d'amour perdues* plus anciennes et celle qui sera plus tard la Rosalinde de *Comme il vous plaira*. Les jeunes gens, quant à eux, ne diffèrent que par leur nom. Il manque à ces quatre personnages la précision des traits, l'individualité unique auxquelles Shakespeare avait déjà atteint plus d'une fois à l'époque.

Les amoureux sont interchangeables. Mais peut-être était-ce voulu ? Car toute l'action de cette chaude nuit, tout ce qui se passe pendant cette « party » d'ivresse consiste dans la latitude complète d'interchanger les partenaires. J'ai toujours l'impression que chez Shakespeare rien n'est laissé au hasard. Puck arpente le jardin pendant la nuit entière et croise des couples où les partenaires s'échangent dans un étrange chassé-croisé. C'est Puck qui constate :

C'est bien la même femme, mais ce n'est pas le même homme.

(III, 2)

Héléna aime Démétrius, Démétrius aime Hermia, Hermia aime Lysandre. Héléna poursuit Démétrius, Démétrius poursuit Hermia. Ensuite, Lysandre poursuit Héléna. Ce retournement mécanique des désirs et cette permutation des amants n'est pas seulement la donnée de l'intrigue. La réduction du personnage au seul partenaire amoureux semble le caractère le plus typique de ce rêve cruel. Et sans doute le plus moderne. Le partenaire n'a plus de nom, il ne possède même plus de visage. Il est seulement celui qui est le plus près. Comme dans certaines pièces de Genet, il n'y a pas ici de personnages bien définis, il n'y a que des situations. Tout devient ambivalent.

... Pourquoi? Hélas! qu'est-il donc arrivé, mon amour? Ne suis-je pas Hermia? N'êtes-vous pas Lysandre? Je suis maintenant aussi belle que tout à l'heure.

(III, 2)

Hermia n'a pas raison. Car en vérité il n'y a pas d'Hermia, pas plus qu'il n'y a de Lysandre. Ou plutôt il y a deux Hermia différentes l'une de l'autre et deux Lysandre différents. L'Hermia qui a dormi à côté de Lysandre et celle dont Lysandre ne veut pas. Le Lysandre qui dort avec Hermia et celui qui la fuit.

*Le Songe* a été représenté pour la première fois sous les dehors d'une comédie de circonstance, de caractère presque privé, à l'occasion d'un mariage. C'était à peu près certainement — l'argumentation de Rowse nous semble convaincante — lors des noces de la très noble mère du comte de Southampton. S'il en fût effectivement ainsi, le jeune comte dut participer aux préparatifs du spectacle et il y a certainement tenu un rôle, entouré de ses adorateurs. Aux noces de sa mère vinrent tous ses amants et toutes ses maîtresses, ses amis et ses amies, tout ce brillant milieu mondain que Shakespeare, en compagnie de Marlowe, avait fréquenté quelques années plus tôt. J'aimerais que parmi les premiers spectateurs du *Songe* se fût trouvée également la Dame Noire des Sonnets.

Je ne lui demande qu'un petit enfant volé pour en faire mon page.

(II, 1)

Si *Peines d'amour perdues,* limpide comédie sur des jeunes gens qui ont résolu de se passer de femmes, est à juste titre considérée comme une pièce à clefs, combien davantage de clefs, grandes et petites, y a-t-il sans doute dans *Le Songe!* Sur scène et dans la salle tout le monde se connaissait, chaque allusion portait immédiatement, les belles dames riaient aux éclats, cachées derrière leur éventail, les hommes se donnaient des coups de coude, les pédérastes chuchotaient de bouche à oreille.

> Donne-moi ce garçon, et j'irai avec toi.
>
> (II, 1)

Shakespeare ne fait pas apparaître sur la scène le garçon que Titania a enlevé à un prince de l'Inde, à la fureur d'Obéron. Mais à plusieurs reprises il y fait allusion et il insiste. Pourtant ce garçon est absolument inutile à l'action et on aurait pu trouver cent autres raisons à la querelle et la brouille des époux royaux. Apparemment, son introduction était nécessaire à Shakespeare pour d'autres raisons, extérieures au drame. Du reste, ce petit page oriental n'est pas le seul à être inquiétant. Les mœurs de tous les personnages, et pas seulement des simples mortels mais également des rois et des princes, sont d'une rare liberté :

> La belle Amazone, ta maîtresse bottée, ton amante guerrière...
>
> (II, 1)

La reine des Amazones n'a cessé que depuis peu d'être la maîtresse du roi des elfes et récemment encore Thésée avait une intrigue amoureuse avec Titania. Tout cela n'importe en rien pour l'intrigue, rien n'en résulte; ces détails troublent au contraire le tableau quelque peu pathétique du couple des fiancés, tel qu'il est esquissé pendant les premier et cinquième actes. Ce sont là, assurément, des allusions à des personnages et des événements contemporains.

Il est sans doute impossible de déchiffrer les allusions et de découvrir toutes les clefs, grandes et petites, du *Songe*. Et ce n'est même pas nécessaire. Il n'est sans doute pas essentiel, non plus, de déterminer de façon définitive pour quelles noces Shakespeare a en toute hâte achevé et adapté son *Songe d'une nuit d'été*. Pour l'acteur, le décorateur et le metteur en scène, la seule chose indispensable est de comprendre que *Le Songe* était une comédie d'amour contemporaine. Et d'amour, et contemporaine. Et en outre extrêmement véridique, pleine de brutalité et de violence. Après *Roméo et Juliette, Le Songe* représentait en quelque sorte la « nouvelle vague » dans le théâtre de l'époque.

Les ailes des fées et les tuniques —, c'est un déguisement de carnaval. Il est tellement facile d'imaginer que lors des noces de la très noble Comtesse, mère de Southampton, ou à un autre mariage aussi somptueux, des grandes réjouissances sont organisées. Le bal est en costumes de style et costumes de fantaisie. Dans les cours d'Italie et par la suite en Angleterre, jusqu'à la réaction puritaine, le bal masqué était le divertissement favori et on l'appelait *the impromptu masking*.

Mais voici que toutes les salles se sont déjà vidées. Il a pris congé, le vaillant cavalier déguisé en Obéron nordique, accompagné d'une suite de garçons vêtus de peaux de bêtes et de bonnets poilus ornés de bois de cerfs. Dès minuit sonné ils sont allés boire dans une taverne des bords de la Tamise. Plus tôt encore se sont éclipsés les jeunes gens et les jeunes filles en tuniques grecques. Titania a pris congé la dernière, elle dont le collier aux énormes perles roses, grosses comme des pois, a provoqué l'admiration générale. Les hallebardiers se sont dispersés, les torches résineuses ont fini de se consumer. Au petit matin, après un sommeil écourté, le maître de maison s'est rendu au jardin. Sur l'herbe tendre dorment encore des couples étroitement enlacés :

Bonjour, mes amis. La Saint-Valentin est passée. Les oiseaux de ces bois ne commencent-ils à s'accoupler que d'aujourd'hui?

(IV, 1)

Hermia est la première à s'éveiller, bien qu'elle se soit couchée la dernière. Pour elle, cela a été une nuit des plus folles. Par deux fois elle a changé d'amant. Elle est lasse, à peine peut-elle tenir sur ses jambes :

Jamais je ne fus si fatiguée, jamais si malheureuse! Trempée par la rosée, déchirée par les ronces, je ne puis me traîner ni aller plus avant; mes jambes ne peuvent plus marcher au pas de mes désirs.

(III, 2)

Elle a honte. Elle ne se rend pas très bien compte encore qu'il fait jour. Elle n'est pas encore capable de revenir au réel. Elle est encore à moitié au pouvoir de la nuit. Elle a trop bu :

Il me semble que mes regards divergent et que je vois double.

(IV, 1)

Toute la scène du réveil matinal des amants est pleine de cette poésie brutale et amère que, s'il la stylise de quelque façon que ce soit, le théâtre tue et détruit.

## III

Les métaphores de l'amour, de l'érotisme et du sexe subissent dans *Le Songe* des transformations extrêmement importantes. Au début, elles sont encore entièrement traditionnelles : l'épée et la blessure, la rosée et la pluie, l'arc de Cupidon et la flèche d'or. Le choc des deux sortes d'images s'opère dans le monologue d'Héléna, qui est la coda de la première scène de l'acte un. En fait, c'est là le monologue de l'auteur, une sorte de « song » brechtien au cours duquel, pour la première fois, est annoncé le thème philosophique du *Songe*. Ce thème, c'est Eros et Thanatos.

> Aux choses basses et viles, qui ne comptent même pas, l'amour peut prêter la noblesse et la grâce. L'amour ne voit pas avec les yeux, mais avec l'imagination.
>
> (I, 1)

Ce dernier vers est le plus difficile à interpréter et le plus inquiétant dans son ambiguïté : « *Love looks not with the eyes, but with the mind.* » L'image est extraordinairement close aux formules des néo-platoniciens florentins qui en suivant la tradition orphique ont recréé la nouvelle mystique d'Eros. Le fameux paradoxe de Pic de La Mirandole était bien connu à l'époque : « *Ideo amor ab Orpheo sine oculis dicitur, quia est super intellectum* », l'Amour est aveugle puisqu'il est au-dessus de l'intelligence. L'aveuglement donne l'extase et l'oubli dans l'unité. Mais ce néo-platonisme pratiqué dans le cercle de Southampton avait une orientation épicurienne bien distincte.

« *Love looks not with the eyes, but with the mind* »; *mind*, semble désigner ici l'imagination et le désir. Le Cupide, aux yeux bandés, qui tend l'arc à l'aveuglette, vient d'être évoqué dans ce monologue. Mais fort brièvement. Car l'image est beaucoup plus abstraite et pénètre dans une toute autre sphère de significations :

> Des ailes et point d'yeux : voilà l'emblème de sa hâte étourdie.
>
> (I, 1)

L' Amour aveugle a été métamorphosé, dans le monologue d'Héléna, en Nike de l'instinct lancée à l'aveuglette.

Des ailes sans yeux dans une course sans mémoire.

Cette image, Schopenhauer l'a bel et bien empruntée au *Songe*. Mais la Nike aveugle du désir est en même temps un papillon de nuit. Et voici qu'à partir du monologue d'Héléna, Shakespeare commence à introduire, de plus en plus obstinément, son symbolisme animal de l'érotisme. Il le fait de façon conséquente, têtue, presque obsessionnelle. Les transformations des images ne sont ici que l'expression d'un abandon brutal de l'idéalisation de l'amour chère à un Pétrarque.

*Le Songe d'une nuit d'été*, ou du moins ce qui pour nous y semble le plus contemporain et le plus révélateur, est le passage par la bestialité. Tel est le thème principal qui unit les trois intrigues indépendantes que Shakespeare mène parallèlement. Cet érotisme animal, Titania et Bottom le vivront au sens le plus littéral, visuel même. Mais le quatuor enamouré des amants pénétrera également dans la zone sombre de l'érotisme animal :

HÉLÉNA — Je suis ton épagneul, Démétrius, et plus tu me bats, plus je te cajole : traite-moi comme ton épagneul, repousse-moi, frappe-moi...

Ou encore :

Quelle place plus humble dans ton amour puis-je mendier que d'être traitée comme ton chien? Eh pourtant, c'est pour moi une place hautement désirable.

(II, 1)

Les lévriers tenus bride serrée, prêts à s'élancer sur les traces du gibier, ou encore flagornant leur maître, figurent souvent sur les tapisseries des Flandres représentant des scènes de chasse. C'était là la façon préférée de décorer les murs des palais des rois et des princes. Mais ici, c'est la jeune fille qui se qualifie de lévrier se roulant aux pieds de son maître. La métaphore est brutale, presque masochiste.

Il serait bon, du reste, d'examiner de plus près tout le bestiaire auquel Shakespeare fait appel dans cette pièce. Sous l'influence de la tradition romantique malheureusement perpétuée par la musique de Mendelssohn, la forêt du *Songe* nous apparaît toujours comme une réplique de l'Arcadie. Alors qu'en vérité, c'est plutôt une forêt peuplée de diables et de stryges, où sorcières et enchanteurs peuvent sans mal trouver tout ce qui est nécessaire à leurs pratiques.

Vous, serpents tachetés, au double dard,
Hérissons épineux, ne vous montrez pas,
Salamandres, orvets, ne soyez pas malfaisants,
N'approchez pas la reine des fées.

(II, 2)

Pour dormir, Titania s'installe dans une prairie, au milieu de roses sauvages, de clématites, de violettes et de marguerites, mais la berceuse que lui chantent ses compagnes avant qu'elle ne s'endorme semble plutôt effrayante. Après les serpents à la langue fourchue, les hérissons épineux, les chauves-souris et les salamandres, voici que sont énumérés tour à tour les araignées venimeuses à longues pattes, les scarabées et les limaces. La berceuse n'annonce pas des rêves particulièrement suaves.

Le bestiaire du *Songe* n'est pas laissé au hasard. La peau de vipère séchée, les araignées écrasées et réduites en poudre, les cartilages de chauves-souris se retrouvent dans toutes les pharmacopées du Moyen Age et de la Renaissance, à titre de remède contre l'impuissance sexuelle et les diverses maladies de femme. Tous ces animaux sont gluants, visqueux ou velus, d'un contact répugnant; ils provoquent presque toujours un brusque dégoût. Dégoût que les manuels de psychanalyse définissent comme étant une névrose d'origine sexuelle. Les serpents, les escargots, les chauves-souris et les araignées figurent également dans le bestiaire favori de la clef des songes freudienne. C'est un rêve de ce genre qu'Obéron ordonne à Puck d'envoyer aux amants :

... jusqu'à ce que sur leur front le sommeil, contrefaisant la mort, se glisse avec ses pieds de plomb et ses ailes de chauve-souris.

(III, 2)

La cour de Titania se compose de Fleur-de-Pois, Toile-d'Araignée, Phalène et Grain-de-Moutarde. Au théâtre, cette suite est presque toujours représentée par de petits esprits ailés, sautillant et s'élevant dans les airs, ou par le ballet léger des nains allemands. La suggestion est si forte qu'il est difficile de s'en libérer, même alors qu'on commente le texte.

Il suffit pourtant de réfléchir au choix des noms : *Peas-Blossom, Cobweb, Moth, Mustard-Seed,* pour se convaincre qu'ils sortent de la même trousse que les remèdes d'amour des magiciennes et des sorcières.

J'imagine la cour de Titania composée de vieux et de vieilles bavant, édentés et tremblant, qui s'entremettent pour livrer leur maîtresse au monstre.

Le premier être qu'elle regardera en s'éveillant, que ce soit un lion, un ours, un loup, un taureau, le singe le plus taquin, le magot le plus tracassier, elle le poursuivra avec l'âme de l'amour.

(II, 1)

Obéron prédit nettement que la punition de Titania sera de coucher avec une bête. Et, une fois de plus, le choix de ces animaux est très caractéristique, surtout lorsque Obéron réitère sa menace :

Quel qu'il soit, once, chat, ours,
Léopard ou sanglier au poil hérissé...

(II, 2)

Once, chat, ours, léopard ou sanglier sauvage — tous ces animaux figurent la lubricité, et certains d'entre eux jouent un rôle important dans la démonologie sexuelle. Bottom, en définitive, est transformé en âne. Mais dans le cauchemar de cette nuit estivale, l'âne n'est nullement symbole de la bêtise. Depuis l'Antiquité jusqu'à la Renaissance, on a toujours attribué à l'âne une exceptionnelle vigueur sexuelle et on lui a prêté le plus gros et le plus long phallus de tous les quadrupèdes.

Je vois Titania sous les traits d'une très longue jeune fille toute plate, à la blondeur extrême, aux longues jambes et bras fins et étirés, semblable à l'une de ces Scandinaves à la chevelure presque blanche que j'ai rencontrées le soir, rue de la Harpe ou rue de la Huchette, marchant suspendues et comme collées à de jeunes Africains au visage gris ou d'un noir si sombre qu'il en paraissait bleu.

Tu es aussi sage que tu es beau.

(III, 1)

On joue souvent sur le mode humoristique les scènes entre Titania et Bottom transformé en âne. Mais il me semble que si l'on peut parler ici d'humour, ce n'est qu'au sens anglais de ce mot, et qu'il s'agit plutôt de l'humour noir, cruel et scatologique, si fréquent chez Swift.

La frêle, la sensible, la lyrique Titania désire un amour bestial. Puck et Obéron ont qualifié de monstre Bottom métamorphosé. C'est ce monstre que la fragile et douce Titania attire presque de force, presque par violence sur sa couche. C'était l'amant qu'elle voulait. Elle en avait rêvé. Mais jamais auparavant, même en son for intérieur, elle n'avait voulu le reconnaître. Le rêve la libère des interdits. L'âne monstrueux est violé par la poétique Titania qui ne cesse un instant de babiller à propos de fleurs.

> La lune, il me semble, jette des regards mouillés; et, quand elle pleure, les plus petites fleurs pleurent, se lamentant sur quelque virginité violée. Enchaînez la langue de mon bien-aimé; conduisez-le en silence.
>
> (III, 1)

Titania, de tous les personnages du drame, est celui qui pénètre le plus loin, le plus profondément dans la sphère sombre du sexe où il n'y a plus beauté et laideur, mais seulement fascination et libération. Héléna a déjà annoncé cela dans la coda de la première scène :

> Aux choses basses et viles, qui ne comptent même pas, l'amour peut prêter la noblesse et la grâce.
>
> (I, 1)

Les scènes d'amour entre Titania et l'âne doivent apparaître à la fois irréelles et véritables, fascinantes et repoussantes. Provoquer l'admiration et le dégoût, l'effroi et la répulsion. Elles devraient être à la fois étranges et terribles.

> Viens t'asseoir sur ce lit de fleurs, que je caresse tes joues charmantes, et que j'attache des roses musquées sur ta tête douce et lisse, et que je baise tes belles et longues oreilles, mon ineffable joie!
>
> (IV, 1)

Chagall a peint Titania caressant l'âne. Sur ce tableau, l'âne est triste, clair et très tendre. Je pense que la Titania shakespearienne qui caresse un monstre à tête d'âne devait plutôt ressembler aux visions inquiétantes de Bosch et au grotesque démesuré des surréalistes. Et que seul le théâtre moderne, ce théâtre contemporain qui a fait l'expérience de la poétique des surréalistes, de l'absurde et du chant brutal de

Genet, est capable, pour la première fois, de nous montrer cette scène. Le choix de l'inspiration picturale est ici d'importance primordiale. De tous les peintres, Goya est peut-être le seul qui, dans son fantastique, soit allé plus loin que Shakespeare, ait pénétré plus profondément dans la zone sombre de la bestialité. Je songe aux *Caprichos*.

## IV

Tous les hommes sont laids, ont une allure de lapin ou de souris, sont bossus ou nains; ils détaillent ou plutôt ils flairent de grandes filles au châle noir jeté sur les épaules. De longues robes à la ceinture très haute descendent jusqu'à leurs chevilles. Parfois l'une d'elles la soulève afin de rattacher sa jarretière, mais même en faisant ce geste vulgaire elle ne cesse d'être absente à tout ce qui l'entoure. Le plus souvent, les filles restent assises sur de hautes chaises, dans une pose raide, dédaigneuses et méprisantes. Elles se tiennent comme dans une vitrine, se montrant, exhibant leurs charmes, agrafant leur bas noir, tendant la croupe, montrant leur poitrine ronde sous le corselet étroitement lacé. Maladroits, les hommes au large nez en pomme de terre tournent autour de ces fesses et de ces jambes. Les catins, leurs lourds cheveux retenus avec art dans un peigne d'écaille, en mantille noire, dédaigneuses, plongées dans la contemplation d'elles-mêmes et gonflées de fierté, regardent dans le vide, de derrière leur éventail noir. A côté, assises ou trottinant sont des vieilles portant le même peigne d'écaille et le même châle noir. Les vieilles sont édentées et peut-être est-ce pour cela qu'elles gardent la bouche grande ouverte dans un éternel sourire muet. Les putains et les vieilles se ressemblent. Lorsqu'on examine ces dessins plus attentivement, on voit que cette ressemblance n'est pas due au hasard, que Goya a donné volontairement le même visage à ses filles splendides et aux repoussantes vieillardes, et qu'il semble en avoir tiré satisfaction. Tout ce qu'il y a d'odieux dans les lèvres gonflées de ces filles méprisantes n'apparaît que parce que ces traits se retrouvent dans la vieillesse. Alors seulement cela devient bestialité, vulgarité, laideur.

Tous les dessins sont faits du même crayon tendre et les noirs eux-mêmes en prennent une tonalité chaude, comme un gris souris. Car en vérité, ce ne sont pas seulement les hommes et les vieilles qui, ici, sont des souris, mais le sont également toutes ces catins arrogantes et immobiles, royales et putassières, charnelles et absentes.

Les femmes sont minces et élancées, les hommes petits; ils ne peuvent que regarder, que renifler; ils doivent se dresser sur la pointe des pieds pour pouvoir regarder ces femmes droit dans les yeux. Goya est certainement celui qui a inspiré les dessins de Bruno Schulz (2). De petits hommes bruns aux têtes d'enfants hydropiques y sont perdus dans la contemplation des souliers et des petits pieds de géantes. Les dessins de Schulz sont du même fusain tendre que ceux de Goya, ils sont du même gris souris aux reflets chauds. Ce sont ces hommes aux grosses têtes, en chapeau melon et longue redingote qui ont ici une allure de souris; maladroits, bossus ou informes, fascinés presque jusqu'à l'orgasme par la petite pantoufle qui a glissé du pied de la géante.

*Todos Caerán.* Un petit arbuste desséché, portant des grappes de poules humaines en tricorne noir. Des poules-putes, aux petites ailes, bombent leur poitrine ronde et sautillent sur leurs pattes frêles. Des coqs maladroits à allure masculine les assaillent, ailes dressées, sautillant ridiculement sur leurs pattes tout aussi fines. Les putains à aspect d'oiseau et les petits coqs aux hideuses faces de vieillards sont perchés sur le petit arbuste desséché.

Au pied de l'arbre, trois femmes. Deux jeunes, les seins jaillissant du corset, portant de larges jupes froufroutantes et une très vieille femme joignant les mains comme si elle était en prières, mais ayant elle aussi quelque chose d'un oiseau, malgré le groin gigantesque que font en se rejoignant son nez et son menton. Les jeunes femmes, exaspérées et agitées, passent une ficelle dans le derrière d'un poulet à la tête de vieux au bout d'un long cou maigre. L'une le tient par les ailes, comme si elle s'apprêtait à le tuer, l'autre s'affaire avec l'alène du côté du croupion. La vieille prie, les jeunes rient;

(2) Bruno Schulz, écrivain polonais de l'entre-deux-guerres, visionnaire dans ses écrits et ses dessins, dont le *Traité des Mannequins* a été traduit en français. (Collection « Les lettres nouvelles », Julliard, Paris, 1961).

ce rire bestial et sexuel décompose leur visage et lui donne la même grimace que dans les dessins précédents.

*Ya van desplumados.* Quatre femmes, deux jeunes et deux vieilles, frappent à coups de balai de petits bonshommes à allure d'oiseaux, aux jambes frêles et aux tristes figures de bossus; elles les chassent. Une fois de plus, chez ces catins en mantille, nous découvrons l'éternelle mauvaise lueur dans les yeux, le même méchant sourire, la trace ou plutôt l'annonce de la décomposition prochaine dans le rictus des lèvres, dans la grimace des joues.

Les ânes. Tout un troupeau d'ânes. En bonnets de nuit blancs, laids sans bonté aucune, vains et présomptueux, ils enseignent l'abécédaire à un jeune âne qui bâille à s'en décrocher la mâchoire, avec une stupidité d'homme et non d'âne. Un grand corps nu, aux sabots poilus, satisfait de soi et plongé dans la béatitude, s'étale dans un fauteuil. Un singe velu lui joue de la mandoline — ou bien est-ce un homme à faciès de singe? — et les deux domestiques cachés derrière le fauteuil se moquent du richard et applaudissent. Un autre, un bel âne revêtu d'une ample redingote et de pantalons d'où dépassent ses sabots, lit un livre où il est question d'ânes. Un âne-médecin, douceâtre et hypocrite, prend le pouls d'un malade. Surprenant et gigantesque, un âne blanc, doux et prétentieux, s'est planté devant un tableau noir sur lequel un singe velu est en train de dessiner. Des paysans épuisés et tout cassés portent sur leur dos de lourds ânes blancs, absolument répugnants. Mais les paysans, eux aussi, sont repoussants. Ils le sont à cause de leur laideur. Ils sont encore plus hideux que les lourds ânes blancs qui se prélassent sur leur échine. Sur un âne noir à la très longue gueule s'est juchée, jambes écartées, une grande fille qui, comme toujours chez Goya, semble méprisante et absente; elle a les cuisses nues, un énorme peigne noir planté dans ses cheveux.

Goya — ou la bestialité de l'érotisme. Tout est velu, tout appartient à la même nuit. Tout est attouchement, succion, moiteur. Les chauves-souris ont le ventre, le sexe d'un homme ou d'une femme. Parfois les seins pendants d'une vieille. Elles fondent sur les filles à la croupe tendue, elles assaillent de vieilles sorcières aux dents branlantes et au nez rongé par la syphillis, et se battent pour elles. Des chauves-souris au museau frémissant de renard, au sexe poilu de femme, mènent leur vol en chassé-croisé au-dessus de la tête d'un jeune garçon endormi. Dans la seconde partie de cette suite de dessins, tout devient encore plus bestial, velu et cauchemardesque. Il est parfois même difficile d'identifier ces créatures mi-bêtes, mi-hommes, à allure de chat, de rat ou de renard. Sur les derniers dessins, les chauves-souris deviennent obsession ; elles se métamorphosent en succubes et en incubes, la gueule constamment ouverte dans un rictus, une expression d'idiotie sur la figure, elles volent en tournoyant ou encore rampent sur leurs courtes pattes fragiles, à l'épaisse toison.

Au commencement du cycle, les animaux étaient encore le symbole de la bêtise, de l'avidité, de la violence ou de la débauche, comme dans les apologues du Moyen Age ou du début de la Renaissance. Mais les bêtes semblent ensuite se libérer progressivement de ce symbolisme trop sommaire — elles ne représentent plus des hommes mais simplement sont les variantes animales de la forme humaine. Goya redécouvre la zone d'obscurité dans laquelle toutes les formes — que ce soient celles de l'âne, de la vache ou du bélier, du rat ou de la chauve-souris, du mulot ou du chat, formes mâles ou femelles, jeunes ou vieilles — se sont interpénétrées et continuent à se contaminer, échangeant leur pilosité, la difformité de leurs gueules, de leurs naseaux ou de leurs groins, leurs oreilles pointues, le noir béant de leurs sexes de femme ou leurs bouches édentées. Parfois seulement, au milieu de ces chauves-souris mâles et femelles à la moustache effilée de chat, au museau de renard et au ventre nu, apparaîtront une fois encore les putains absentes, méprisantes et charnelles, en mantille noire, aux cheveux savamment noués et à la longue jupe sombre.

Voici que l'une d'elles danse. Elle a levé haut sa jambe moulée dans un bas noir. Elle tient les bras en arceau au-dessus de la tête. Elle a fermé à demi les yeux. Elle ne voit pas les chauves-souris qui l'assaillent, qui la flairent. L'une a la tête d'un vieux matou pelé, elle est déjà parvenue à s'agripper à ses cheveux. Une autre, à la grosse tête pendante de nain, a déjà relevé la longue jupe noire et regarde. La fille danse. Une troisième chauve-souris, au ventre nu et aux testicules apparents, à la tête de chat affamé, de chat en rut, vient de se poser sur sa poitrine. La fille ne se défend pas. Elle ne les voit pas. Mais c'est pour les chauves-souris qu'elle danse.

Titania a enlacé la tête de l'âne et a fait courir ses doigts sur les sabots velus. Elle est toute pâle, elle a rejeté son châle sur l'herbe, elle a retiré son peigne d'écaille, sa coiffure savante s'est dénouée. Les sabots de l'âne la pressent de plus en plus fort. Il vient de poser la tête sur sa poitrine. La tête de l'âne est lourde, elle est velue.

... Elle avait ceint les tempes velues du drôle d'une couronne de fleurs fraîches et parfumées.

(IV, 1)

Titania a fermé les yeux. Elle rêve d'animalité pure.

## V

La nuit pâlit déjà et l'aube approche. Les amants sont à présent sortis de la zone sombre de l'amour animal. Pour clore l'acte trois, Puck chante une chanson ironique, qui est à la fois une coda et un « song » qui met un terme aux expériences de cette nuit-là :

Jeannot aura sa Jeanneton;
Rien n'ira de travers.
Chacun reprendra sa jument,
Et tout sera bien.

(III, 2)

Titania s'éveille et voit à côté d'elle le monstre à tête d'âne. Cette nuit, elle a couché avec lui. Mais à présent il fait jour. Elle ne se souvient plus qu'elle l'a désiré. Elle ne se souvient déjà de rien. Elle ne veut déjà plus se souvenir.

TITANIA, *s'éveillant* — Mon Obéron! quelles visions j'ai eues! il m'a semblé que j'étais amoureuse d'un âne.
OBÉRON — Voilà ton amant couché par terre.
TITANIA — Comment ces choses sont-elles arrivées? Oh! combien son visage m'apparaît maintenant répugnant!

(IV, 1)

Le matin venu, tous sont honteux : Démétrius et Hermia, Lysandre et Héléna. Même Bottom. Lui non plus ne veut pas s'avouer le rêve qu'il a eu :

J'ai fait un songe : c'est au-dessus de l'esprit d'un homme de dire ce qu'était ce songe. L'homme qui entreprendra d'expliquer un tel songe n'est qu'un âne... Il me semblait que j'étais... non, aucun homme ne pourrait dire quoi.

(IV, 1)

Dans les contrastes brutaux entre la folie amoureuse que libère la nuit et la censure du jour qui ordonne d'oublier tout cela, Shakespeare me semble au plus haut point moderne et précurseur.

Nous sommes faits de la même étoffe que les songes...

(*La Tempête,* IV, 1)

Non seulement Ariel est un Puck plus abstrait au visage triste et réfléchi — le thème philosophique du *Songe* se retrouvera dans *La Tempête.* Incontestablement, il y a devantage de maturité dans cette dernière. Mais les réponses que Shakespeare apporte dans *Le Songe d'une nuit d'été* me semblent plus univoques, plus matérialistes même, me sera-t-il peut-être permis de dire.

Le fou, l'amoureux et le poète sont tous faits d'imagination.

(V, 1)

La folie a duré toute une nuit de juin. Les amants ont honte de cette nuit et ne veulent pas en parler, pas plus qu'on ne rappelle des rêves pénibles. Mais cette nuit les a libérés d'eux-mêmes. Dans leurs rêves, ils ont été vrais.

... sommeil, qui parfois fermes les yeux de la douleur, dérobe-moi un moment à ma propre société.

(III, 2)

La forêt est toujours chez Shakespeare la représentation de la Nature. La fuite dans la forêt d'Ardennes est la fuite hors du monde cruel où le chemin vers la couronne passe par le crime, où le frère dépouille son frère de l'héritage, et où le père exige la mort de sa fille si elle choisit un époux contraire à sa volonté. Mais la Nature ne se ramène pas à la seule forêt. Elle est instinct — or les instincts sont en nous. Et ils sont tout aussi déments que le monde.

Les amoureux et les fous ont des cerveaux bouillants...

(V, 1)

Le thème de l'amour viendra encore une fois sous les

espèces de la vieille tragédie de Pyrame et Thisbé jouée à la fin du *Songe* par la troupe de monsieur Lecoing. Les amants sont séparés par un mur, ils ne peuvent se toucher, ils ne se voient que par une fente. Jamais ils ne s'uniront. Un lion affamé viendra au lieu du rendez-vous. Thisbé se sauvera, prise de frayeur. Pyrame trouvera sa mante tachée de sang et se percera le cœur d'un stylet. Thisbé reviendra sur ses pas, découvrira Pyrame et se tuera avec le même stylet. Le monde est cruel pour les véritables amants.

Le monde est fou, et fou est l'amour. Dans cette grande folie de la Nature et de l'Histoire, les instants de bonheur sont rares.

... fugitifs comme une ombre, courts comme un rêve, rapides comme l'éclair qui, dans une nuit profonde...

(I, 1)

# AMÈRE ARCADIE

— *Amis, quel est ce pays?*
— *L'Illyrie, madame.*
(*La Nuit des Rois,* I, 2)

## I

De toutes les œuvres de Shakespeare, les *Sonnets* et *La Tempête* ont toujours été considérés comme les plus personnels. Mais qu'est-ce à dire, personnels? On peut y voir un calendrier chiffré et une clef de la biographie, ou encore un grand prologue et un grand épilogue. On a identifié Prospéro à Shakespeare et l'on a voulu voir dans *La Tempête* un adieu allégorique à la scène. *La Tempête* est à la fois somme et adieu, certes, mais combien plus complexe! Tous les thèmes shakespeariens y reviennent; sur l'île de Prospéro, le Prince banni rencontre l'Usurpateur et la jeune fille fait connaissance du garçon. Une fois encore tout recommencera, mais les héros seront plus sages d'une expérience. Oui. Cependant, combien la sagesse est fragile... Comme tout le reste. L'espoir, dans *La Tempête,* est amer. Et ce n'est qu'en ce sens que *La Tempête* est une clef pour la biographie de Shakespeare. Une partie de celle-ci. Son épilogue. Les *Sonnets* sont autobiographiques dans la même acception. Ils constituent un prologue.

Nous pouvons les déchiffrer comme s'ils étaient un drame. Ils comportent une action et des héros. L'action est faite de séquences lyriques qui peu à peu donnent naissance à la tragédie. Il y a trois héros : un homme, un garçon et une femme. Ces trois personnages épuisent toutes les formes d'amour et passent par tous ses degrés. Ils épuisent toutes les possibilités de trahison et toutes ses formes. Toutes les relations possibles : l'amour, l'amitié, la jalousie. Ils passent par le ciel et l'enfer. La poétique des *Sonnets,* pourtant, n'est pas pétrarquienne et une autre définition conviendrait mieux. Les héros des *Sonnets* passent par l'Eden et par Sodome.

Le quatrième personnage de ce drame est le temps. Le temps qui détruit et dévore tout. Le temps glouton, tel une gigantesque mâchoire, broyant les œuvres de l'homme et l'homme lui-même.

« O Temps, prompt spoliateur des choses créées! que de rois, que de gens tu as anéantis! que de changements d'état et de circonstances se succédèrent, depuis qu'a péri ici, dans ce recoin creux et sinueux, la forme merveilleuse de ce poisson? A présent, détruite par le temps, elle gît patiemment en cet espace restreint, et ses os dépouillés, mis à nu, elle est devenue armature et support de la montagne qui s'érige au-dessus d'elle. » (1)

Cette citation qui a tellement l'air d'être shakespearienne est tirée des écrits de jeunesse de Léonard de Vinci. « Le temps contamine tout » — cela revient comme un refrain incessant dans la poésie des derniers temps de la Renaissance et dans celle du baroque. Mais pour Léonard tout comme pour Shakespeare, l'action destructrice du temps n'est pas seulement un procédé de style, pas même uniquement une obsession. Le temps est le premier acteur de toute tragédie.

> Quand le Temps se sera oublié lui-même à force de vieillir, quand les gouttes d'eau auront usé les pierres de Troie, quand l'aveugle oubli aura dévoré les cités et que de puissants Etats, restés sans monuments, se seront émiettés dans la poussière du néant...
>
> (*Troïlus et Cressida,* III, 2)

C'est le monologue de Cressida. Aucune pièce de Shakespeare n'est aussi proche des *Sonnets* par ses tableaux amers de la fin inéluctable de l'amour (2).

> Le temps injurieux, avec la hâte d'un larron, empile, on ne sait comment, les richesses qu'il nous vole.
>
> (*ibid.* IV, 4)

(1) *Les Carnets* de Léonard de Vinci, trad. Louise Servicen, T. II, p. 424. Paris, 1942.

(2) Caroline Spurgeon, dans *Shakespeare's Imagery,* Cambridge, 1952, nous donne tout un ensemble de citations, tirées des *Sonnets* et de *Troïlus et Cressida,* qui sont autant d'images du temps.

C'est le monologue de Troïlus. Le temps, « ce monstre géant d'ingratitude » (III, 3), cet « *injurious time* », est dans *Troïlus et Cressida,* tout comme dans les *Sonnets,* contraire aux amoureux. Il détruit les villes et les royaumes tout comme il le fait de l'amour et de la beauté, il brise les serments des souverains et les promesses des amoureux.

... Temps qui par mille accidents
Change l'édit des rois, entre les vœux s'impose... (3)

(*Sonnets,* CXV)

Faisons appel, une fois de plus, à Vinci. Il parle de ce même temps vorace :

« O Temps, consumateur de toute chose! envieuse vieillesse qui consumes toute chose peu à peu, avec la dure dent de la vieillesse, en une lente mort! Hélène, quand elle se regardait dans son miroir et voyait la flétrissure des rides que l'âge avait inscrites sur son visage, se demandait en pleurant pourquoi elle fut deux fois enlevée.

» O Temps, consumateur de toute chose! O vieillesse envieuse, par quoi toute chose est consumée. » (4)

Dans ces images de Léonard, trois temps sont en fait enfermés. Le temps géologique : celui de la terre, des océans et de l'érosion des montagnes; le temps archéologique, car toute histoire finit par devenir archéologie : pyramides, villes détruites, royaumes dont ne subsiste que le nom; et enfin un dernier temps, le temps humain, où le tombeau et le berceau voisinent et où tous les visages sont mortels.

Mais mon amour sera tout comme ores je suis
Ecrasé, abîmé par la main vengeresse
Du Temps qui drainera son sang et de maint pli
Viendra barrer son front.

(*Sonnets,* LXIII)

On peut constamment retrouver chez Shakespeare ces trois temps de Vinci. Lorsque la terre est ensanglantée, le temps humain redevient le temps inhumain de la nature. Glocester aveugle dit alors adieu à Lear devenu fou :

(3) Nous regrettons, tout spécialement pour ces extraits des *Sonnets,* de devoir passer par l'intermédiaire d'une traduction française qui, si fidèle soit-elle, ne peut rendre que très imparfaitement le sens et la beauté du texte shakespearien.

(4) *Les Carnets...* T. I., p. 30.

O morceau de nature en ruine! Ce grand monde
s'usera ainsi jusqu'au néant.

(*Le Roi Lear*, IV, 6)

Ces trois temps mêlés les uns aux autres sont constamment invoqués dans les *Sonnets*. Et c'est justement pourquoi les *Sonnets* sont un prologue.

N'est-il de forte main qui son pied vif arrête?
Qui le peut prévenir de dépouiller beauté?

(LXV)

Le premier thème des *Sonnets*, c'est une tentative pour sauver la beauté et l'amour de l'action destructrice du temps. Le fils n'est pas seulement l'héritier, pas seulement une continuation — il est la répétition du même visage, des mêmes traits, un arrêt littéral du temps :

Regarde en ton miroir, et dis à ce visage
Qu'il est temps d'en former un autre comme lui...

(III)

L'amour a le temps pour cadre, mais il est dirigé contre le temps. Il veut à tout prix sauver quelque chose, arrêter, laisser une trace.

Et de la faux du Temps rien ne peut te défendre
Qu'un fils, pour le braver lorsqu'il te viendra prendre.

(XII)

Dans les *Sonnets* de Shakespeare, l'amour est un jeu mortel où le seul véritable adversaire est la décomposition :

Lorsque je serai mort, ne pleure plus longtemps
Que ne résonnera la cloche monotone
Qui à ce monde vil annonce sourdement
Que pour les vers plus vils son séjour j'abandonne.

(LXXI)

La négation de la mort physique, c'est le prolongement de la vie dans les descendants. La négation de l'anéantissement et de l'oubli, c'est la notion de gloire, reprise à l'Antiquité. Le poème durera. Shakespeare a fait de ses *Sonnets* « un monument plus durable que l'airain » (5) :

(5) *Exegi monumentum aere perennius*, « J'ai achevé un monument plus durable que l'airain ». Horace, dernière ode du III^e^ livre des *Odes*.

Et tu verras passer, en ce tien monument,
Les cimiers et tombeaux de bronze des tyrans.

(CVII)

C'est très « renaissance », de réunir dans un même vers l'airain et la tyrannie. Les lignes noires des vers, les signes tracés sur le papier et la strophe fragile doivent pouvoir se dresser contre la force du pouvoir et du temps. Ils doivent assurer l'immortalité

Contre le fer cruel de l'âge destructeur.

(LXIII)

Cet impérissable monument édifié par Shakespeare a probablement été écrit pour un jeune homme aux yeux légèrement bridés et aux boucles blondes ondulées avec art, qui lui retombaient sur l'épaule gauche. Ce visage ne possédait pas seulement une perfection toute féminine, mais aussi des marques très nettes de cruauté dans le dessin de la bouche, du mépris dans le regard froid, comme absent.

Les *Sonnets* ont été à peu près certainement dédiés au comte de Southampton, de près de dix ans le cadet de Shakespeare. Son visage, ainsi que ses portraits l'attestent, était presque la reproduction trait pour trait de celui de sa mère (6). Shakespeare était pleinement fondé d'écrire :

De ta mère tu es le miroir : ton image
Lui rappelle l'aimable avril de son printemps.

(III)

Le plus stupéfiant, chez Shakespeare, c'est toujours ce mélange de l'exception et de la règle, du concret et de l'universel.

L'homme, le garçon, la femme. Mais les jeux amoureux des *Sonnets* ne sont pas, comme s'il s'agissait d'échecs, menés par d'abstraites figures. Cette « œuvre plus durable que l'airain » a été écrite pour un jeune homme qui était l'héritier d'une grande famille et d'une des plus grosses fortunes d'Angleterre. Les liens d'amour et d'amitié sont pris dans tout un

(6) Cf. A. L. Rowse, *William Shakespeare. A Biography,* Londres, 1963. (Trad. française publiée chez Gallimard). Les arguments de l'auteur touchant à la chronologie des *Sonnets* et à leur destinataire semblent convaincants.

enchevêtrement de dépendances entre le poète et comédien débutant, et l'aristocrate fortuné.

Je vois les humains comme les plantes croître,
Incités et freinés du même firmament...

(XV)

Les *Sonnets* comportent deux systèmes de références; comme chez les « métaphysiciens » anglais Donne et Herbert, ils constituent un drame existentiel à l'état pur, mais ils sont en même temps pleins jusqu'à ras bord de concret historique. On y trouve les cieux muets, les saisons de l'année, les quatre éléments et le pas lent du cheval qui emporte sur son dos l'homme d'âge quittant son amant infidèle.

L'œuvre ne doit pas seulement sauver de l'oubli la beauté du garçon efféminé. Cette brassée de rimes doit assurer à la fois protection et éternité. Il était plus facile d'obtenir cette dernière. La silhouette du poète rival — peut-être était-ce Marlowe — transparaît entre les vers. Ils étaient nombreux à briguer les faveurs du noble damoiseau.

Ce mélange du grand et du petit, de l'époque et de toutes les époques est presque tangible dans les *Sonnets*. Le temps est élisabéthain à l'horloge de Shakespeare, mais les heures y sonnent pour tous les amants, et pas seulement pour le garçon blond et la Dame Noire.

## II

Les *Sonnets* de Shakespeare ont leur poétique, leur érotique et leur métaphysique. Les cent vingt-six premiers sonnets sont dédiés au garçon, les autres adressés à la Dame Noire. L'action dramatique — c'est la double trahison, celle du garçon et celle de la femme. Ces deux-là se sont unis. L'homme ne sait par qui il a été davantage trompé, de qui il devrait être davantage jaloux, qui ici a pris sa revanche sur qui. Il supplie, exhorte, menace, convainc. Les deux derniers vers de chaque sonnet sont adressés directement au destinataire. Ils sont presque parlés. Ils sont une interrogation théâtrale.

Une seconde fois, les *Sonnets* sont un prologue. Prologue à l'érotique de Shakespeare, ou du moins à celle de ses comédies de jeunesse. Le véritable sujet des *Sonnets,* c'est le choix, ou plutôt l'impossibilité du choix entre le garçon et la femme, la fragile frontière entre l'amitié et l'amour, la fascination exercée par toute beauté, l'universalité du désir qu'il est impossible tant de retenir que de limiter à un seul sexe. Ce même thème, avec toutes ses variations allant du sérieux au bouffe, de l'ambiguïté et de l'idylle pondérée à la raillerie et au sarcasme, se retrouve dans *Les deux gentilshommes de Vérone* et dans *Peines d'amour perdues,* dans *Comme il vous plaira* et *La Nuit des Rois;* c'est lui, le courant sous-jacent du *Marchand de Venise;* on le retrouve dans la camaraderie amoureuse entre Falstaff et le prince Henry, dans la brutalité avec laquelle le second repousse le premier.

L'ambiguïté est, dans les *Sonnets,* tout à la fois principe de la poétique et principe de l'érotique. Comparés à ceux de Shakespeare, les sonnets de Pétrarque semblent transparents, comme taillés dans du cristal; mais lus après ceux de Shakespeare, ils donnent une impression de froideur, d'artificiel, d'inventé. Le beau et le bien y sont des valeurs stables, jamais remises en question; le corps et l'esprit s'y livrent à la dispute. Dans les *Sonnets* de Shakespeare, ce partage artificiel entre le physique et le spirituel se trouve déjà estompé, le bien y est confondu avec le mal, la beauté avec la laideur, le désir avec la répulsion, la passion avec la pudeur. Les polarisations ici sont autres, à la fois plus baroques et plus contemporaines. La passion s'examine elle-même, l'hésitation est la nourriture de la jouissance, le regard ne tue pas la passion, il ne fait que l'enflammer davantage. L'érotisme est net et précis, rendu plus aigu par l'observation, comme exacerbé par l'analyse.

> ... bien qu'ores se repaissent
> A se clore d'excès tes regards affamés,
> Regarde encore demain : l'esprit d'amour ne laisse
> Dans l'assoupissement à jamais succomber.
> Que ce triste intervalle à l'océan ressemble
> Qui sépare les bords où viennent chaque jour
> Deux jeunes fiancés pour que plus doux leur semble
> L'instant où ils verront revenir leur amour.
>
> (LVI)

Le partenaire amoureux est ici à la fois véritable et créé; l'œil dispute avec le cœur, le jour avec la nuit, le regard avec le toucher. Le partenaire est charnel, mais en même temps créé par l'imagination, transformé par le désir. L'érotisme est élève de la peinture de la Renaissance et il devient à son tour école d'une sensibilité nouvelle :

Mon œil en mon esprit, loin de vous, se replie
Et ce par quoi mes pas çà et là sont guidés
Partage son service, aveuglé en partie,
Et quoiqu'il semble voir est éteint en effet ;
Il ne transmet au cœur aucune des images
Des formes, des oiseaux, des fleurs qu'il peut saisir ;
De ses objets changeants l'esprit n'a le partage :
Sa propre vision ne les peut retenir ;
Car la plus tendre vue ou bien la plus grossière,
La grâce la plus douce ou l'être le plus laid,
La montagne ou la mer, la nuit ou la lumière,
Tourterelle ou corbeau, tout pour lui prend vos traits.

(CXIII)

On prétend que Botticelli soutenait qu'il était dommage de gaspiller son temps à imiter les spectacles de la nature, du moment qu'il suffisait de jeter contre un mur une éponge imbibée de peinture pour qu'il nous soit donné de percevoir, dans les taches ainsi obtenues, les plus merveilleux paysages. Léonard de Vinci utilisait sciemment la même méthode en tant que moyen propre à éveiller l'esprit d'invention et à susciter les découvertes picturales. Il ne lui était même pas nécessaire de lancer une éponge. Il écrivait :

« Si tu regardes certains murs imbriqués de taches et faits de pierres mélangées et que tu aies à inventer quelque site, tu pourras voir sur ce mur la similitude de divers pays, avec leurs montagnes, leurs fleuves, leurs rochers, les arbres, les landes, les grandes vallées, les collines en divers aspects ; tu pourras y voir des batailles et des mouvements vifs de figures, et d'étranges airs de visage, des costumes et mille autres choses que tu réduiras en bonne et intègre forme.

» Il arrive pour les murs semblables et mélangés comme pour le son des cloches, dont les coups vous font penser à tout nom et à tout vocable qu'on imagine. »

Shakespeare est passé par une école de l'imagination fort semblable. Il en connaissait les deux applications : la lyrique et la sarcastique. La lyrique se trouve dans les *Sonnets*. Dans *Hamlet,* cette même école de l'imagination aboutit à une fielleuse leçon d'opportunisme politique :

HAMLET — Voyez-vous ce nuage là-bas qui a presque la forme d'un chameau?

POLONIUS — Par la messe! On dirait un chameau vraiment.

HAMLET — Il me semble qu'il est comme une belette.

POLONIUS — Il a bien le dos d'une belette.

HAMLET — Ou comme une baleine.

POLONIUS — Tout à fait comme une baleine.

(III, 2)

Nous pouvons à présent achever la citation de Vinci :

« J'ai déjà vu des nuages et de vieux murs qui m'ont donné de belles et variées inventions, et ces duperies, quoique privées en elles-mêmes de toute prefection d'aucun membre, ne manquaient pas de perfection dans leur mouvement et autres actions (7). »

Ce n'est pas la première de ces surprenantes rencontres entre Léonard et Shakespeare, rencontres d'autant plus troublantes qu'elles ne reposent sur aucune tradition directe, sur aucune transmission immédiate, si ce n'est l'influence violente exercée par le *Quattrocento* italien sur l'Angleterre élisabéthaine. Sur la cour de la reine, et plus encore sur les collèges d'Oxford et de Cambridge où l'on étudiait les humanités, ainsi que sur les cercles de jeunes aristocrates gravitant autour. D'Italie venaient la peinture, la musique et l'architecture, les canons du langage et du style. De nouvelles théories de l'action dont l'efficacité devait être le critère; et un nouvel idéal de la personnalité dont le critère était l'harmonie. Une nouvelle philosophie et des mœurs nouvelles. Marlowe répétait à qui voulait l'entendre que seuls les imbéciles étaient incapables d'apprécier comme il convient les jeunes garçons et le tabac. Dans le cercle de Southampton et de ses amis, les mœurs commençaient à ressembler à celles de Florence au temps des Médicis.

On connaît les violentes invectives de Savonarole contre les sodomites. Botticelli, Léonard de Vinci, Michel-Ange ont été accusés de faire l'amour avec des garçons. Les notes de Léonard se rapportant à ses élèves et ses apprentis sont particulièrement ambiguës, surtout lorsqu'il est question du tout jeune Giacomo qu'il appelait « Salai » — le petit diable — et pour lequel il était étonnamment généreux et indulgent :

« La première année : un manteau, 2 livres, six chemises, 4 livres, trois pourpoints, 6 livres, quatre paires de chausses, 7 livres, 8 sols, un costume doublé, cinq livres, 24 paires de

(7) Léonard de Vinci, *Textes choisis* par Péladan, Paris, 1907.

chaussures, six livres, 5 sols, un bonnet, 1 livre, lacet de ceinture, 1 livre. » (8).

L'attirance de Léonard pour les garçons était à peu près certainement étouffée. Nous trouvons dans ses notes les remarques suivantes : « Qui ne refrène pas la volupté s'égale aux bêtes ». Et ailleurs : « La passion intellectuelle met en fuite la sensualité ». Il savait énormément sur l'érotisme. Il écrivait : « Notre corps est soumis au ciel, et le ciel à l'esprit ». Mais en même temps : « Si tu maintenais ton corps en harmonie avec la vertu, tes désirs ne seraient pas de ce monde. » (9) Les dessins de Léonard les plus inquiétants, presque obsessionnels, sont ceux représentant un vieillard ou un homme dans la force de l'âge en train de regarder un jeune garçon aux cheveux frisés et au profil grec.

L'Eros Socraticus, ce n'étaient pas seulement des mœurs plus ou moins tolérées, c'était avant tout une philosophie de l'amour, une sanction esthétique et métaphysique des formes les plus diverses d'amitié entre hommes adultes et jeunes gens. L'Académie des Lettres de Florence proclamait que l'amour pur pour les garçons était la forme la plus haute de l'affinité des âmes. Pic de la Mirandole et Marsile Ficin composaient des traités sur la pédérastie spirituelle, dans lesquels il est parfois difficile de distinguer entre la communion des âmes et celle des corps. Le tout jeune ami de La Mirandole a été enseveli dans la même crypte du couvent de St-Marc que son maître. Ficin, alors qu'il rédigeait ses commentaires raffinés sur le *Banquet* de Platon, a identifié Phèdre à son ami dont la jeune beauté est vantée par les convives. Les apologies du pur amour pour les garçons étaient de diverses sortes : hypocrites ou de parfaite bonne foi, mais leur métaphysique était toujours la même.

« Chacun de nous est donc la moitié complémentaire d'un homme, qui, coupé comme il l'a été, ressemble à un carrelet : un être unique dont on a fait deux êtres. Aussi tous ceux d'entre les hommes qui sont une coupe de cet être mixte qu'alors justement on appelait androgyne sont amoureux des femmes, et c'est de ce genre que sont issus, pour la plupart, les hommes qui trompent leur femme ; de même, à leur tour, toutes les femmes qui aiment les hommes, et de ce genre proviennent les femmes qui trompent leur mari ! D'autre part, toutes celles des femmes qui sont une coupe de femme

(8) Léonard de Vinci. *Les Carnets...* T. II, p. 422.

(9) Ibid. T. I, p. 57, 34, 36, et *Pages choisies* par Péladan.

primitive, celles-là ne font pas grande attention aux hommes, mais c'est bien plutôt vers les femmes qu'elles sont tournées, et c'est de ce genre que proviennent les tribades. Tous ceux enfin qui sont une coupe d'un mâle originaire recherchent les moitiés mâles [...] Mais, dit-on, ce sont tout simplement des impudiques! On se trompe; car ce n'est pas par impudicité qu'ils se conduisent ainsi; mais, comme ils ont de la hardiesse, de la virilité, un air mâle, ils s'attachent à ce qui leur ressemble [...] [Ils sont] satisfaits [...] de passer leur vie tous deux ensemble, en célibataires. Ainsi donc, d'une façon générale, l'individu qui a ce caractère est aussi bien porté à aimer un jeune garçon qu'à aimer un amant, toujours s'attachant à ce qui lui est apparenté. »

Le fondement philosophique de l'érotique socratique était le *Banquet* de Platon, ou plus exactement le vieux mythe qui y est conté sur les premiers hommes qui étaient doubles; ils possédaient quatre bras et quatre jambes, deux visages et deux sexes. Ils étaient orgueilleux, blasphémaient les dieux; aussi Zeus, pour les châtier, les coupa en deux. Depuis lors, les parties séparées se cherchent. Le sonnet XXXIX de Shakespeare s'achève sur une coda étonnamment platonicienne : « *And that thou teachest how to make one twain...* »

Et si tu m'enseignais à dédoubler ainsi
Celui qu'ici je loue, et qui est loin d'ici!

Ficin écrivait qu'il était possible de reconnaître la famille philosophique des platoniciens à « l'amour passionné qu'ils nourrissent pour la beauté physique et spirituelle des créatures humaines ». Léonard de Vinci passa les dernières années de sa vie dans le petit château de Cloux près d'Amboise. A en croire la tradition, François Ier avait coutume d'aller lui rendre visite. Le jeune roi, rentrant de la chasse, laissait sa meute dans la cour et montait auprès de Léonard pour parler de Platon. Les écrits de Ficin, à cette époque, étaient connus en France, on en discutait en Sorbonne. A Oxford et Cambridge, à la fin du XVIe siècle, se constituaient des écoles néo-platoniciennes. Les amis aristocratiques de Shakespeare pouvaient peut-être ne pas connaître Ficin, mais ils avaient lu assurément le *Banquet* de Platon :

« Aussi bien, quand il lui arrive d'avoir commerce avec cette moitié de lui-même dont je parle, alors l'amoureux des jeunes garçons, et de même toute autre sorte d'amoureux, tous, ils se sentent miraculeusement frappés par une forte émotion d'amitié, de parenté, d'amour; se refusant, pour bien dire, à se séparer l'un de l'autre, fût-ce même pour peu de temps. Bien plus, ce sont ceux-là qui passent, d'un bout à l'autre, leur vie ensemble, eux qui seraient même incapables d'exprimer ce qu'ils souhaitent de se voir arriver l'un par l'autre! Car personne ne se dirait que c'est le partage de la jouissance sensuelle, personne ne verrait là, en fin de compte, le motif du plaisir que prend chacun d'eux à partager la vie de l'autre avec une pareille grandeur dans le dévouement. Mais c'est une autre chose que souhaite manifestement leur âme, une chose qu'elle ne peut exprimer, un souhait dont elle devine cependant l'objet et qu'elle laisse comprendre! » (10)

On a plus d'une fois comparé les *Sonnets* de Shakespeare aux poèmes lyriques de Michel-Ange qui tournent, eux aussi, autour de deux destinataires : un jeune homme et une femme. Le drame du choix est semblable, mais la coloration du vers est plus sombre chez Michel-Ange; plus violents y sont les passages du charnel pur au mystique, du ravissement devant la beauté du garçon — comparé au soleil dont l'éclat est le reflet de la beauté divine — à l'ascèse et à la résignation la plus totale. Michel-Ange essayait, en outre, de concilier platonisme et christianisme. Les sentiments qu'éveille un garçon sont exempts du péché originel; il y a en eux la nostalgie de la pureté perdue. Le sonnet *Non é sempre di colpa aspra e mortale* s'achève par les tercets suivants :

L'amour dont je parle aspire au ciel
Il diffère du désir des femmes
Auquel le sage n'abandonnera jamais son cœur.
L'un s'envole vers le ciel, l'autre pèse vers la terre,
L'un dans l'âme, l'autre dans les sens se loge
Et vise de son arc ce qui est bas et vil.

Shakespeare est bien plus proche de la terre, mais son choix entre l'angélique et le diabolique, entre la zone de clarté et la zone d'ombre est le même que chez Michel-Ange :

Ainsi que deux esprits, deux amours me conseillent,
L'un fait de réconfort, l'autre de désespoir;
Le bon ange est un homme aux blondeurs non pareilles
Le mauvais une femme, ange néfaste et noir.
Pour me damner bientôt, cette funeste femme

(10) *Le Banquet,* dans *Œuvres complètes* de Platon, trad. de Léon Robin, Bib. de la Pléiade, Gallimard, Paris, 1940, Tome I, p. 719-720.

Tente de détourner de moi mon ange bon,
Et poursuit sa candeur de son orgueil infâme
Pour corrompre mon saint et en faire un démon.

(CXLIV)

Aux mœurs et à la mascarade amoureuse correspondait une métaphysique platonicienne interprétée de façon plutôt spécieuse. L'Eros Socraticus impliquait des canons de la beauté et du nu. De ces nus de jeunes hommes qui firent la célébrité de la Florence des Médicis. Verrocchio, le premier, a créé le modèle de la « fille-garçon » qui devait servir à représenter les anges. Les anges étaient asexués, bien qu'ils fussent tenus par certains théologiens plus amis du sophisme pour des créatures androgynes. Le « garçon-fille » de Verrocchio, triste éphèbe au charme inquiétant et ambigu, réunissait les beautés des deux sexes. Comme dans le sonnet XX de Shakespeare :

Ton visage est de femme, et par Nature peint,
O de ma passion le maître et la maîtresse...

Les jeunes filles, à leur tour, se mettent à ressembler à des garçons. Les femmes-anges de Botticelli, qui entourent la Madone, ou les nymphes du cortège de Primavera ont les hanches étroites, la taille très haute, les seins petits. Flora semble être un grand garçon blond déguisé pour un défilé de carnaval; on a drapé sur lui un voile transparent semé de fleurs, ses cheveux dénoués ont été frisés. Son triste visage triangulaire semble encore en quelques traits gothique, il paraît honteux de participer à cette mascarade. Il détourne le regard à la vue des jeunes filles, tentateur et tenté, présent et absent. Il sourit du coin des lèvres, mais ce sourire ressemble à une grimace.

Sur la fresque de Signorelli à Orvieto, qui représente la Résurrection des morts, il n'est plus possible de distinguer les garçons des filles. Ils ont les mêmes cheveux flottant librement sur l'épaule, la même finesse de silhouette, des traits pas encore fixés, qui sont encore une promesse, les jambes longues des garçons qui ont grandi trop vite, les épaules rondes et les mains fines des femmes. Les « garçons-filles » sont tristes et ils s'enlacent tendrement.

Les trois David florentins, ceux de Donatello, de Verrocchio et de Michel-Ange nous permettent de suivre les transformations du nu masculin et du canon de l'éphèbe. Ils sont de plus en plus menus, de plus en plus nerveux, de plus en plus efféminés. Le dernier d'entre eux, le David de Michel-Ange, se cambre, penche la tête, lève légèrement la jambe droite. Il a plié le bras, levé le coude, sa paume repose contre son cou. Il remet ses cheveux en ordre. Dans ce mouvement, il y a comme une coquetterie et une défense. Aucun de ces gestes n'est un geste de garçon. Il a les yeux à demi fermés, les lèvres légèrement entrouvertes; comme s'il émergeait d'un songe, comme si le monde, pour lui, commençait tout juste d'exister. Pour qui le regarde de dos ou même de profil, il semble une jeune fille aux jambes un peu lourdes, qui ne s'est pas encore métamorphosée en femme. Le David biblique s'est transformé en Appolon (11). Shakespeare, dans ses *Sonnets,* propose le même canon de l'éphèbe :

Je pourrais voir alors ce que le monde antique
Disait du merveilleux chef-d'œuvre que tu es,
Si le cycle des ans te retrouve identique,
Ou qui, de nous ou lui, est le mieux partagé :
  Je suis sûr que l'esprit d'autrefois dut donner
  Louange admirative à de pires sujets.

(LIX)

Même dans ses figures de titans et de géants, on est presque toujours en présence, chez Michel-Ange, d'un mélange d'éléments. Dans ces torses athlétiques, il y a comme un battement d'aile de la féminité. Les titans ont des têtes petites aux traits fins, les grands corps lourds sont dotés des mains étroites des femmes ou de longues jambes fines. Comme si la matière du corps humain n'était pas entièrement organiséc et pouvait associer à son gré le masculin et le féminin. Le David-Appolon de Florence est un « garçon-fille », mais nous trouvons aussi chez Michel-Ange le mélange de la féminité épanouie et de la virilité dans la force de l'âge. Les corps des garçons, des filles, des hommes, des femmes et des vieillards sont confondus. L'Aube et la Nuit des tombeaux des Médicis ont les seins très écartés. Il suffit toutefois de s'éloigner, d'embrasser par le regard rien que la tête ou les jambes, de faire de sa main un écran pour cacher telle partie du torse ou le bas-ventre, et alors l'Aube et la Nuit

(11) A. Chastel expose les liens du néo-platonisme avec la peinture et la sculpture florentine dans son *Art et humanisme à Florence au temps de Laurent le Magnifique,* Paris, 1959. Cf. plus particulièrement le très beau chapitre intitulé *Eros Socraticus.*

se transforment en statue de la virilité triste, toutes deux avec le même visage tiré par la souffrance, le même profil grec et le même nez droit. Les esclaves à l'agonie ont des corps doux et fluides de femmes, les liens semblent un bandeau sur des seins presque épanouis. La virilité et la féminité, la douleur et la jouissance, la mort et l'orgasme ont été réunis, sont devenus un même corps saisi du même frisson.

Dans les statues de la chapelle Médicis, ces éléments sont unis par la douleur; à la Sixtine, les sexes sont confondus dans le ravissement, l'exaltation, la joie. Les « putti » et les « ignudi » encadrent non pas des médaillons, mais de gigantesques figures de patriarches. Ils ont tous et toujours les mêmes yeux en amande, les mêmes boucles ondulées et un bandeau sur le front. Ils se pressent les uns contre les autres, s'enlacent, jouent. Toujours ils vont par couple, mais le sexe qui leur est attribué semble dépendre uniquement d'un caprice — homme ou femme. Les chérubins musclés de Michel-Ange sont de petits faunes chez qui tout est rondeur et promesse. De nouveaux contraires ont été unis : la pudeur et la jouissance, l'innocence et la conscience. Ces enfants sont érotiquement adultes et conscients des caresses.

Encore plus ambigu, épanoui et orgueilleux de sa beauté d'androgyne, sensuel et invitant à la jouissance, fuyant et s'abandonnant, est le Bacchus florentin de Michel-Ange.

Shakespeare subissait le charme de cette même tradition antique. Il l'invoque consciemment et à maintes reprises dans les *Sonnets :*

> Et tout l'art de beauté qu'on met au front d'Hélène
> Te peint encore, vêtu de grecque façon.
>
> (LIII)

Parfois il semble que Léonard de Vinci n'a peint que quelques visages. Le plus souvent, il répète le sien propre, celui de sa jeunesse; il l'a donné à l'archange Michel. Sainte Anne et saint Jean-Baptiste, Léda et Bacchus ont la même bouche aux commissures relevées, le même front haut, de lourdes paupières et un long nez droit. La même expression de sérieux et de tristesse, le même sourire... A la seule différence que chez sainte Anne, ce sourire est à peine perceptible, qu'il est méprisant chez Léda et ambigu chez saint Jean.

Pour que sourie encore une fois Jean-Baptiste
Sire je danserais mieux que les séraphins... (12)

Le sourire de saint Jean inquiétait bien davantage Apollinaire que celui de la Joconde. Le saint Jean de Léonard de Vinci n'est pas un éphèbe, il a les épaules pleines et la poitrine nettement dessinée. Le saint Jean de Léonard est un homme, mais dans toutes les copies, contemporaines ou postérieures, au Palazzo Rosso de Gênes, à Paris et à Bâle, imperceptiblement, il se métamorphose en une femme aux traits fatigués de vieille courtisane qui retient de sa main gauche la draperie soulevée, afin de cacher d'un geste de coquetterie la pointe de son sein. Ce saint Jean ressemble déjà à Léda. Il annonce Bacchus, dont le caractère androgyne, héritage de l'Antiquité, est voulu et entier.

De quoi donc es-tu fait, quelle substance est tienne
Que te hantent ainsi mille ombres d'étrangers?
Si chacun ici-bas n'a qu'une ombre, la sienne,
Il n'est d'ombre que seul tu ne puisses donner.

(LIII)

Pour la troisième fois, les *Sonnets* sont un prologue dramatique. La Dame Noire se métamorphosera tour à tour en Julia des *Deux gentilshommes de Vérone* et en Rosaline des *Peines d'amour perdues,* ensuite elle servira de modèle à la sensuelle et amère Hermia du *Songe d'une nuit d'été.* Nous la retrouverons sous les traits de Cressida, pure et parjure, tendre et sarcastique. Peut-être est-ce d'elle que la Rosalinde de *Comme il vous plaira* a hérité sa témérité, peut-être est-ce sa détermination que possède Viola dans son exaltation amoureuse de *La Nuit des Rois...*

Julia, Rosalinde et Viola se déguisent en garçon. Viola devient Césario, Rosalinde se transforme en Ganymède, la Dame Noire des *Sonnets* est devenue sans qu'on s'en aperçoive un « garçon-fille » parfait. Son charme irrésistible séduit chacun, hommes ou femmes, les hommes sous les traits de la jeune fille, les femmes sous ceux du garçon. C'est presque l'androgyne parfait. Viola, dit, parlant de soi dans *La Nuit des Rois :*

Je suis toute la famille de mon père, à la fois toutes ses filles et tous ses fils...

(II, 4)

(12) Apollinaire, « Salomé » dans *Alcools.*

## III

*La Nuit des Rois* s'ouvre sur une fugue lyrique avec accompagnement d'orchestre :

> Si la musique est l'aliment de l'amour, jouez toujours, donnez-m'en à l'excès, que ma passion saturée soit malade et expire! Cette mesure, encore une fois!
>
> (I, 1)

L'exposition donne l'impression d'une corde qui pète. Ou se rompt. Elle est semblable à une ouverture où les instruments se seraient mélangés. Dès la première scène, la musique et le lyrisme sont en dissonance. L'orchestre s'est interrompu; il reprend. En vain :

> Assez! cela suffit! Ce n'est plus aussi suave que tout à l'heure.
>
> (I, 1)

Les désirs sont affamés, mais ils s'étouffent de leur propre appétit. Le monologue du Duc a ce style et ce rythme que les *Sonnets* nous ont rendus familiers. Le style est raffiné, la cadence authentique. Il y a là tension et inquiétude. L'amour, c'est l'entrée dans la zone du risque et de l'incertitude; ici, tout est possible.

> ... tant est pleine de caprices la passion, cette fantaisie suprême!
>
> (I, 1)

Cette précipitation, ces images qui se hâtent, une fois encore, les *Sonnets* nous ont appris à les connaître. La fugue lyrique s'interrompt aussi brusquement que la musique. Le dialogue devient brutal et se déroule à toute vitesse :

> CURIO — Voulez-vous venir chasser, monseigneur?
> LE DUC — Quoi, Curio?
> CURIO — Le cerf.
>
> (I, 1)

Dès les premiers vers tout, dans *La Nuit des Rois,* est à

significations multiples. C'est Olivia que l'on chasse. Mais c'est le chasseur qui est pris. Le cerf-Actéon, c'est le Duc en personne. Et, de nouveau, une phrase que l'on dirait tirée des *Sonnets :*

> ... et mes désirs, limiers féroces et cruels, n'ont pas cessé de me poursuivre.
>
> (I, 1)

D'ici un instant, sur le littoral marin de cette même Illyrie, Viola sera rejetée à la côte avec le Capitaine. L'histoire des deux jumeaux où la sœur a perdu le frère au cours d'un naufrage, Shakespeare s'en débarrasse en quelques vers. L'intrigue est un prétexte; le sujet — c'est le déguisement. Viola, afin d'entrer au service du Duc, doit faire semblant d'être un garçon. Les jeunes filles se travestissent en jeunes gens dans les contes, les légendes et le folklore de tous les peuples, dans les poèmes lyriques et épiques, depuis Homère jusqu'à nos jours (13). Elles dissimulent leur sexe sous la cuirasse afin de combattre à la guerre, sous le capuchon du moine afin d'entrer au couvent, elles revêtent l'habit de l'escholier afin de se faire inscrire à l'Alma Mater. Le Moyen Age connaît le déguisement héroïque et le liturgique. La Renaissance se complaît au déguisement amoureux. Nous retrouvons celui-ci tant dans la comédie italienne que dans les recueils de nouvelles où Shakespeare allait chercher la trame et les thèmes de ses comédies. Le déguisement avait sa justification dans les mœurs : les jeunes filles ne pouvaient voyager seules, il n'était même pas indiqué qu'elles se promenassent seules le soir dans les rues des villes italiennes. Il possédait aussi sa justification théâtrale : il créait d'emblée un quiproquo, facilitait l'intrigue, fournissait immédiatement une situation de farce.

> Je veux entrer au service de ce duc; tu me présenteras à lui en qualité d'eunuque.
>
> (I, 2)

Le déguisement était chose usuelle. Mais dans cette scène entre Viola et le Capitaine, la brutalité des expressions frappe

(13) Le thème du « changement de sexe » est catalogué ATh 514 dans le Répertoire international des légendes populaires. Au sujet de ces contes et légendes et de leur trame, cf. J. Krzyzanowski, *Dziewczyna chlopcem* (La fille-garçon), « Slavia Orientalis », 12e année (1963), n° 2.

immédiatement. Dans la première version de la comédie — ainsi que le mentionnent les spécialistes — Viola devait chanter les couplets qui furent ensuite abandonnés au Bouffon. Et c'est pourquoi le Capitaine la présente au Duc comme étant un castrat italien. Mais même avec cette correction, il y a dans cette proposition quelque chose de choquant. Une jeune fille qui va se transformer en eunuque... Comme si un vent d'horreur s'était mis soudain à souffler. Cela, comme tout chez Shakespeare, est voulu. Les mêmes mots seront répétés. Avec plus d'insistance encore :

> Soyez son eunuque, et je serai votre muet; si ma langue bavarde, que mes yeux cessent de voir!
>
> (I, 2)

Le déguisement était chose banale, mais ici, dans *La Nuit des Rois,* il a quelque chose de troublant. La jeune fille se déguise en garçon, mais auparavant le garçon s'était déguisé en fille. Sur la scène élisabéthaine, les rôles de femme étaient tenus par des garçons. C'était là une contrainte, les historiens du théâtre le savent bien. Les rôles de femme, dans les drames de Shakespeare, sont nettement plus courts que les rôles d'homme. Shakespeare se rendait parfaitement compte des possibilités dramatiques des garçons, de leur registre. Ils pouvaient jouer un rôle de jeune fille, avec une certaine difficulté déjà celui d'une vieille femme. Mais comment un jeune garçon aurait-il pu montrer une femme dans tout l'épanouissement de sa maturité? Dans tout le théatre de Shakespeare, mieux, dans tout le théâtre élisabéthain, il existe extrêmement peu de rôles de ce genre. Lady Macbeth et Cléopâtre ont atteint à leur maturité sexuelle. Mais il n'empêche que leurs rôles sont courts, adaptés aux possibilités d'un jeune garçon. Toutes les actrices qui ont joué Cléopâtre ou lady Macbeth le savent. Ces rôles n'ont que peu de matière, comme si des pages entières en avaient été arrachées — ils sont pleins de trous. Shakespeare avait peur de montrer Cléopâtre dans des scènes d'amour — il préférait les relater. Il a parlé de ses charmes physiques, il n'a pas voulu les montrer. Entre Macbeth et sa femme, les questions du sexe ne sont pas entièrement tirées au clair; le lit est pour eux une terre brûlée ou encore, dans ce couple, c'est l'homme qui est la femme. Dans *Macbeth,* dans *Antoine et Cléopâtre,* on voit comment Shakespeare se battait contre les limitations inhérentes au jeu des acteurs. Mais par deux fois pour le moins, Shakespeare a fait de ces limitations à la fois le thème et l'instrument théâtral de sa comédie. *La Nuit des Rois* et *Comme il vous plaira* ont été écrits pour un théâtre où les garçons jouent les rôles de jeunes filles. Le déguisement est ici double, comme s'il se jouait sur deux niveaux : le garçon se déguise en fille qui se déguise en garçon.

Il n'est point de beauté mieux fondue ; ce rouge et ce blanc ont été mis là par la main exquise et savante de la nature elle-même. Madame, vous êtes la plus cruelle des vivantes, si vous emportez toutes ces grâces au tombeau, sans en laisser copie au monde.

(I, 5)

On a comparé ce passage aux *Sonnets*. Une fois encore, se retrouvent dans la *Nuit des Rois* le même style et la même cadence. Jusqu'aux mots qui sont semblables :

Elle t'a fait son sceau, ayant par toi désir
De le voir reproduit, non de le voir périr.

(XI)

L'homme adressait cette supplique au garçon qui était tout à la fois son amoureux et son protecteur. Dans *La Nuit des Rois*, c'est le page du Duc qui dit cela à Oliva — une fille déguisée en garçon à un garçon déguisé en fille. Mais la fille déguisé en garçon est elle-même un garçon déguisé en fille.

— Amis, quel est ce pays ?
— L'Illyrie, madame.

(I, 2)

Nous sommes toujours en Illyrie. Dans ce pays, l'ambiguïté est le principe tant de l'amour que de la comédie. Viola n'est ni un garçon, ni une fille. Viola-Césario, c'est le « garçon-fille » des *Sonnets*. C'est là l'instrument pour lequel a été écrite la musique de *La Nuit des Rois*. Viola est simultanément éphèbe et androgyne.

Crois-le, cher enfant ; car ce serait mentir à ton heureux âge que de t'appeler un homme : les lèvres de Diane ne sont pas plus douces ni plus vermeilles ; ta petite voix est comme celle d'une jeune fille, flûtée et sonore, et tu jouerais parfaitement un rôle de femme.

(I, 4)

Le Duc, Viola, Olivia ne sont pas des caractères ; ils sont creux et seul l'amour les emplit. On ne peut les séparer les uns des autres. Ils n'ont pas d'existence indépendante. Ils ne vivent que dans leurs relations mutuelles et seulement par elles. Ils sont contaminés par l'amour et s'en contaminent l'un l'autre. Le Duc aime Olivia, Olivia aime Césario, Césario aime le Duc. Il en est ainsi à la surface du dialogue, et au niveau le plus élevé de la mascarade shakespearienne. L'homme, le garçon, la femme — l'amour et ses trois visages, comme dans les *Sonnets*. C'est cela, justement, le thème de l'Illyrie. Le personnage principal, ici, est le Duc. Il incarne l'Eros Socraticus :

> Le sein d'une femme ne saurait supporter les élans de la passion violente que l'amour m'a mise au cœur : nul cœur de femme n'est assez grand pour contenir tant d'émotions; nul n'est assez vaste. Hélas! leur amour peut bien s'appeler un appétit : ce qui est ému en elles, ce n'est pas le foie, mais le palais...
>
> (II, 4)

Et plus loin, dans la même explosion :

> Ne fais pas de comparaison entre l'amour que peut me porter une femme et celui que j'ai pour Olivia.

En Illyrie, tous parlent de l'amour en vers. En vers nobles, parfois un peu forcés. Le drame véritable se déroule sous le couvert de cette rhétorique de cour. Quelquefois, simplement, le rythme sera brisé et un cri jaillira à la surface. C'est ainsi que crie Olivia après la première sortie de Césario :

> Peut-on si vite attraper le fléau?
>
> (I, 5)

Le Duc ou Viola pourraient crier de même. Tous les personnages, ici, ont quelque chose du garçon blond ou de la Dame Noire. Tous héritent d'une amère connaissance de l'amour. L'amour, en Illyrie, est violent et sans patience, il ne saurait être satisfait ni payé de retour.

> Puisque je suis un homme, je dois désespérer d'obtenir l'amour de mon maître. Puisque je suis une femme — hélas! — que d'inutiles soupirs j'arrache à la pauvre Olivia!
>
> (II, 2)

Comme dans les *Sonnets*, trois êtres épuisent toutes les formes de l'amour. Olivia aime Césario, Césario aime le Duc, le Duc aime Olivia. Mais Césario, ne l'oublions pas, c'est Viola. Au niveau moyen du travestissement shakespearien, Olivia aime Viola, Viola aime le Duc, le Duc aime Olivia. Le triangle shakespearien a subi une nouvelle transformation : à présent il y a un homme et deux femmes ou plutôt — un homme, une jeune fille et une femme.

> Comme cela s'arrangera-t-il? Mon maître l'aime tendrement, et moi, pauvre monstre, je suis tant éprise de lui; et elle, dans sa méprise, paraît raffoler de moi.
>
> (II, 2)

Pour Olivia, Viola est un garçon efféminé; pour le Duc, elle est une fille garçonnière. L'androgyne shakespearien joue le garçon pour Olivia et la fille pour le Duc. Une troisième fois, c'est une mutation du même triangle. Olivia et le Duc sont simultanément amoureux de Césario-Viola, du garçon-fille. L'Illyrie est le pays du délire amoureux. Les prénoms et les appellations ont souvent chez Shakespeare la qualité d'associations d'idées camouflées. La boucle s'est refermée, mais c'est là un cercle vicieux. Dans toutes les métamorphoses du travestissement, à tous ses niveaux, ces trois-là : Olivia, Viola et le Duc se poursuivent et ne parviennent pas à se rejoindre. Comme les chevaux d'un carrousel — pour reprendre l'expression de Sartre. Viola-Césario tourne sans désemparer entre Olivia et le Duc.

L'apparition de Sébastien ne modifie rien en fait. C'est un personnage de l'intrigue, il ne participe pas au véritable drame d'amour. Il sort tout droit de la nouvelle italienne et a été adopté par Shakespeare comme faisant partie de l'inventaire, afin que la comédie puisse avoir un dénouement. Mais même pour les péripéties de ce personnage de convention, Shakespeare ne renonce pas à l'ambiguïté. En Illyrie, l'aura de l'inversion s'empare de chacun :

> Il m'a été impossible de rester derrière vous : mon désir, plus aigu que l'acier effilé, m'a éperonné en avant.
>
> (III, 3)

Antonio, l'autre capitaine du navire, est amoureux de Sébastien. Il l'a sauvé de la catastrophe et l'accompagne à présent dans ses aventures, le poursuivant à travers toute l'Illyrie. Il est fidèle et courageux, mais en même temps ridicule et vulgaire. Il devrait être grand et gras, ressembler à s'y méprendre au premier capitaine, à celui qui accompagnait Viola. Shakespeare reprend souvent sur le ton bouffe le thème même qui tout d'abord a été traité sur un ton sérieux ou lyrique. Sébastien est le jumeau et le sosie de Viola. Si Viola avait été un garçon, Sébastien aurait dû être une fille. A présent, un géant barbu poursuit à travers l'Illyrie un garçon efféminé. C'est là l'avant-dernière des métamorphoses de *La Nuit des Rois.*

L'apparition de Sébastien ne dissipe pas l'ambiguïté fondamentale des situations amoureuses en Illyrie; elle aurait plutôt tendance à l'approfondir encore. Qui, ici, a été trompé? Olivia ou le Duc? Qui les apparences ont-elles leurré? Que signifie cette comédie des erreurs? Le désir relève-t-il de l'ordre de la nature, ou de l'ordre de l'amour? L'amour est dément. Mais la nature? La nature peut-elle être folle, insensée? Olivia est tombée amoureuse de Césario, il est apparu que Césario n'était autre que Viola. Mais voici que Viola s'est à présent transformée en Sébastien :

> Il résulte de là, madame, que vous vous êtes méprise, mais la nature en cela a suivi sa pente.
>
> (V, 1)

Le garçon est tombé amoureux du Duc, le garçon était une fille déguisée. Rien n'est obstacle à un second mariage :

> Votre maître vous donne congé; mais, en retour des services que vous lui avez rendus, services si opposés à la nature de votre sexe [...] vous serez désormais la maîtresse de votre maître.
>
> (V, 1)

La comédie est finie. Est-ce *La Nuit des Rois,* ou *Ce que vous voudrez?* Que désirez-vous : un garçon ou une fille? Les acteurs ôtent leur costume : le Duc tout d'abord, puis Viola et Olivia. Voici accomplie la dernière métamorphose du triangle amoureux. Ne restent plus qu'un homme et deux garçons. Mais revenons encore pour un moment sur la scène : « la nature en cela a suivi sa pente... » Le garçon jouait une fille laquelle jouait un garçon; puis le garçon est redevenu une fille qui, une fois de plus, s'est transformée en garçon. Viola s'est métamorphosée en Césario, puis Césario est devenu Viola laquelle s'est transformée en Sébastien. Mais alors, en définitive, qu'est-ce qui était apparence dans cette comédie des erreurs? Il n'y a qu'une réponse : le sexe. L'amour et le désir passent du garçon à la fille, et de la fille au garçon. Césario est Viola, et Viola est Sébastien.

> ... tant est pleine de caprices la passion, cette fantaisie suprême!
> (I, 1)

*Les Bonnes* de Genet commencent par une scène au cours de laquelle la maîtresse punit la servante, lui crie après et la gifle. Au bout d'une quinzaine de répliques, nous commençons à nous rendre compte que ce n'était là qu'un jeu, que sur la scène il n'y a ni Maîtresse, ni Bonne, mais seulement deux sœurs dont l'une fait semblant d'être la Maîtresse et dont l'autre joue le personnage de sa propre sœur. Elles jouent la comédie de la révolte et de l'humiliation. Dans *Les Bonnes,* il y a trois rôles de femmes : la Maîtresse et les deux sœurs, mais Genet, dans ses commentaires à la pièce, exige que tous les rôles soient tenus par des hommes. La passion est une, elle a tout simplement divers visages : celui de l'homme et de la femme, du dégoût et de l'adoration, de la haine et du désir.

Il a déjà existé des mises en scène de *La Nuit des Rois* où Sébastien et Viola étaient joués par le même acteur. Il semble que ce soit l'unique solution, même si, pour demeurer entièrement fidèle à ce choix, on est amené à traiter l'épilogue de façon parfaitement conventionnelle. Mais il ne suffit pas que Césario-Viola-Sébastien soit joué par une seule et même personne, il faut que celle-ci soit un garçon. Alors seulement le théâtre montrera ce qu'est le thème véritable de l'Illyrie : le *delirium amoris,* autrement dit les métamorphoses du sexe.

## IV

Le déguisement est une mascarade. Celle-ci possède, elle aussi, son érotique et sa métaphysique. La plus facile à mettre en évidence est l'érotique. Elle est attestée à maintes reprises, dans la littérature et dans les mœurs. Dans les *Dialogues des courtisanes* de l'Arétin, celles qui ont fonction d'enseigner le métier recommandent à maintes reprises de se déguiser et de faire semblant d'être un garçon, c'étant là le moyen le plus efficace d'éveiller la passion. En voyage, une tenue masculine devait protéger la jeune fille, lui éviter de se faire attaquer, mais le travesti la rendait encore plus séduisante et cela, de triple façon : pour les hommes qui aiment les femmes et qui, sous le déguisement, étaient capables de deviner les formes d'une jeune fille; pour les hommes qui aiment les garçons et qui voyaient dans la jeune fille travestie le garçon efféminé tant désiré; enfin pour les femmes trompées par le vêtement et chez qui le garçon imberbe et charmant éveillait de violents appétits.

« Elles se couchèrent dans le même lit, mais elles ne goûtèrent point le même repos. Pendant que l'une dort, l'autre pleure et gémit, et ses désirs s'enflamment de plus en plus; si parfois le sommeil alourdit ses paupières, cette courte trêve est pleine de songes menteurs, où elle croit que le ciel comble ses vœux en donnant à Bradamante le sexe qu'elle a souhaité pour elle.

» Tel qu'un malade atteint d'une soif ardente, qui, au milieu de ses accès, se représente, dans son repos agité et interrompu, toute l'eau qu'il a bue dans sa vie, telle l'infortunée à qui son rêve offre en vain ce qui eût pu la satisfaire, se réveille et, en étendant la main, reconnaît combien les songes sont trompeurs. » (14)

Telles furent les aventures de Bradamante dans le *Roland Furieux* de l'Arioste, lorsqu'elle eut revêtu la tenu de chevalier. Avec non moins de raffinement poétique, John Donne, un contemporain de Shakespeare, a su montrer les dangers du travestissement, dans son Elégie XVI, *A sa maîtresse.* Il cherche à la dissuader de partir en voyage habillée en homme :

Ne dissimule point; ne déguise ton corps
Ni ton cœur; tu serais, page, connue encor
De tous hormis toi-même [...]
Les Français [...]
Te reconnaîtraient vite, hélas, et non moins vite
Le Romain qui fait feu de tout bois; [...]
Heureux de te croire écuyer,
Il te poursuivrait des feux répugnants infligés
Aux beaux hôtes de Loth (15).

(14) L'Arioste, *Roland Furieux,* trad. de C. Hippeaux. Paris, 1880. Chant 25, stances 41-42.

(15) *Poèmes* de John Donne. Ed. bilingue traduite par Jean Fuzier et Yves Denis. Gallimard, Paris, 1962.

La mascarade était un genre de divertissement fort prisé à la cour d'Angleterre et par les aristocrates. Sa nature dépendait évidemment des goûts du maître de maison. C'est une mascarade contemporaine de ce genre, précisément, que nous dépeint Marlowe avec l'anachronisme patent dans son *Edouard II.* La description est suffisamment précise pour qu'aucun doute ne subsiste sur son caractère :

« ... donc, la nuit, j'aurai des masques italiens, de doux entretiens, des comédies, de plaisants spectacles; le jour, pendant la promenade, j'habillerai mes pages en nymphes des bois. Mes hommes déguisés en satyres s'ébattront sur l'herbe et danseront les rondes antiques des chèvre-pieds. Un gracieux jeune garçon, prenant l'apparence de Diane, ses cheveux dorant l'eau où il se glisse, et tenant plaisamment un rameau d'olivier pour cacher ces endroits que les hommes aiment tant à regarder, un gracieux jeune garçon, des perles en bracelet autour de ses bras nus, se baignera dans quelque source. Non loin de là, un autre figurera Actéon l'épiant au travers des bosquets, il sera métamorphosé par Diane en colère et prendra la fuite sous l'aspect d'un cerf; jeté à terre et déchiré par des chiens glapissants, il feindra de mourir. » (16)

*La Nuit des Rois* aurait parfaitement pu commencer par cette scène jouée dans un masque. Ce qui frappe, dans ce passage de Marlowe, ce n'est pas seulement la ressemblance des poétiques, mais la quasi-identité des thèmes et des symboles. Nous avons quitté Actéon en Illyrie. Le garçon aux cheveux d'or qui se baigne dans le ruisseau, n'est-ce pas justement le blond garçon-fille des *Sonnets?* Il joue avec un rameau d'olivier, a des perles enroulées autour de son bras nu, de la main il dissimule son sexe. Nous voici de nouveau dans le climat de la peinture et de la sculpture florentines. Ce garçon aux formes de Diane fait songer aux deux Bacchus — à celui de Léonard et à celui de Michel-Ange.

Le correspondant anatomique du travesti, c'est l'hermaphrodite; son correspondant métaphysique, c'est l'androgyne. L'androgyne est un archétype; c'est le concept et l'image de la fusion des éléments masculin et féminin. Dans l'Antiquité, l'enfant qui naissait avec des signes d'hermaphrodisme était tué par ses parents. L'hermaphrodite anatomique était tenu pour une aberration de la nature ou pour un symptôme de la colère des dieux. D'androgynes, il n'y avait que les dieux.

(16) Marlowe. *Edouard II,* I, 1. Trad. Marie-Claire Valène. L'Arche, Paris, 1962.

Surtout ceux dont tout etait parti. Dans toutes les théogonies, l'apparition du monde est précédée de la naissance de dieux androgynes. La Magna Mater de l'Antiquité était une créature dotée des deux sexes; c'est le cas de presque tous les dieux de l'Orient et d'Isis l'égyptienne. Dans la théogonie d'Hésiode, le Chaos androgyne donne naissance à Erèbe androgyne et à la Nuit, féminine. En Carie, on a découvert une statue de Zeus portant six mamelles disposées en triangle. A Chypre, on adorait une Aphrodite barbue; ailleurs, on en vénérait une autre, chauve. La tête de Janus de la Rome ancienne avait tout d'abord été dotée de traits à la fois masculins et féminins.

Dionysos est l'un des plus anciens dieux bisexués; on le représentait avec les attributs des deux sexes. Dans un fragment retrouvé d'une tragédie inconnue d'Eschyle, quelqu'un s'écriait à sa vue : « D'où viens-tu, l'homme-femme; et quelle est ta patrie? Quel est ce vêtement? » A l'époque hellénistique, on représentait Dionysos sous les traits d'un jeune homme aux formes efféminées. Ovide et Sénèque lui donnaient un « visage de vierge » (17). La Renaissance allait hériter de ces représentations. Les fêtes de Dionysos étaient l'occasion de travestissements liturgiques des garçons en filles et des filles en garçons. Les jeunes filles portaient des petits phallus sculptés. La tradition des dionysiaques et des saturnales est demeurée particulièrement vivante dans le carnaval italien.

Le déclin de la Renaissance, ensuite tout le *Cinquecento,* période du maniérisme et du baroque, ont entraîné dans l'art, la philosophie, le mysticisme religieux, une réapparition des mythes antiques, lesquels devenaient de plus en plus syncrétiques. Ils exprimaient aussi bien le déchirement entre l'épicurisme et le spiritualisme que les nouveaux liens rattachant la tradition orphique et le platonisme au christianisme. Ces mythes s'infiltraient dans tous les vides laissés par la philosophie naturelle, car celle-ci ne suffisait plus, désormais, pour comprendre un monde de plus en plus amer.

A cette époque, sont vivants et agissants tous les mythes androgyniques, ainsi que les représentations s'y rattachant des dieux ou des symboles bisexués : Bacchus-Dionysos, Hermès, Diane, Aphrodite. Ils servent à des spéculations de toute nature et viennent se mêler inextricablement à la métaphysique et à l'alchimie. Le plus souvent, toutefois, ils appa-

(17) Cf. Marie Delcourt, *Hermaphrodite,* Paris, 1958.

raissent accompagnés de près par une érotique socratique. C'est à ce domaine qu'appartiennent le mythe d'Actéon qui, pour avoir contemplé Diane, fut métamorphosé en cerf et déchiré par les chiens, et le mythe de Narcisse qui devint amoureux de son propre reflet en se contemplant dans un étang. Il y avait vu l'image d'un jeune homme nu.

C'est ici qu'il faut situer également le mythe de Ganymède. Michel-Ange a offert à son tout jeune ami — celui-là même pour qui il avait écrit ses sonnets d'amour — une série de dessins dont certains représentent l'enlèvement de Ganymède par Jupiter transformé en aigle. A Florence, du temps des Médicis, ce mythe possédait évidemment une double interprétation. Il était le symbole de l'amour mystique qui permet de s'unir à Dieu et de le contempler directement. Mais en même temps, tout comme dans l'Antiquité, Ganymède demeurait le symbole de la pédérastie.

Car jamais Jupiter ne s'éprit de Ganymède
Comme le Roi de ce perfide Gaveston!

(Marlowe, *Edouard II*, I, 4)

Rosalinde, lorsqu'elle s'est réfugiée dans la forêt d'Ardennes, a pris le nom de Ganymède. Shakespeare a utilisé les mêmes prénoms que Lodge dont la nouvelle lui avait fourni le canevas de *Comme il vous plaira*. Le choix et le maintien de ce nom n'étaient pas le fait du hasard :

Je ne veux pas que mon nom soit inférieur
A celui que portait le page de Jupin.
Ainsi donc, il faudra m'appeler Ganymède.

(I, 3)

Rosalinde, déguisée en garçon, rencontre Orlando dans la forêt d'Ardennes. Orlando est amoureux de Rosalinde et elle l'est de lui. Mais Orlando ne reconnaît pas Rosalinde sous l'aspect de Ganymède. Rosalinde cherche à le séduire, elle le fait brutalement, mais c'est là tentative de séduction d'un garçon, ou plutôt d'un garçon qui dans cette liaison veut être la fille pour son amant. Rosalinde joue Ganymède qui à son tour joue Rosalinde :

ORLANDO — Je ne voudrais pas guérir, jeune homme.

GANYMÈDE (Rosalinde) — Il suffirait, pour guérir, de m'appeler Rosalinde, et de venir tous les jours dans ma cabane me faire la cour. [...]

ORLANDO — De tout cœur, cher garçon.
GANYMÈDE — Non, il faut m'appeler Rosalinde.

(III, 2)

C'est le commencement. Ces scènes sont sans doute les plus accomplies et les plus raffinées parmi tous les dialogues d'amour jamais écrits par Shakespeare. Si le terme « maniérisme » n'avait pas été dans une certaine mesure discrédité, il faudrait tenir ces scènes pour le chef-d'œuvre du maniérisme. A la surface du dialogue, au niveau supérieur du déguisement — exactement le même déguisement que celui de *La Nuit des Rois* — deux garçons, Ganymède et Orlando, mènent le jeu amoureux. Au niveau intermédiaire, nous avons Rosalinde et Orlando amoureux l'un de l'autre. Mais la véritable Rosalinde n'en est pas moins un garçon travesti.

Les frontières entre l'illusion et la réalité, entre l'objet et son reflet s'estompent peu à peu. Il faut une fois encore faire appel ici à l'esthétique théâtrale de Jean Genet. Le théâtre est de par sa nature la représentation de toutes les relations humaines, et cela nullement parce qu'il est leur imitation plus ou moins réussie. Le théâtre est l'image de toutes les relations humaines parce que la fausseté en constitue le principe. Une fausseté originelle — comme le péché originel. L'acteur joue un personnage qu'il n'est pas. Il est celui qu'il n'est pas. Il n'est pas celui qu'il est. Etre soi, cela signifie simplement jouer son propre reflet dans le regard des autres.

Il n'y a pas de Blancs et de Noirs pris à part. Les Nègres ne sont noirs que pour les Blancs, tout comme les Blancs ne sont blancs que pour les Nègres. Les « véritables » Nègres, ce sont des Blancs qui jouent les noirs; tout comme les « véritables » Blancs, ce sont des noirs qui jouent les blancs. Mais les Nègres et les Blancs sont ensemble, et donc ils se contaminent les uns les autres à l'aide de leurs images, exactement comme des miroirs disposés selon l'angle voulu répètent le reflet de chaque objet un nombre infini de fois. La « véritable » fille est un garçon travesti.

Dans les scènes d'amour qui se déroulent dans la forêt d'Ardennes — tout comme en Illyrie — il existe une correspondance complète entre la forme théâtrale et le sujet, et ils s'imprègnent l'un l'autre. A condition, évidemment, que comme sur la scène élisabéthaine, les rôles de jeunes filles soient tenus par des garçons. L'acteur travesti en fille joue une fille déguisée en garçon. Tout est à la fois réel et irréel, faux et vrai. Et nous serions bien incapables de dire de quel côté du miroir nous nous sommes trouvés. Comme si tout était reflet...

GANYMÈDE — Et je suis votre Rosalinde!

CÉLIA — Il aime à vous donner ce nom, mais sa Rosalinde a une autre allure que vous.

GANYMÈDE — Allons, adorez-moi, dépêchez-vous de m'adorer! Car j'ai mon humeur des jours de fête et j'aimerais assez m'abandonner. Que me diriez-vous maintenant si j'étais votre vraie, vraie Rosalinde?

(IV, 1)

Rosalinde joue Ganymède jouant Rosalinde. Elle joue son propre personnage épousant Orlando. Lors de ce mariage, Célia jouera le rôle du prêtre. L'étonnante poésie de ces scènes n'a jusqu'à présent jamais été mise en évidence. Comme si le théâtre contemporain ne possédait pas d'instrument approprié! Et pourtant, il y a place au même degré, dans ces scènes, pour le théâtre de Jean Genet, que dans *Le Roi Lear* il y avait place pour celui de Beckett, à ceci près que c'est ici du sur-Genet, tout comme le quatuor des fous et des imitateurs de fous dans le troisième acte du *Roi Lear* était du sur-Beckett.

Dans la forêt d'Ardennes, les scènes d'amour procèdent de la logique du rêve; plans, personnages et temps — présent, passé, futur — y sont mélangés; parodie et poésie également.

GANYMÈDE — ... Viens, petite sœur, tu seras le prêtre qui nous mariera. Donnez-moi votre main, Orlando. Qu'en dis-tu, ma sœur?

ORLANDO — Je t'en prie, marie-nous.

CÉLIA — Je ne connais pas la formule.

GANYMÈDE — Vous commencerez par : « Voulez-vous Orlando... »

CÉLIA — Alors vite. Voulez-vous, Orlando, prendre pour épouse Rosalinde, ici présente?

ORLANDO — Je le veux.

GANYMÈDE — Oui, mais quand?

ORLANDO — Mais tout de suite. Aussi vite qu'elle pourra nous marier.

GANYMÈDE — Alors, il faut dire : « Je te prends, Rosalinde, pour épouse ».

ORLANDO — Je te prends, Rosalinde, pour épouse.

GANYMÈDE — Je pourrais vous demander vos pouvoirs, mais cessons. Je te prends, Orlando, pour mari; et voilà une fiancée qui devance le prêtre!

(IV, 1)

La mascarade est un jeu dangereux. Un jeu dans lequel on

abandonne son propre personnage pour en prendre, ou du moins en emprunter un autre. Arlequin est à transformations, mais Arlequin descend de la famille des diables. Le mauvais esprit séduit, car il s'incarne sans cesse sous une autre apparence : sous les traits d'un homme, d'un animal, ou même d'un encrier.

> Déguisement, tu es, je le vois, une profanation, qu'exploite l'adroit ennemi du genre humain.
>
> (*La Nuit des Rois,* II, 2)

La plus dangereuse des mascarades consiste à changer de sexe. Le travestissement possède deux courants : le sacré et le sexuel, le liturgique et l'orgiaque. L'orgie peut également faire partie de la fête liturgique. Pendant les saturnales, garçons et filles échangeaient leurs vêtements. Les lois et les règles étaient suspendues. Les garçons se comportaient en filles, les filles en garçons. Valeurs et jugements, tout était mêlé. Pendant une nuit, tout était permis. Oui, mais dans le déguisement de caractère liturgique, lois et règles n'étaient que suspendues, jamais abrogées. Le travestissement était une sorte de retour au Chaos d'où s'étaient dégagés l'Ordre et la Division et où n'existait pas encore la différence entre les femmes et les hommes (18).

Dans chaque travestissement, il y a l'invitation à Cythère, appel à l'orgie. C'est là une invention diabolique dont la signification est bien plus profonde. La réalisation du rêve éternel de pouvoir dépasser les limites que constitue votre propre corps, votre propre sexe. Le rêve d'une expérience érotique où vous êtes votre propre partenaire, dans lequel vous regardez et vivez votre jouissance comme si vous vous trouviez de l'autre côté. Vous êtes vous-même et en même temps un autre, semblable à vous et néanmoins différent.

Le travestissement possède un fond métaphysique qui est peut-être bien le reliquat de l'époque où il était encore une liturgie. Tout du moins, à l'époque de la Renaissance, il conservait toujours ce fond métaphysique. Il n'était pas seulement une tentative pour parvenir à un érotisme dégagé des limitations du corps. Il était l'aspiration rêvée à un amour dégagé des limitations du sexe, un amour passant par les

(18) A propos du déguisement liturgique et de la mythologie qui s'y rattache, cf. Mircea Eliade, *Méphistophélès et l'Androgyne,* « Les Essais », Gallimard, Paris, 1962.

corps des garçons et des filles, des hommes et des femmes, comme la lumière à travers les vitres.

Dans les scènes finales de *Comme il vous plaira,* on peut retrouver cette double signification du déguisement : spirituel et physique, intellectuel et sensuel. Les corps des garçons et des filles, le désir et l'amour se sont mélangés. Silvius aime la bergère Phébé, Phébé aime Ganymède, Ganymède aime Orlando, Orlando aime Rosalinde. Ganymède est Rosalinde, mais c'est Rosalinde qui est Ganymède, car Rosalinde est un garçon, tout comme Phébé est un garçon. L'amour est une valeur absolue et également le plus absolu des accidents. L'érotisme traverse les corps comme un courant et provoque un frisson. Chaque Rosalinde est Ganymède et tout Ganymède est Rosalinde.

GANYMÈDE — Regardez, voici venir mon amoureuse et son amoureux [...]
PHÉBÉ — Bon berger, dites-lui ce que c'est que d'aimer.
SILVIUS — C'est n'être qu'un bouquet de soupirs et de larmes.
Ainsi suis-je pour Phébé.
PHÉBÉ — Et moi, pour Ganymède.
ORLANDO — Et moi, pour Rosalinde.
GANYMÈDE — Et moi, pour aucune femme.
SILVIUS — C'est être tout fidélité, tout dévouement.
Ainsi suis-je pour Phébé.
PHÉBÉ — Et moi, pour Ganymède.
ORLANDO — Et moi, pour Rosalinde.
GANYMÈDE — Et moi, pour aucune femme.
SILVIUS — C'est être entièrement façonné par l'extase.
C'est être tout désir, être tout passion,
Tout adoration, devoir, soumission,
Et tout humilité comme tout patience
Et tout impatience,
Tout pureté, résignation et respect.
Ainsi suis-je pour Phébé.
PHÉBÉ — Et moi, pour Ganymède.
ORLANDO — Et moi, pour Rosalinde.
GANYMÈDE — Et moi, pour aucune femme.

(V, 2)

Les scènes d'amour de *Comme il vous plaira* se déroulent dans la forêt d'Ardennes. Celle-ci est semblable à toutes les forêts de Shakespeare, peut-être un peu plus surprenante, seulement. Comme si elle les contenait toutes, les répétait ou les annonçait. Les forêts de Shakespeare sont véritables et enchantées, des scènes tragiques et grotesques, pathétiques et lyriques s'y déroulent. Dans la forêt shakespearienne, la vie est soumise à une accélération, elle devient plus intense, plus violente et en même temps plus transparente en quelque sorte. Tout y est doté d'un double exposant : littéral et métaphorique. Existe pour soi-même et en même temps est son propre reflet, sa généralisation, son archétype.

Dans la forêt shakespearienne, pendant la nuit d'été, les amants ont passé par la zone sombre de l'érotisme animal. Ils ont connu la soudaineté du désir et de la possession. Partenaires, hommes ou femmes, ont été échangés. Dans une autre des forêts de Shakespeare, quatre personnages passeront par la tempête et l'ouragan : le souverain qui a renoncé à sa couronne, le ministre proscrit, le frère banni et le bouffon (19). Ils en seront réduits à n'être plus qu'existence nue qui doit se suffire à elle-même, puisqu'il lui est impossible de faire appel ni au ciel vide, ni à l'histoire sanglante, ni à la nature dépourvue de raison. Enfin, dans la dernière des forêts de Shakespeare, sur l'île de Prospéro, l'histoire accélérée de notre monde sera représentée en l'espace de trois heures.

En premier lieu, la forêt d'Ardennes est une fuite, une fuite loin de cet éternel royaume cruel dans lequel — comme toujours chez Shakespeare — se répètent de façon obsédante deux thèmes : la proscription du souverain légitime et la spoliation du jeune frère que l'on dépouille de son héritage. C'est là, pour Shakespeare, l'histoire universelle, dans sa version la plus courte et la plus élémentaire. Dans *Comme il vous plaira*, en outre, la fille du duc détrôné sera elle aussi bannie. Le prologue ne possède absolument rien de cette sérénité et de cette insouciance que les critiques, suivant encore en cela l'exemple du dix-neuvième siècle, cherchent à retrouver dans *Comme il vous plaira* et *La Nuit des Rois*. Il paraît même particulièrement sombre :

> Ah! quel est donc ce monde où le mérite même
> Empoisonne celui qui en est possesseur.
>
> (II, 3)

Le tyran s'est assis sur le trône, le frère persécute le frère, l'ambition détruit l'amour et l'amitié, le monde est gouverné par la violence nue et par l'argent. On emporte, côtes brisées, les concurrents qui se sont affrontés dans le tournoi de lutte organisé par le Duc. Le prologue de *Comme il vous plaira* a la

(19) Dans *Le Roi Lear*.

même atmosphère que les Chroniques, on y étouffe et tout le monde a peur. Le nouveau souverain est soupçonneux et méfiant, jaloux de tout et de tous, incertain de sa position, flairant en chacun un ennemi. Comme dans les Chroniques, l'unique salut est dans la fuite. A n'importe quel prix et le plus vite possible.

Je vois cette maison comme une boucherie!

(II, 3)

Le prologue est violent et brutal — l'épilogue naïf et idyllique. Volontairement donné sans aucune motivation. En quelques vers. Le mauvais prince a rencontré un ermite et s'est converti. Le frère a rendu l'héritage à son frère.

Et c'est un beau cadeau de noces que tes frères
Reçoivent par ta bouche. L'un retrouve ses terres,
L'autre un vaste domaine et un puissant duché.

(V, 4)

Entre le prologue noir et l'épilogue de conte de fée, il y a la forêt d'Ardennes. La plus anglaise de toutes les forêts de Shakespeare. Comme dans le Warwickshire, non loin de Stratford. De hauts chênes y croissent, c'est plein de clairières et de percées, les ruisseaux y coulent sur des cailloux moussus, on s'y perd entre les aubépines et les ronces de mûriers. Des oiseaux chantent dans ce bois, des chevreuils y courent, des lièvres et des daims (« *poor dappled fools* »). C'est dans cette forêt qu'a cherché refuge le Duc proscrit :

On le dit déjà dans la forêt d'Ardennes, en compagnie de quelques joyeux gentilshommes. Ils vivent là-bas comme faisait en Angleterre le vieux Robin des Bois; de nombreux jeunes gens grossissent chaque jour leur petite troupe et le temps passe pour eux sans souci comme si c'était l'âge d'or.

(I, 1)

Dans cette forêt d'Ardennes, de nobles seigneurs jouent aux hommes libres et aux brigands d'honneur, le Duc marie le bouffon à la vachère, les paysans font paître les brebis en déclamant des poèmes d'amour, les jeunes filles se déguisent en garçons, le courtisan mélancolique se raille lui-même et couvre de sarcasme tous alentour.

Etrange est cette forêt d'Ardennes où se rencontrent presque tous les personnages du monde shakespearien. Elle est véritable, elle est une utopie féodale et elle est cette utopie tournée en dérision. Dans cette forêt anglaise, une lionne et son petit se sont égarés, et dans la mousse rampent des serpents.

Et maintenant filons, volons le cœur content,
Ne parlons pas d'exil, à nous la liberté!

(I, 3)

C'est la coda du premier acte. Dite par Célia à Rosalinde avant qu'elles ne fuient vers la forêt. Le royaume de la liberté est en même temps celui de la nature. D'une nature idyllique, d'une nature poétisée, comme empruntée à Théocrite :

Et notre vie si loin de la chose vulgaire
Ecoute l'arbre et le ruisseau parler leur langue,
Trouve bons les avis des cailloux et des pierres.
Je n'en voudrais changer.

(II, 1)

Le royaume de la liberté et de la nature est mis en opposition avec la vie à la cour. L'harmonie et la liberté avec la servitude des esprits, la gêne des cœurs, l'incertitude de la vie.

Et ces bois
Ne sont-ils pas plus sûrs qu'une cour envieuse?

(II, 1)

Mais, dès la première scène, le trouble est jeté dans l'idylle. Comme dans *La Nuit des Rois,* les instruments sont désaccordés. La musique de la forêt d'Ardennes est toute de dissonances.

... ces bourgeois des cités forestières,
Sur leur propre terrain, assassinés de flèches
Qui salissent de sang leurs beaux flancs arrondis.

(II, 1)

En apparence, nous sommes toujours dans le même climat poétique. Les regrets sentimentaux sur le cerf blessé, abandonné par ses compagnons, font partie des scènes de chasse. Pourtant, ici, la tonalité est autre. Le royaume de la nature est tout aussi impitoyable et aussi égoïste que le monde de la civilisation. Il n'est pas de retour à l'harmonie originelle. Les dépossédés dépossèdent, ceux qui se sont enfuis la vie sauve, tuent.

> ... Vous êtes plus coupable
> Que votre propre frère en usurpant vos biens.
>
> (II, 1)

En Arcadie, tous sont égaux. La force toute-puissante de l'argent, la suprématie de la naissance sont choses inconnues. Le droit ne recule pas devant la force, seuls sont malheureux ceux qui aiment sans être payés de retour. A peine Rosalinde s'est-elle trouvée dans la forêt d'Ardennes qu'elle a déjà surpris la conversation de deux bergers; le plus jeune se plaint à son aîné que son amour ne lui soit pas payé de retour. Rosalinde a faim et sommeil. Les héros de Shakespeare — tout comme ceux d'Homère — ont toujours, de temps à autre, faim et sommeil. Même lorsqu'ils sont malheureux en amour, même lorsqu'ils trament des complots. Rosalinde et Célia cherchent un gîte et un repas. Contre argent comptant, évidemment. Cette Rosalinde de romance a les pieds bien sur terre. Exactement comme Shakespeare. Dans la forêt d'Ardennes où ce devait être le retour à l'âge d'or, règnent les lois capitalistes du travail salarié :

> Mais je suis un berger travaillant pour autrui.
> Je ne tonds pas pour moi les moutons que j'engraisse;
> Mon maître est regardant comme il n'est pas possible.
>
> (II, 4)

Et avec plus d'insistance encore :

> Au reste, sa cabane et ses prés, ses troupeaux,
> Sont maintenant à vendre.
>
> (II, 4)

Notre Rosalinde d'Arcadie, notre Rosalinde de romance, notre Rosalinde de comédie pastorale en vogue à la cour, achète le chalet, les terres et les moutons :

> Je t'en prie, si cela se peut honnêtement,
> Achète la maison, les prés et le troupeau,
> Et nous te donnerons de quoi payer le tout.
>
> (II, 4)

L'Arcadie est devenue un bien immobilier, une propriété, un domaine foncier. Le berger parle :

Informez-vous, voyez le sol et le profit
Que l'on peut en tirer et le genre de vie.
Vous trouverez en moi un fidèle berger
Prêt à tout acheter de votre or, à l'instant.

(II, 4)

Très belle, cette énumération, et très beau l'ordre des termes : *the soil, the profit, and this kind of life...* Très beau et très anglais. Très shakespearien que cela, du reste, car de tout ce que nous savons sur Shakespeare, une seule chose est certaine : il s'y connaissait en maisons et en terres et il savait acheter.

Les historiens de la littérature distinguent avec le plus grand soin entre les imitations qu'on a faites de Shakespeare et la mode lancée par l'Arioste. C'est juste. Le fantastique est différent dans le Nord et le Sud, autre est la qualité du sarcasme, quoique parfois un même auteur, et dans une seule œuvre, ait évoqué à la fois l'esprit de Shakespeare et celui de l'Arioste. Musset semble l'avoir fait, tout comme le Polonais Slowacki. Mais plutôt que d'étudier les influences, même les plus incontestables, il est autrement intéressant de voir Shakespeare se mouvoir dans le champ de l'Arioste, dans le « monde vert », ainsi que Northrop Frye qualifiait les forêts enchantées de Shakespeare. C'est précisément dans cette « zone verte » que le Roland Furieux se bat contre les infidèles, rencontre les hippogriffes, devient fou d'amour et essaye d'arracher aux sorciers les secrets du philtre d'amour. C'est précisément dans cette « zone verte » que l'Arioste livre son combat à la folie féodale qu'il est nécessaire de ridiculiser et de railler, mais sans laquelle la vie perd tout son charme et sa poésie. Cervantès entreprendra à son tour ce même combat contre la féodalité, mais avec davantage d'amertume.

De toutes les œuvres de Shakespeare, celles qui sont les plus proches de l'Arioste, ce sont bien *Comme il vous plaira* et *La Nuit des Rois*. Nous y trouvons un semblable mélange de pathos et d'ironie, de raillerie et de lyrisme. Ce mélange des techniques et des genres littéraires est très moderne, et le théâtre a tort de reculer devant lui. Encore plus moderne, encore plus de notre temps est l'attitude pleine d'ambiguïté devant la folie. Ou plutôt devant la fuite dans la folie, dans la mythologie, dans le travestissement. En effet, non seulement Rosalinde se déguise en Ganymède. Les bannis élisabéthains se déguisent en nobles brigands du temps de Robin Hood, tout comme Don Quichotte a revêtu une vieille armure de chevalier découverte dans son grenier. Shakespeare n'a aucune illusion, même pas l'illusion que l'on peut vivre sans illusion.

Il nous conduit dans la forêt d'Ardennes afin de nous montrer qu'il faut fuir, bien qu'il n'y ait pas d'échappatoire; que la forêt d'Ardennes n'existe pas, mais que ceux qui ne fuiront pas seront massacrés. Sans sa fuite dans cette forêt inexistante, Rosalinde n'épouserait pas Orlando et celui-ci n'hériterait pas les biens de son père.

Les deux couples de bergers : le véritable et l'inventé, celui des pâturages d'Angleterre et celui de l'Arcadie pastorale, constituent un système de miroirs qui permettent de déconsidérer, de ridiculiser les raffinements de cour et leur code d'honneur, tous les charmes de « l'état de nature » et les conventions du roman pastoral.

CORIN — Voudriez-vous que nous baisions du goudron? Les mains d'un courtisan sont parfumées de civette.
PIERRE DE TOUCHE — Mais je n'ai jamais vu bonhomme plus creux! [...] la civette vient de plus bas que le goudron; on la tire de l'immonde excrément d'un chat.

(III, 2)

Jonathan Swift se servira par la suite d'un procédé fort semblable. Le grand et le petit constituent eux aussi un système de miroirs. Il suffit de rapetisser de cent fois un homme pour que les guerres dynastiques et la brigue des honneurs de cour deviennent un cirque de puces. Il suffit d'agrandir cent fois pour que le baiser devienne une monstruosité. Pierre de Touche dit à Corin :

Et tu ne vois pas que c'est un péché de mettre ensemble brebis et béliers et de gagner ta vie en faisant copuler le bétail; de servir d'entremetteur à un bélier et de livrer une pauvre petite brebis d'un an à un vieux bélier cornu, cocu, au mufle de travers?

(III, 2)

Ce n'est pas le seul mécanisme du discrédit qui fait ici penser à Swift. Ce qui est le fait d'un précurseur par rapport à ce dernier, c'est de provoquer lentement et avec esprit de suite le dégoût de la nature. Cette « antiphysis » shakespearienne, gagnant avant tout le domaine de la reproduction et de l'instinct sexuel, trouvera son apogée dans *Le Roi Lear* et *Othello*. Mais ici déjà, dans le paysage serein de la forêt d'Ardennes, le mot « naturel » commence à prendre l'acception que nous lui donnons dans l'expression « les fonctions naturelles ».

Ce sont les sots comme vous qui peuplent le monde d'enfants mal venus.

(III, 5)

Ç'aurait pu être une remarque du Fou dans *Le Roi Lear*. Dans *Comme il vous plaira,* ce n'est pas Pierre de Touche qui prononce ces paroles. C'est la douce Rosalinde, Rosalinde la passionnée, qui se moque de Silvius amoureux de Phébé. Rosalinde, Phébé, Audrey — ce sont également les miroirs successifs dans lesquels se contemple l'amour. Les bergers et les bergères des bucoliques étaient toujours beaux. Dans *Comme il vous plaira,* seul Ganymède-Rosalinde, le garçon-fille, a droit à la beauté. Dans cette Arcadie dont on se gausse, les bergères sont laides :

Qu'êtes-vous ? Un quelconque article de bazar
De la nature.

C'est Rosalinde parlant à Phébé. Et plus loin :

Il s'est épris de sa laideur.

(III, 5)

Phébé est laide pour Rosalinde et belle pour Silvius. Phébé n'est laide que dans un seul miroir. Audrey est laide dans tous les miroirs. Audrey *doit* être laide et *doit* être bête. Audrey est naturelle. Le Bouffon veut épouser la laide, la bête. Afin de n'avoir aucune illusion. Le mariage va être béni par le curé Gâchetexte dont la paroisse se trouve évidemment aussi dans la forêt d'Ardennes. Mais le Bouffon battra le curé de vitesse. Le mariage sera consommé selon les lois de la nature. Précisément de cette nature naturelle.

Phébé est poétique, à la Pétrarque. Elle n'apparaît qu'en costume de bergère. Mais chez Shakespeare, même les bergères d'une Arcadie imaginaire acquièrent brusquement réalité. Phébé s'était déguisée en bergère ? Qu'elle ait donc les mains rouges de la porchère ! Shakespeare ne laisse rien subsister de la nature pastorale sucrée et embellie à l'excès.

Allons, allons, c'est fou,
Et vous extravaguez, abêti par l'amour.

Je vis sa main, c'est un vrai cuir, non de la peau,
Et couleur de muraille. Par ma foi, je croyais
Qu'elle avait de vieux gants, mais ses mains étaient nues,
Vraies mains de femme de ménage.

(IV, 2)

C'est sur un contraste analogue entre la poétique raffinée des déclarations d'amour et le dessin brutal des scènes de genre qu'est construite *La Nuit des Rois.* Et une fois encore, comme dans la forêt d'Ardennes, au mélange des genres et des styles correspond une image perturbée du monde. Ce monde est pourtant toujours véritable, et toujours le même — amer, atroce et enivrant, où il est impossible de trouver le repos mais hors duquel il n'est pas de fuite, monde que rien ne justifie, si ce n'est le fait que lui seul existe.

Les critiques mettent en opposition deux courants, deux intrigues dans *La Nuit des Rois :* le tableau idéalisé de l'amour, et la société haute en couleurs de messires Tobie Belch et André Aguecheek; le leurre et la réalité. Universellement, on tient *La Nuit des Rois* et *Comme il vous plaira* pour les plus romantiques des comédies. N'empêche que, de toutes les façons de voir Shakespeare, depuis l'élisabéthaine jusqu'à la nôtre, la plus fausse a été la vision romantique; c'est elle qui nous a légué la tradition théâtrale la plus pernicieuse. Et, en vérité, il faut être entièrement sourd à Shakespeare pour n'entendre dans cette façon qu'a Viola de tourner sans fin entre Olivia et le Duc, rien de plus que la musique romantique de l'amour!

*La Nuit des Rois* n'est qu'apparemment une pièce en costumes italiens qui se passe dans une Illyrie de fantaisie. *La Nuit* est une comédie tout aussi contemporaine de Shakespeare que *Le Songe d'une nuit d'été, Peines d'amour perdues, Comme il vous plaira.* Avec toutes ses apparences de gaieté, c'est une comédie très amère sur la *dolce vita* du temps d'Elisabeth, ou tout du moins sur la *dolce vita* à tous les étages et dans toutes les ailes du palais des Southampton.

Malvolio, le Tartuffe anglais, jette son ombre sur cette *dolce vita,* lui qui est peut-être davantage un haineux qu'un puritain. Il a autour du cou une chaîne avec une cuiller d'argent, il porte de drôles de bas jaunes et des jarretières nouées en croix, mais l'ombre qu'il projette est noire.

On a remarqué à juste titre que dans *La Nuit des Rois,* le personnage de Feste, le bouffon, rattache l'une à l'autre les deux intrigues de la comédie. Il est le seul à aller voir ce qui se passe dans les deux ailes du palais, à errer à tous les étages ; il accompagne au tambourin les airs que le Duc joue sur son luth, et boit dans la joyeuse société de Belch et d'Aguecheek. Il chante ici et là, raille ici et là, est le familier tant des pièces d'apparât que de l'office. Sa chanson mélancolique, dont le refrain sera repris par le Fou du *Roi Lear,* termine la joyeuse comédie. La chanson du Bouffon est la dernière dissonance dans la musique de *La Nuit.*

Les bouffons de *Comme il vous plaira* et de *La Nuit des Rois* représentent l'apport le plus original de Shakespeare aux sujets qu'il s'est appropriés. Si la sagesse devient une pitrerie, la pitrerie devient sagesse. Si le monde est la tête en bas, ce n'est qu'en faisant des pirouettes que l'on peut occuper la position qu'il convient. Tels sont les premiers principes de la logique des bouffons. Le monde fait de chacun des pitres. Sauf des pitres. Eux seuls ont échappé à la bouffonnerie universelle sous leur bonnet de fou. Feste et Pierre de Touche ne sont déjà plus des clowns, leurs plaisanteries ont cessé d'être drôles. Ils sont désagréables. Leur fonction, c'est la désintégration ; ils vivent dans un monde nu, dépouillé de ses mythes, réduit à la connaissance sans illusions.

Dans la forêt d'Ardennes, l'écho du bouffon est double. Pierre de Touche n'est pas seul à donner la réplique aux héros. Le second écho critique, c'est Jacques.

S'il devient musical, lui, riche en dissonances,
Cela fera chanter faux les sphères célestes.

(II, 7)

*Comme il vous plaira* et *La Nuit des Rois* sont déjà proches, par la date, de *Hamlet.* Dans le personnage de Jacques, les critiques familiers de Shakespeare ont depuis longtemps déjà décelé la première esquisse du personnage du prince danois. Jacques, avant de se métamorphoser en Hamlet, doit d'abord passer par l'école des bouffons. Feste et Pierre de Touche sont déjà des fous philosophes. Mais ils ne sont que des fous. Ils cessent d'exister dès qu'ils ont retiré leur bonnet à grelots. Le pitre philosophe, avant de devenir Hamlet, doit acquérir des raisons personnelles d'être amer. Il doit d'abord être un homme.

... une mélancolie, fille de mes divers souvenirs de voyage dont la fréquente rumination me drape toujours l'âme d'une humeur chagrine.

(IV, 1)

Et un peu avant, sur un ton peut-être plus proche encore de celui d'Hamlet :

Mais il est bon d'être triste et de ne rien dire.

(IV, 1)

Jacques, au commencement, est un solitaire ombrageux. C'est du moins ainsi que le définit le Duc. C'est un mélancolique à l'état pur, l'essence même de la mélancolie. Comme si tout entier il était rempli de bile, conformément à la classification élisabéthaine des humeurs. Mais il a vite été fasciné par le Bouffon :

O noble, digne fou ! l'habit bariolé,
Mais c'est tout le costume !

(II, 7)

Tout comme le roi Lear alors qu'il erre jusqu'à la fin de la nuit d'hiver, Jacques subit dans la forêt d'Ardennes les leçons successives de l'éducation des bouffons :

Il faut que je sois libre, avec charte aussi large
Que le vent, pour pouvoir souffler sur qui me plaît,
Puisque les fous en ont toujours le privilège.

(II, 7)

La forêt d'Ardennes, c'est le retour à l'âge d'or, c'est l'unique endroit dans le monde féodal où cesse l'aliénation. Et voici que dans cette forêt d'Ardennes, Jacques est la créature qui sent le plus complètement combien elle est étrangère à elle-même, qui dit le plus profondément, dans un langage contemporain, combien elle est frustrée.

De grâce mettez-moi l'habit bariolé
Pour que je puisse enfin dire ce que je pense.
Et je vous purgerai à fond le sale corps
Du monde corrompu, pourvu qu'on laisse agir
En lui patiemment ma juste médecine.

(II, 7)

Jacques a appris auprès du Bouffon non seulement sa philosophie. Il a appris également son langage. Le langage que parlera Hamlet. Dans l'épilogue, tous quittent la forêt d'Ardennes. Seul y restera Jacques. Lui seul n'a aucune raison de s'en aller. Car lui, dès le début, n'avait pas cru à cette forêt. Lui, jamais il n'a été en Arcadie.

Le premier roman pastoral de la Renaissance, intitulé *Arcadie,* est l'œuvre de Sannazaro. C'était un Napolitain qui imitait Virgile. Il avait redécouvert l'Arcadie, réelle et poétique, pastorale et philosophique, en Grèce. Laurent le Magnifique, dans ses moments de liberté, s'adonnait à la poésie, écrivait des sylves amoureux et des bucoliques; les poètes qu'il patronnait, le suave Ange Politien et ses nombreux imitateurs, chantaient la beauté du paysage toscan, la douceur de ses collines tronquées et le calme des bois d'oliviers. Les philosophes — Ficin et Pic de la Mirandole — composaient des éloges philosophiques de la purification qu'apporte à l'âme le paysage champêtre. A Florence, le mythe arcadien a trouvé dans la peinture un écho bien plus remarquable que dans la littérature. Dans la grande toile de Signorelli, peinte pour Laurent le Magnifique vers 1490 et intitulée *Le Triomphe de Pan,* les historiens de la peinture découvrent et décèlent l'expression la plus complète du climat intellectuel de la maison des Médicis et de la mythologie culturelle dont celui-ci s'accompagnait. M. Chastel, dans son remarquable ouvrage sur l'art florentin, écrit :

« Ce qui ajoute une note significative à la scène, c'est la nymphe assise, sur le bord gauche, dans l'attitude classique de la mélancolie; elle fournit, en quelque sorte, la clef psychologique de la composition, où, autour du dieu rêveur, s'exprime l'enchaînement des désirs et des illusions dont les poésies de Laurent n'ont cessé d'analyser le principe et les effets. Pan est le dieu saturnien de la nature, du désir et de leurs cycles sans fin.

» Le jeune joueur de flûte et le sage debout sur le socle du trône, représentent les deux puissances spirituelles qui appartiennent à la définition de cet univers : la musique et la philosophie. Elles font partie de la « pastorale » complète et l'importance donnée à ces compagnons du dieu élargit la composition aux dimensions d'une Arcadie digne d'être visitée. [...] Signorelli a fait la somme de tout ce que Laurent lui-même avait associé à la divinité médicéenne. La sourde tristesse de la scène, son atmosphère mélancolique accusée par les tonalités rougeâtres du crépuscule, les longues ombres portées qui soulignent l'immobilité des personnages, ajoutent un accent poignant à cette évocation littéraire. La poésie de ce chef-d'œuvre dépasse Laurent et exprime pour la première fois le fond sentimental de la pastorale humaniste, qui va s'épanouir dans l'*Arcadie* de Sannazaro. » (20).

Il serait difficile de ne pas remarquer combien cette description convient à l'atmosphère particulière de *Comme il vous plaira.* L'historien de l'art contemporain retrouve chez Signorelli ce même déchirement entre le rêve et sa réalisation, entre le rêve et l'impossibilité de sa réalisation, entre le besoin d'harmonie et le trouble qui y est inéluctablement porté.

C'est à dater de Sannazaro que commence la carrière littéraire du genre pastoral, lequel, pendant deux siècles, le XVI^e^ et le XVII^e^, sera le plus fréquemment employé. Les romans, les poèmes et les comédies étaient pastoraux. On en écrivait en Italie, en France, en Espagne. C'est à ce genre qu'appartiennent l'*Aminte* du Tasse et *L'Astrée* d'Honoré d'Urfé, la *Diane* de Montemayor écrite en castillan et la *Galatée* de Cervantès. Lope de Vega a écrit son *Arcadie.* Sidney a introduit l'Arcadie dans l'Angleterre élisabéthaine.

Les Arcadies sont diverses, pastorales ou de chevalerie, philosophiques ou pleines d'événements merveilleux. Mais dans chacune se promènent des bergers et des bergères semblables à des éphèbes. Ils parlent de l'amour et de l'amitié. Souvent, surtout chez les Italiens, les jeunes filles se déguisent en garçons. Spencer, dans ses commentaires au *Calendrier pastoral* paru en 1579 et qui marque le point de départ de la mode des pastorales en Angleterre, loue l'amour partagé des jeunes bergers, amour philosophique et sensible, pur et fidèle. Amour conforme au canon grec.

Le mythe arcadien et le mythe androgynien sont presque toujours liés l'un à l'autre. Que signifient-ils, à quoi servent-ils? L'Arcadie est la représentation imaginaire du paradis perdu. C'est là un paradis qui participe à la fois de l'Antiquité et de la Bible. C'est l'âge d'or de l'humanité et le jardin paradisiaque dont ont été chassés nos premiers parents.

Ici nous ne souffrons que les peines d'Adam,
Les changeantes saisons...

(II, 1)

L'imagination de Shakespeare est toujours d'un magnifique réalisme. Les premières scènes dans la forêt d'Ardennes auraient pu commencer par des frottements de mains, des

(20) A. Chastel, *op. cit.*, p. 232.

battements de pieds, de grands coups de poing assénés dans le dos par les compagnons frigorifiés du souverain banni.

Les reproches brutaux du cruel vent d'hiver,
Qui m'enfonce ses dents et son souffle glacé.

(II, 1)

Erre à travers cette Arcadie une fille-garçon. Le mythe androgynien, c'est également le rappel de l'image du paradis perdu sur lequel régnaient, interchangeables, Harmonie ou Chaos, car Harmonie et Chaos ne sont que des noms différents pour un même état où coexistent toutes les contradictions enfin réconciliées. (Il existe en outre un troisième nom, contemporain celui-là, pour désigner ce même mythe de la conciliation des contraires; il rend un son plus savant : l'entropie. C'est là l'eschatologie des physiciens et des cybernéticiens, la dernière des eschatologies.) Le *logos* était pour les gnostiques la conciliation de tous les contraires. C'est justement là le terme — *coincidentia oppositorum* — que Nicolas de Cuse tenait pour la moins imparfaite des définitions de la nature divine. L'être humain a été créé à l'image et à la semblance de Dieu, mais ni l'homme ni la femme n'ont été créés à l'image et à la semblance de Dieu, seulement l'androgyne. C'est de l'androgyne qu'est issue l'espèce humaine (21).

Sur les fresques de Michel-Ange à la Sixtine, représentant la création du monde, Adam a le visage triste d'une femme. Léon l'Hébreu, dans ses *Dialoghi d'Amore*, a rattaché à la tradition chrétienne le mythe platonicien des demi-créatures issues des premiers hommes coupés en deux par Zeus. Adam était androgyne et ce n'est qu'après l'avoir chassé du Paradis que Dieu a différencié les sexes. Les considérations de Léon l'Hébreu étaient largement connues parmi les humanistes. L'écho en est parvenu jusqu'en Pologne. Voici ce que Jan Kochanowski écrivait dans *L'exemple des dames gallantes* (22) :

« Eve, mère de toutes les espèces, occupe à juste titre dans

(21) Cf. M. Eliade. *Op. cit.*, surtout le paragraphe *Le mythe de l'androgyne*, p. 128 sq. Cf. G. R. Hocke, *Die Welt als Labyrinth. Manier und Manie in der europaischen Kunst*, Hambourg 1957. Cf. également M. Praz, *La Carne, la Morte e il Dievolo* (Firenze, 1948.). Cf. R. Caillois, *L'homme et le sacré*, Paris, 1958.

(22) Jan Kochanowski, 1530-1584, le plus grand poète de la Renaissance polonaise, était en même temps un humaniste d'une profonde érudition.

ces histoires la première place. Mais cela n'est pas tant dû à son ancienneté, ou parce qu'elle surclassait toutes les autres créatures humaines, que par son étrange commencement et la façon inusuelle dont elle fut créée. En effet, de quoi le sexe clair peut-il se vanter devant le masculin, il n'est pas pétri d'argile comme Adam, mais, ainsi que l'écrit Moïse, pris d'un os pur et du flanc. Celui qui voudra savoir davantage sur les premiers parents de notre création que ce qu'il semble qu'on puisse deviner des simples mots de Moïse, qu'il lise donc entre autres le second des dialogues d'amour du savant Léon l'Hébreu, où celui-ci démontre que Platon a tiré son androgyne de ce passage mosaïque. »

Léon l'Hébreu avait tout simplement mis en forme une triple tradition : la gnostique ; celle d'innombrables sectes hébraïques ; et celle des apocryphes chrétiens qui soutenaient que l'androgyne a été à l'origine et sera à la fin de l'espèce humaine. Après le rachat du péché originel, les hommes retourneront à leur nature première et les sexes seront à nouveau réunis.

L'androgyne n'est pas seulement l'archétype de la réunion de l'élément mâle et de l'élément femelle, mais il apparaît également dans diverses spéculations métaphysiques, en tant que signe de la conciliation de tous les contraires. Nous trouvons le mythe cosmique de l'androgyne chez Paracelse et chez Jacob Boehme, le contemporain de Shakespeare.

Le rebis était l'un des noms de la pierre philosophale. Rebis signifie « double » ou « deux corps ». Le rebis était le symbole androgynique des hermétiques. Dans le célèbre traité *Splendor Solis* de 1532, qui était la bible des alchimistes, nous retrouvons la fascination exercée par la « Discordia Concors » hermaphrodite. Elle symbolise non seulement l'homme et la femme, mais aussi le soleil et la lune, la terre et l'eau, le soufre et le mercure, le commencement et la fin. Ces contraires ne sont pas seulement concrétisés par la figure de l'hermaphrodite, mais également contenus dans l' « œuf » que ce personnage tient dans sa main. Cet « œuf du monde » constitue le symbole de l'harmonie transcendantale.

Quelle était la fonction dernière de ces mythes? Dans le milieu florentin des Médicis, le mythe arcadien et les mythes platoniciens représentaient peut-être une tentative de trouver une sanction, métaphysique et morale, tirant son autorité de l'Antiquité et de la tradition biblique, au type de culture créée ; la recherche d'un principe qui aurait permis de retrouver l'unité de la politique, de l'art et des mœurs. A cette époque, ces mythes avaient certainement perdu déjà leur caractère sacral. Mais ils continuaient à enflammer les imaginations.

Au XVIe et au XVIIe siècle, les espoirs de parvenir à une unité de monde, politique et religieuse, furent anéantis. Furent déçus, également, les espoirs de voir se constituer une république humaniste des savants et des artistes. Les grands systèmes philosophiques se concurrençaient l'un l'autre, mais ils avaient déjà perdu leur caractère universel. Les expériences allaient bien au-delà des possibilités de généralisation, ne trouvaient plus place dans aucune des théories abstraites et figées. Ce n'étaient pas là seulement des expériences de savants. C'étaient également les expériences des navigateurs et des banquiers, des soldats et des juristes, des médecins et des artisans. Elles étaient plus riches et plus variées que ce qu'on enseignait sur le droit des peuples et l'origine du pouvoir, que la logique d'Aristote et la science des éléments, que toutes les philosophies et les métaphysiques. La terre avait longtemps été semblable à une boule de verre dans laquelle se mirait le Cosmos. Désormais n'en subsistaient plus que des éclats dont chacun réfractait autrement le monde et la lumière. L'histoire, telle qu'on l'avait imaginée, polarisait le monde entre l'âge d'or et l'anéantissement apocalyptique. A l'époque du baroque et du maniérisme, tous les mythes recueillis en héritage revêtirent un caractère beaucoup plus brutal et plus dramatique.

La forêt d'Ardennes, c'est se railler de l'Arcadie, la tourner en dérision; mais c'est aussi une Arcadie nouvelle. L'amour est fuite loin de l'histoire cruelle vers une forêt imaginaire. Shakespeare est semblable à la Bible, il crée ses propres mythes. La forêt d'Ardennes est l'endroit où tous les rêves se rencontrent. Elle est le rêve et le réveil qui suit le rêve.

*Coincidentia oppositorum!* Réunion de tous les contraires! Dans cette forêt, l'amour est terrestre et sublimé à la façon platonicienne, Rosalinde est Ganymède et elle est la plus jeune fille de toutes les jeunes filles. Stable capricieuse, calme violente, claire sombre, timide hardie, pondérée folle, tendre sarcastique, enfantine adulte, peureuse courageuse, pudique passionnée, elle est, comme chez Léonard, un androgyne presque parfait et elle personnifie les mêmes nostalgies vers un paradis perdu, dans lequel il n'était pas encore de partage entre élément mâle et femelle.

All this the world well knows; yet none knows well
To shun the heaven that leads men to this hell.

(*Sonnets,* CXXIX)

L'homme le sait bien, mais nul ne sait pourtant
Fuir le Ciel qui conduit l'homme vers ce tourment.

# LA BAGUETTE DE PROSPÉRO

*Pas une âme qui ne ressentît la fièvre du délire*
*et ne se livrât à quelque acte de désespoir.*

(*La Tempête,* I, 2)

## I

Le spectacle s'achève. Prospéro a une dernière fois appelé Ariel et tracé le cercle magique. Les éléments se sont calmés, la tempête est finie. Prospéro retourne dans le monde des hommes et répudie son pouvoir magique.

Mais j'abjure ici ces grossiers sortilèges; quand j'aurai requis quelque musique céleste [...] je briserai ma baguette, je l'enfouirai à plusieurs brasses sous la terre...

(V, 1)

Le dénouement de *La Tempête* semble à première vue le plus serein parmi ceux des grands drames de Shakespeare. Prospéro redevient duc de Milan; Alonso, roi de Naples, retrouve son fils et regrette la félonie dont il s'est rendu coupable. Libéré, Ariel s'est évanoui dans la pureté de l'air. Caliban a compris qu'il avait pris un ivrogne pour un dieu. Les jeunes amoureux, Miranda et Ferdinand, jouent vingt royaumes aux échecs. Intact, le vaisseau attend dans un mouillage tranquille. Il a été fait rémission des péchés et les crimes ont été pardonnés. Même les deux frères parjures sont invités à souper dans la chaumière de Prospéro. C'est le soir, juste après la tempête, un instant de calme et de douceur. Le monde qui était sorti de ses gonds — comme dans Hamlet : « *The time is out of joint* » — est rentré dans l'ordre.

> Au cours d'un même voyage [...] Prospéro [a trouvé] son duché sur une pauvre île et tous nous nous sommes retrouvés alors que chacun de nous était hors de lui-même.
>
> (V, 1)

Alors que chacun de nous était hors de lui-même : « *When no man was his own...* » La moralité a été jouée, les charmes sont dissipés, et la folie. Les passions se sont éteintes et les éléments déchaînés se sont calmés. Dans tous les drames de Shakespeare on trouve ces brefs instants de calme et de silence. Mais presque toujours, c'est avant la tempête. Ici, c'est après. A l'aube, les deux souverains et tous les personnages du drame doivent lever l'ancre pour regagner Naples. L'action de *La Tempête* en revient à son prologue et tous les héros retrouvent leur ancienne place. Le cercle est bouclé, l'histoire en est revenue à ses débuts. Se répétera-t-elle une fois encore?

Les chroniques historiques de Shakespeare sont le récit de règnes successifs. Le supplice de l'ancien souverain et le couronnement du nouveau y sont à la fois prologue et épilogue. Les acteurs du drame se renouvellent constamment. Dans *La Tempête*, le même souverain reprend possession de son duché. Comme si rien n'avait changé, comme si tout, l'île déserte y comprise, n'avait été qu'un spectacle mis en scène par Prospéro et dans lequel il aurait joué le rôle principal. Une représentation théâtrale, tout comme celle que Hamlet avait conçue et mise en scène au château d'Elseneur.

Le dénouement de *La Tempête* est le plus inquiétant de tous les dénouements des drames de Shakespeare. Peut-être est-ce pourquoi aucun des commentateurs ne s'est arrêté au fait que l'action fait demi-tour pour recommencer depuis le début. Peut-être, tout simplement, cela semblait-il trop évident. Ou bien ce fait détruisait-il toute l'interprétation romantique et idyllique de *La Tempête*, considérée jusqu'à présent comme le drame du pardon et de la réconciliation avec le monde. Et pourtant, l'analyse de la construction dramatique de *La Tempête* doit constituer, sinon la clef, du moins le début de son interprétation. L'histoire en est revenue à son point de départ et recommence, comme si de rien n'avait été. Mais quelle histoire est-ce là? Et que signifie cette étrange parabole dont l'action se déroule en un peu moins de quatre heures, approximativement le temps nécessaire pour la jouer sur scène?

Shakespeare qui, d'ordinaire, jongle si librement avec le temps, condensant des mois entiers en une seule scène ou permettant que seize années s'écoulent entre deux actes d'*Un conte d'hiver*, a littéralement minuté *La Tempête*. A deux heures passées, la foudre a mis le feu au navire qui transporte Alonso et qui se fracasse contre les roches; à six heures du soir, les héros vont souper; Prospéro a retrouvé son duché, Alonso a retrouvé son fils, Ferdinand a conquis Miranda. L'horloge de Shakespeare, l'horloge dramatique capable de sauter des années en l'espace d'une minute, bat cette fois-ci comme toutes les horloges. Du temps de Shakespeare, les spectacles commençaient en général à trois heures pour s'achever à six. Les charmes de Prospéro ont commencé entre deux et trois heures et ils ont pris fin à six. Impossible que cela n'ait pas été consciemment voulu.

Les héros du drame ont essuyé une tempête et ont été soumis à une épreuve; en même temps qu'eux, exactement, les spectateurs ont été les témoins de la même tempête. Les héros du drame vont souper, et à la même heure les comédiens et les spectateurs s'en iront souper. La tempête est passée, les sortilèges ont cessé et la représentation est finie. La vie recommence, telle qu'elle était avant, pour les héros du drame, pour les spectateurs, telle qu'avant la tempête, avant le spectacle. Rien n'aurait-il donc changé? Mais les spectateurs, avant de se disperser, doivent encore écouter l'épilogue. Prospéro s'avance sur le proscenium — ou plus exactement l'acteur qui a joué Prospéro. Il récite l'épilogue. Ce dernier monologue de Prospéro est l'un des plus beaux qu'ait jamais écrits Shakespeare, mais également l'un des plus tragiques et des plus énigmatiques. Prospéro s'adresse directement au public :

> ... Que votre douce haleine gonfle mes voiles, sinon mon dessein échoue, qui était de vous plaire. A présent, je n'ai plus d'esprits pour dominer, ni d'art pour enchanter, et ma fin est désespoir...
>
> (V, 1)

Dans le théâtre espagnol, chez Calderon, et encore plus fréquemment chez Lope de Vega, un acteur, à la fin de la pièce, se recommandait au nom de l'auteur à l'indulgence du public et priait les spectateurs de pardonner les fautes de la représentation. Mais chez Shakespeare, ce genre d'épilogue tragique s'adressant directement à la salle, n'existe que dans *La Tempête*. Il est d'un tout autre ton, il est tout entier une grande fugue lyrique, et il faudrait être sourd pour ne pas y entendre d'émouvants accents personnels. *La Tempête* est la dernière grande œuvre de Shakespeare; ensuite il n'a fait qu'ajouter quelques scènes à l'*Henry VIII* de Fletcher. *La Tempête* clôt son œuvre et il n'est rien d'étonnant si maintes générations de chercheurs et de critiques y ont vu un testament poétique, un adieu au théâtre, une autobiographie philosophique et artistique. Shakespeare se serait mis lui-même en scène sous les traits de Prospéro.

Il n'a pas manqué de spécialistes pour essayer de déchiffrer *La Tempête* comme une biographie littérale ou un drame politique allégorique. Le vieux Chambers pour qui *La Tempête* renfermait le credo optimiste de Shakespeare, reliait sa naissance au tournant qui suivit 1607 et à l'abandon de la philosophie noire de *Hamlet*. J. D. Wilson y voyait le reflet de l'atmosphère bucolique de Stratford et de la vieillesse sereine du poète aux côtés de sa petite-fille et de sa fille. Robert Graves y déchiffrait l'autobiographie camouflée de Shakespeare, tout comme dans les *Sonnets*. La sorcière Sycorax aurait été la « Dame noire », la captivité d'Ariel l'abandon à la passion amoureuse, et Trinculo Ben Jonson en personne. M^me^ Winstanley d'Aberystwyth découvrait dans *La Tempête* une tragédie sur la mort du roi français Henri IV, où Miranda aurait été le symbole des huguenots réfugiés en Angleterre, Sycorax, Catherine de Médicis et Caliban, le sinistre Ravaillac, Ariel étant évidemment le roi-martyr (1). Toutes ces idées d'interprétation sont ridicules et enfantines; il n'est pas moins enfantin de vouloir voir en Ariel et en Caliban des allégories philosophiques figées, tout d'une pièce et précises, ou bien d'y chercher l'exposé d'un système mystique ésotérique.

Le grand mage auquel obéissent les éléments, sur l'ordre duquel les tombes s'ouvrent pour laisser les morts errer en liberté, capable d'obscurcir le soleil en plein midi et de faire taire les vents, jette sa baguette magique et se prive de son pouvoir sur les destinées humaines. Il n'est plus qu'un simple mortel, désarmé comme tout autre :

> A présent tous mes sortilèges sont détruits et je n'ai plus pour force que la mienne propre, combien faible!
>
> (V, 1)

(1) L. Gillet, *Shakespeare*, Paris, 1931.

Cette interprétation est véritablement tentante. Mais on remarquera facilement qu'elle s'épuise entièrement en une seule métaphore; le poète-mage, le poète-créateur, et le silence, car tel est le prix du retour dans le monde des hommes. On remarquera avec autant de facilité combien cette métaphore est romantique, et ce, tant dans son style que dans sa philosophie et son esthétique : le poète conçu en tant que démiurge, le conflit entre le poète et le monde, entre Ariel et Caliban, le pur esprit et la pure bestialité. Tout ce symbolisme est plus proche de Victor Hugo ou de Lamartine, plus encore de la *Romantische Schule* allemande, que du théâtre de Shakespeare qui est toujours l'image de la nature cruelle, de l'histoire cruelle et de l'homme qui en vain cherche à être maître de son destin.

La tradition théâtrale de *La Tempête* telle qu'elle était jouée du temps de Shakespeare s'est perdue de très bonne heure. Depuis la Restauration jusque vers les années quarante du XIX^e siècle, on joua en Angleterre *La Tempête* comme une féerie de cour, l'opéra et le ballet. L'interprétation symbolique de *La Tempête* a été le fait du romantisme qui montait une *Tempête* d'un vérisme illusoire grâce à tous les moyens de la machinerie théâtrale et aux effets de lumière. Ces deux mauvaises traditions : la féerie et l'allégorie, se sont fondues et jusqu'aujourd'hui, ou peu s'en faut, pèsent sur son interprétation. La vraie poésie est devenue faux climat poétique, la moralité inquiétante spectacle allégorique; la signification dramatique de *La Tempête* s'est dissoute dans l'esthétisme, son amertume philosophique s'est perdue. De plus en plus, ce devenait une féerie romantique dans un style d'opéra, où le principal rôle était tenu par une ballerine s'élevant vers les cintres sur une gloire, vêtue d'un maillot chair et agitant des ailes faites de gaze d'argent et de tulle. Même Leon Schiller, le plus grand metteur en scène polonais, n'a pas su se dégager entièrement de cette tradition, lorsqu'il essaya en 1947 d'opposer à la conception romantique de *La Tempête* un conte optimiste dans l'esprit de la philosophie des Lumières sur un roi-philosophe et la puissance infinie de la raison.

La véritable *Tempête* est inquiétante et sévère, lyrique et grotesque; elle est — comme toutes les grandes œuvres de Shakespeare — un règlement de comptes passionné avec le monde véritable. Afin de la déchiffrer ainsi, il faut en revenir au texte de Shakespeare et au théâtre shakespearien. Il faut y voir le drame des hommes de la Renaissance et de la dernière génération des humanistes. Et c'est en ce sens, et en ce sens seulement, que l'on peut retrouver dans *La Tempête* l'autobiographie philosophique de Shakespeare et la somme de son théâtre. Elle deviendra alors le drame des illusions perdues, de la sagesse amère et d'un espoir fragile, mais obstiné. Alors les grands thèmes de la Renaissance y renaîtront : l'utopie philosophique, les limites de la connaissance, l'homme maître de la nature, l'ordre des valeurs constamment menacé, la nature qui est et n'est pas la mesure de l'homme. On retrouvera alors dans *La Tempête* le monde du temps de Shakespeare : celui des grands voyages, des continents fraîchement découverts et des îles mystérieuses, celui des rêves : l'homme s'élevant dans les airs pareil à un oiseau, les machines permettant de conquérir les plus puissantes forteresses. Une époque qui a vu une révolution s'opérer en astronomie, dans la fonte des métaux et en anatomie ; l'époque de la communauté des savants, des philosophes et des artistes, de la science qui pour la première fois est devenue universelle, de la philosophie qui a découvert la relativité de tous les jugements humains ; l'époque des plus beaux monuments de l'architecture et des horoscopes que le pape et tous les princes faisaient dresser par les astrologues ; l'époque des guerres de religion et des bûchers de l'Inquisition, au faste et au raffinement inconnus jusqu'alors, tandis que des épidémies décimaient les villes ; un monde merveilleux, cruel et dramatique, qui soudain dévoile toute la puissance de l'homme et toute sa misère ; le monde dans lequel la nature et l'histoire, le pouvoir royal et la morale sont, pour la première fois, dépouillés de la consécration théologique.

Le théâtre élisabéthain représentait le monde. Les « Cieux » ornés des signes du Zodiaque formaient le plafond au-dessus de la « scène intérieure ». C'était encore comme du temps du Theatrum Mundi médiéval. Mais un Theatrum Mundi d'après le tremblement de terre.

## II

*La Tempête* a deux dénouements : le soir tranquille dans l'île, tandis que Prospéro pardonne à ses ennemis et que toute l'histoire en revient à son point de départ, et le tragique monologue de Prospéro, adressé directement au public, monologue qui est en dehors du temps.

*La Tempête* a également deux prologues. Le premier, dramatique, se déroule sur le navire incendié par les éclairs et que l'ouragan jette sur les récifs. Le second, le récit de Prospéro qui dit la façon dont il perdit son duché et échoua sur l'île déserte, est la préhistoire des personnages du drame.

Le premier prologue, tout comme le monologue final de Prospéro, peut sembler inutile. Il se déroule hors de l'île et semble n'être qu'un cadre. Son sens dramatique est pourtant double. Il montre une tempête réelle, différente de la tempête intérieure, de la démence à laquelle seront livrés sous les yeux des spectateurs les héros du drame. Ce n'est qu'après ce tableau d'une tempête physique, matérielle, que sera jouée la moralité. Tout ce qui se passera sur l'île sera du théâtre dans le théâtre, un spectacle mis en scène par Prospéro.

Mais ce prologue dramatique a un autre sens encore; il est l'exposé direct, sans allégorie, d'une des grandes thèses shakespeariennes, une confrontation brutale entre la nature et l'ordre féodal. Le navire transporte le roi. Qu'est le pouvoir royal et sa majesté face aux éléments déchaînés? Rien! Shakespeare répète, comme on l'a relevé maintes fois, la célèbre invocation de Panurge dans le Quart Livre de *Pantagruel,* mais avec combien plus de violence et de force de conviction!

GONZALO — Allons, mon brave, un peu de patience.

LE MAÎTRE D'ÉQUIPAGE — Eh! Quand la mer en aura. Au large! Croyez-vous que ça leur fasse quelque chose, à ces chahuteuses, le nom du roi? A vos cabines. Silence! Ne nous dérangez pas.

GONZALO — Pourtant, mon brave, rappelle-toi qui tu as à bord.

MAÎTRE — Personne que j'aime mieux que moi-même. Vous êtes conseiller : si vous pouvez convaincre les éléments de se taire et négocier la paix avec eux, nous ne toucherons plus à un cordage. Montrez votre autorité! Sinon, remerciez le ciel d'être encore en vie...

(I, 1)

C'est là, en plus ramassé et plus dense, le thème du *Roi Lear.*

Dans le prologue de *La Tempête,* une fois encore est accomplie la grande désacralisation de la majesté, propre à la Renaissance. Devant la mer en furie, un matelot signifie plus qu'un roi.

Le second prologue, c'est le récit de Prospéro. Le récit est long et s'y mêlent des thèmes principaux, fondamentaux, presque obsessionnels de Shakespeare : le bon et le mauvais seigneur, le prince légitime et l'usurpateur, le souverain légitime dépouillé de son trône. C'est là pour Shakespeare l'image de l'histoire, de l'éternelle histoire, de son mécanisme constant et immuable. Ce thème se répète dans les chroniques historiques et dans les tragédies, dans *Hamlet* et dans *Macbeth,* et jusque dans les comédies, puisqu'on le retrouve dans *Mesure pour mesure* et *Comme il vous plaira.* Dans les tragédies romaines, uniquement, bien que le mécanisme de l'histoire et de la lutte pour le pouvoir y demeure le même, les *dramatis personae* changent ; là, ce sont le Sénat et le peuple, les patriciens, les tribuns et les chefs militaires.

Dans le récit de Prospéro, le schéma de l'histoire féodale est à nu, dépouillé de toute allégorie et de tout hasard, presque privé de noms et de caractères, aussi abstrait qu'une formule. Le récit de Prospéro est le résumé du traité de Machiavel, *Le Prince.*

> ... [Les arts libéraux] faisant toute mon étude, du gouvernement je me déchargeai sur mon frère et devins étranger à mon Etat. [...] Passé maître dans l'art d'agréer les suppliques et de les repousser, de promouvoir celui-ci, d'entraver la marche trop hardie de celui-là [...] il accorda tous les cœurs de l'Etat au ton qui plaisait à son oreille et fit si bien qu'ayant caché mon tronc princier sous son lierre, il en suça toute la sève... [...] Afin de n'avoir plus d'écran entre le rôle qu'il joue et celui dont il joue le rôle, il veut être Milan sans réserve. [...] ... conspire — tant il est assoiffé de puissance — avec le roi de Naples, à l'effet de lui payer tribut annuel, de lui rendre hommage... [...] ... certain minuit marqué pour ce dessein, Antonio ouvrit les portes de Milan...
>
> (I, 2)

Le récit de Prospéro est une histoire de lutte pour le pouvoir, de contrainte et de complot. Mais ce n'est pas seulement l'histoire du duché de Milan. Le destin d'Ariel et de Caliban sera une répétition de ce même thème. Le théâtre de Shakespeare est le Theatrum Mundi. La violence et la terreur en tant que principes du monde seront montrées en catégories cosmiques. La préhistoire d'Ariel et de Caliban est la répétition des tribulations de Prospéro, une illustration supplémentaire du même thème.

Les drames de Shakespeare sont construits non pas conformément au principe de l'unité d'action, mais au principe de l'analogie, d'une double, triple ou même quadruple intrigue qui répète le même thème essentiel; ce sont des systèmes de miroirs convexes et concaves qui reflètent, grossissent et parodient une même situation (2). Le même thème revient en majeur et en mineur, dans tous les registres de la musique shakespearienne, il est répété sur le ton lyrique et sur le ton grotesque, pathétiquement ensuite, puis ironiquement. La même situation est jouée sur la scène par des rois, est répétée par un couple d'amants, pour être ensuite singée par des bouffons. Ou peut-être sont-ce les rois qui ont singé les bouffons? Les rois, les amants et les bouffons ne sont que des acteurs. Les rôles sont écrits et les situations imposées. Tant pis si les acteurs ne conviennent pas aux rôles et sont incapables de les jouer. Car ils jouent sur une scène qui est à l'image du monde réel, où nul ne choisit son rôle ni la situation. Les situations, dans le théâtre de Shakespeare, sont toujours véritables, même lorsque ce sont des esprits et des monstres qui les jouent.

Encore avant que les courants marins eussent poussé vers l'île la barque portant Prospéro et Miranda, un premier acte de violence et de terreur avait été accompli. Ariel avait été capturé par la sorcière Sycorax et, comme il refusait d'exécuter ses ordres abominables, confiné dans un pin fendu. Il souffrait, car jusqu'alors il avait été libre comme l'air. « Tu étais un esprit trop délicat pour exécuter ses ordres grossiers et détestables », dira Prospéro. Prospéro libère Ariel, mais afin que celui-ci le serve, afin de le soumettre à présent à son propre pouvoir. Shakespeare se hâte toujours : immédiatement, brutalement, il esquisse les conflits et les situations. A peine Prospéro a-t-il fini son récit, à peine Ariel a-t-il eu le temps de rendre compte du naufrage du navire, le conflit éclate. Avec toute sa brutalité. Le prologue est fini, l'action commence.

ARIEL — ... laisse-moi te rappeler la promesse que tu n'as pas encore tenue.

PROSPÉRO — Eh quoi, de l'humour? Que peux-tu demander?

ARIEL — Ma liberté.

PROSPÉRO — Avant le terme? assez!

(I, 2)

(2) Les auteurs suivants ont parlé de l'analogie en tant que principe de la dramaturgie shakespearienne : F. Fergusson, *The Idea of a Theatre;* Moulton, *Shakespeare, the Dramatic Artist;* W. Empson, *Some Versions of Pastoral.* Henry James emploie l'expression *the central reflector* et applique ce concept à *Hamlet.*

Deux fois déjà, le thème de la violence et de la contrainte a été introduit. Mais sur l'île existe encore le troisième personnage du drame : Caliban. Et le même thème, la même situation seront répétés une troisième fois. Les rôles, simplement, seront inversés et Shakespeare aura recours à un nouveau miroir. Cette fois-ci, ce sera un miroir déformant. Caliban est le produit des amours de la sorcière Sycorax et du diable. Après la mort de celle-ci, son règne sur l'île commença. Il en était le maître légitime. Tout au moins au sens féodal. Caliban a perdu son royaume, tout comme Prospéro a perdu son duché. Caliban a été détrôné par Prospéro, tout comme Prospéro a été renversé par Antonio.

Avant que ne soit jouée la moralité proprement dite, avant que Prospéro ne soumette ses ennemis à l'épreuve de la folie, déjà se sont joués sur l'île déserte deux actes de l'histoire féodale.

> Cette île est mienne par ma mère Sycorax, et tu me l'as prise. Aux premiers jours de ton arrivée, tu me caressais, tu faisais cas de moi, tu me donnais de l'eau avec des baies dedans [...] Je forme tout votre peuple, moi qui, naguère, étais mon propre roi.
>
> (I, 2)

La première révolte de Caliban appartient aux antécédents du drame. Caliban s'était attaqué à Miranda et avait voulu la violer. Ce coup a raté. Caliban a été jeté dans un trou de rocher, condamné à porter le bois et l'eau, livré aux souffrances. Ces souffrances, ce sont des pinçons et des piqûres, des coliques et des crampes. J'admire combien Shakespeare sait être littéral! Les souffrances d'Ariel sont abstraites, et la liberté dont il rêve est abstraite; elle est le rejet de toute relation de dépendance. Les douleurs de Caliban sont concrètes, physiques, animales encore. L'introduction des personnages dans les drames de Shakespeare n'est jamais laissée au hasard. La première scène où apparaît Ariel est exigence de liberté. La première entrée de Caliban est rappel de la révolte. C'est l'entrée d'un esclave. La cruauté de cette scène est entièrement intentionnelle. Ainsi que sa matérialité brutale.

> PROSPÉRO — Venimeux esclave que le diable engendra en besognant ta vicieuse mère, avance!
>
> CALIBAN — Que la plus pernicieuse rosée jamais recueillie par ma mère en peignant un bourbier malsain d'une plume de corbeau

s'abatte sur vous deux! Que le vent du sud-ouest souffle sur vous et vous couvre de pustules!

(I, 2)

L'exposition est achevée. C'est ainsi que se présente l'histoire des habitants de l'île déserte où s'est brisé sur les récifs de la côte le navire portant les anciens ennemis de Prospéro.

Pour la majorité des commentateurs, l'île de *La Tempête* est une féerie ou une utopie. Nous devons y regarder de plus près, car cette île est la scène sur laquelle se déroule le vrai drame. Où est-elle située, que prétend-elle signifier et comment Shakespeare l'a-t-il décrite?

De l'itinéraire marin d'Alonso, roi de Naples, qui revient de Tunis, et de l'histoire de la sorcière Sycorax, échouée sur cette île après avoir été chassée d'Alger, on a conclu que l'île de Prospéro devrait se trouver en Méditerranée. Le croisement de ces deux routes maritimes se trouverait aux environs de Malte. D'autres commentateurs situent l'île plus près de la Sicile et l'assimilent à la rocheuse Pantelleria, ou bien ils la cherchent non loin du littoral de l'Afrique du Nord et veulent y voir Lampédouse. Mais Sétébos, en qui croyait la sorcière Sycorax, est un dieu des Indiens de Patagonie et Ariel apporte à Prospéro la rosée « des orageuses Bermudes ».

En 1609, le comte de Southampton envoyait une flotte entière, avec hommes et matériel, mettre en valeur la Virginie, première colonie anglaise sur le littoral de l'Amérique du Nord. Cette expédition faisait naître l'espoir de fortunes colossales et enflammait les imaginations. Pour la première fois, non plus seulement les astronomes, les humanistes et les savants, mais également les négociants, les banquiers et les hommes politiques faisaient leur l'idée que la terre est vraiment ronde. Le monde peuplé par l'homme avait, en l'espace d'un siècle, doublé de dimensions. Mais en même temps, pour l'imagination, il rétrécissait. Comme notre galaxie après les premières expéditions dans le cosmos. La découverte du Nouveau Monde avait été un choc qu'on ne saurait comparer qu'au lancement du satellite qui a photographié la face cachée de la lune. Cette vision planétaire de la Terre date de l'époque de la Renaissance. Léonard de Vinci écrivait :

« Mon livre tend à montrer comment l'océan, avec les

autres mers, fait au moyen du soleil resplendir notre monde à la façon de la lune : et aux plus lointains elle paraît être une étoile et je le prouve. » (3)

Jean Fernel, l'un des hommes les plus éminents de la nouvelle époque, humaniste, mathématicien et médecin de la cour de France, écrivait dans son Dialogue de 1530 : « De nos jours s'accomplissent des choses à quoi nul n'avait rêvé dans l'Antiquité [...] L'océan a été mesuré de part en part grâce à la prouesse de nos marins, et de nouvelles îles ont été découvertes. [...] Les navigateurs de notre époque nous ont donné un nouveau globe terrestre. »

Si l'on a découvert sur terre de nouveaux mondes habités par des créatures raisonnables, alors pourquoi n'en existerait-il pas sur les sphères célestes? C'est à une pareille conclusion que parvint Giordano Bruno et c'est pour cela justement qu'accusé d'hérésie, il fut brûlé sur le bûcher en l'an de grâce 1600. C'était l'année où Shakespeare commençait à écrire *Hamlet*. *La Tempête* fut achevée onze ans plus tard.

Les commentateurs de *La Tempête* rattachent sa genèse aux relations de l'expédition de la flotte anglaise vers la Virginie en 1609. L'expédition échoua. Le navire amiral *Sea Venture*, pris dans la tempête, se fracassa contre des récifs et les matelots échouèrent sur une petite île déserte de l'archipel des Bermudes. Ils y passèrent dix mois, après quoi ils construisirent deux barques avec les épaves et rejoignirent la Virginie. Ils appelèrent les îles sur lesquelles les avait jetés la tempête, les îles du Diable. La nuit, de mystérieux hurlements et des bruits sinistres leur parvenaient aux oreilles. Les naufragés les prenaient pour les voix des démons. C'est du moins ce que rapportent les relations du temps. Peut-être le récit du maître d'équipage s'en inspire-t-il :

> ... divers bruits étranges, hurlements, cris aigus, rugissements, cliquetis de chaînes, et mille autres sonorités horrifiques...
>
> (V, 1)

Ces relations indignaient les immigrants et le conseil des colons de Virginie publia une brochure de William Barrett, où il était dit que la rumeur publique, « prétendant que les Bermudes étaient tourmentées et peuplées par des diables ou de mauvais génies », faisait circuler des nouvelles fausses et exagérées, et qu' « il n'y avait rien dans cette comédie

(3) Léonard de Vinci. *Textes choisis* et traduits par Péladan, Paris, 1907.

tragique » qui dût décourager les colons (4). Les immigrants de Virginie lisaient Shakespeare de façon plus sensée que ne le firent plus d'un de ses récents commentateurs.

On a découvert en outre que Prospéro nourrissait Caliban avec une variété non comestible d'anodontes (*fresh-brook muscles*) dont parlent les récits de l'expédition infortunée. Et certains spécialistes ont vu en Ariel incendiant le navire (« parfois je me divisais et brûlais de toutes parts : sur le mât de hune, sur les vergues, sur le beaupré, j'allumais des flammes distinctes ») l'image des feux de la Sainte-Elme qui effrayèrent tant les naufragés pendant la catastrophe des Bermudes.

Le goût de Shakespeare pour le fantastique s'est toujours nourri de la réalité contemporaine, grâce à quoi le monde qu'il a condensé sur la scène devenait plus matériel encore. Mais c'était toujours le monde entier. Aussi est-il vain de chercher la latitude et la longitude de l'île de Prospéro.

Il est incontestable qu'il règne dans *La Tempête* un climat d'expéditions maritimes lointaines et d'îles mystérieuses, désertes et menaçantes, mais on y trouve également l'inquiétude et l'audace des conclusions auxquelles avait abouti Giordano Bruno. En tout cas, *La Tempête* n'a rien de commun avec l'enthousiasme naïf et l'orgueil enfantin des premiers témoins des découvertes géographiques. Les interrogations de *La Tempête* sont philosophiques et amères. Et son expérience bien plus amère encore.

La moralité montée par Prospéro durera un peu moins de quatre heures. Mais l'île elle-même est en dehors du temps. L'hiver et l'été y règnent à la fois. Prospéro ordonne à Ariel « de courir sur l'âpre vent du nord » et d'accomplir ses ordres « dans les veines de la terre quand le gel l'a durcie ». L'île a des salins et des sources fraîches, des lieux arides et des lieux fertiles, des vergers de citronniers et d'épais marécages. « Dans le bois, les noix pendent en grappes », les pommes ont mûri et dans les forêts on trouve des truffes. Elle est peuplée de singes, de hérissons, de vipères, de chauves-souris et de crapauds. Les geais y font leur nid et les mouettes s'y posent sur les rochers. Des baies y poussent, c'est plein d'étranges coquillages, les pieds se blessent aux épines et aux échardes. Sur cette île, les dogues aboient et on entend le chant du coq.

Les commentateurs de *La Tempête* aiment à retrouver ici l'atmosphère idyllique de l'Arcadie. Apparemment, ils déchif-

(4) D'après Langworth-Chambrun, *Shakespeare retrouvé*, Paris, 1947.

frent Shakespeare à l'aide de bien mauvaises représentations. Celles à ballerines et décors en transparence. Ils ne veulent y voir que féerie et ballet. Mieux vaut faire confiance à ceux qui, sur cette île, ont été soumis à l'épreuve de la folie :

> Lieu de tourments, d'anxiétés, de prodiges et de stupeurs! Qu'un pouvoir céleste nous mène hors de ce terrible pays!
>
> (V, 1)

Et c'est pourquoi il est vain de chercher l'île de Prospéro même parmi les taches blanches des anciennes cartes, là où s'interrompt le tracé des côtes, pâlit le bleu de l'océan et apparaissent des formes d'animaux fantastiques ou bien l'inscription *ubi leones.* Là-bas non plus, elle n'existe pas. L'île de Prospéro est soit le monde, soit la scène. Pour les élisabéthains, cela revenait du reste au même; la scène était le monde et le monde était une scène.

Sur l'île de Prospéro se déroule, extrêmement raccourcie, l'histoire shakespearienne du monde. Elle est lutte pour le pouvoir, meurtre, révolte et violence. Les deux premiers actes de cette histoire du monde se sont déroulés avant que n'accoste le navire transportant Alonso. A présent, Prospéro va accélérer l'action; deux fois encore la même histoire se répétera sur le ton tragique et sur le ton grotesque, après quoi le spectacle sera fini. L'île de Prospéro n'a rien de commun avec les îles heureuses des utopies de la Renaissance. Elle ressemble plutôt à l'île-monde du gothique finissant. Ile telle que la peignait l'un des plus grands visionnaires parmi les peintres de tous les temps, le précurseur du baroque et du surréalisme, Jérôme Bosch le possédé. Ses visions sont brunes ou jaunes. Elles ont la forme d'un cône tronqué semblable à un volcan. Sur cette montagne, de petites figures humaines se pressent et serpentent comme des fourmis. Les scènes représentent les sept péchés capitaux et toutes les passions humaines, mais avant tout la débauche et le meurtre, l'ivrognerie et la goinfrerie. Parmi les hommes circulent des démons au corps souple et gracile d'ange hermaphrodite et à la tête de crapaud ou à la gueule de dogue. Sous des tables semblables à d'énormes carapaces de tortue, des vieillardes aux seins flasques et au visage d'enfant sont possédées par des êtres mi-hommes, mi-insectes, aux longues antennes velues. Les tables sont dressées pour un somptueux festin, mais les hanaps et les plats se métamorphosent en hideuses formes d'insectes, d'oiseaux et de crapauds. C'est là le jardin des supplices, ou encore l'image de la folie de l'humanité. Jusque dans sa forme, cette île ressemble à la scène élisabéthaine. Au pied de la montagne, il y a des vallées douces et fertiles. C'est le proscenium. Dans d'immenses cavernes et sur les terrasses du cône se déroulent les scènes principales. Le sommet tronqué du volcan est vide. Sur la scène supérieure, il n'y a pas d'acteurs. Nul ne bénit ou ne juge la folie. Sur cette île on subit les « tortures du monde cruel ». De ce monde dont Shakespeare était le témoin. Où il n'y a pas de dieux et où les dieux sont inutiles. Les hommes suffisent :

> Nos sens poursuivent — comme des rats qui se jettent sur leur poison — un mal dont ils sont altérés; mais qui en boit en meurt.
>
> (*Mesure pour mesure*, I, 2)

Cette citation pourrait être placée sous les grandes toiles de Jérôme Bosch, *La Tentation de saint Antoine* ou le *Jardin des Délices*. Or telle est l'île de Prospéro. Ariel en est l'ange et l'exécuteur des hautes œuvres. C'est pourquoi, lorsqu'il veut se rendre visible, il emprunte les traits de la harpie. Le voici qui annonce leur verdict aux naufragés :

> ... La destinée qui a pour instrument ce bas monde et ce qu'il contient, vous a fait vomir par la mer insatiable sur cette île où l'homme n'habite point — vous qui parmi les hommes n'étiez plus dignes de vivre... Je vous ai rendus fous, et je vous vois cette espèce de courage qui fait que les hommes se pendent ou se noient.
>
> (III, 3)

Ariel, sur l'ordre de Prospéro, attire les naufragés, les charme avec de la musique, les épuise et les disperse. Le roi de Naples Alonso et le fidèle Gonzalo sont vite fatigués. Ils vont s'endormir. Leur suite tout entière s'endormira. Seuls veillent Antonio le parjure et Sébastien, le frère du roi. Ils doivent monter la garde.

Une fois de plus se répétera l'histoire du complot contre le pouvoir. Oui, mais Shakespeare avance un nouveau miroir. Prospéro a raconté brièvement, sèchement, avec précision, à la façon d'un manuel d'histoire, comment il a perdu son duché. Le récit a été réduit à des formules. Ramené au seul mécanisme. A présent l'action se ralentit et voici une succession de gros plans. Comme dans un film. A présent, chaque seconde a son importance et nous pouvons observer chaque frémissement de l'âme et chaque geste. Le roi et

Gonzalo dorment. Le moment est propice. Peut-être ne se reproduira-t-il plus.

SÉBASTIEN — Mais votre conscience?

ANTONIO — Bah! monsieur, où donc cela niche-t-il? Si c'était une engelure à mon pied, elle me ferait porter pantoufle, mais je ne sens point cette déité en mon sein. Quand il y aurait vingt consciences entre moi et Milan, elles se congèleraient pour mieux fondre avant de m'importuner!

(II, 1)

Antonio et Sébastien lèvent leur épée. Dans un instant, le meurtre sera chose faite. Vraiment, chez Shakespeare, ce thème est obsessionnel. Seuls les miroirs changent. Et chacun d'eux n'est qu'un autre commentaire à des situations toujours pareilles. L'île de Prospéro est une prison, tout comme le Danemark. L'attentat d'Antonio et de Sébastien est une répétition de la scène du *Roi Lear :*

Si les cieux ne se hâtent pas d'envoyer leurs esprits visibles pour dompter ces offenses, le temps viendra où l'humanité forcément se dévorera elle-même, comme les monstres de l'abîme.

(*Le Roi Lear,* IV, 2)

Les épées retomberont, parce qu'Ariel veille. Il est à la fois un agent provocateur et l'inspecteur du spectacle dont Prospéro est le metteur en scène. Il n'est pas nécessaire que le meurtre soit accompli. Il suffit qu'il ait été montré. Prospéro soumet les naufragés à l'épreuve de la démence. Mais que signifie-t-elle? Sébastien répète l'acte commis par Antonio douze ans auparavant. L'île est une scène sur laquelle l'histoire du monde se déroule et se répète. L'histoire est folie. Comme dans *Richard III.*

Salut, destruction, meurtre, massacre! Je vois la fin du monde tracée comme sur une carte.

(*Richard III,* II, 4)

Prospéro fait passer les naufragés par des situations extrêmes et définitives. Par des situations à l'état pur. Sébastien répète l'attentat d'Antonio contre le pouvoir et contre un frère. Mais Antonio avait accompli cet attentat à Milan afin de devenir réellement duc. Sébastien veut tuer un roi et frère sur une île déserte. Le navire a été jeté contre les roches; sur un coin de cette terre étrangère ne se trouve rien de plus qu'une poignée de naufragés. L'attentat de Sébastien est dans son essence un acte gratuit, une pure folie. Comme le vol d'un sac d'or dans le désert, parmi des hommes condamnés à mourir de soif. Les gestes et les motifs de Sébastien sont identiques à ceux d'Antonio, douze ans plus tôt. Identiques à un véritable coup d'Etat. C'est en cela précisément que consiste le principe des analogies shakespeariennes et le système des miroirs interchangeables. L'histoire de l'humanité est folie, mais pour montrer cette folie, il faut la jouer sur une île déserte.

La première séquence tragique du scénario tel que l'a composé Prospéro est achevée. Le coup d'Etat vient d'être joué. Mais il l'a été par des princes. Les analogies ne sont pas épuisées pour autant et une seconde grande confrontation nous attend. De nouveau changent les acteurs et les rôles, mais la situation demeure la même. Le monde de Shakespeare est un; ce ne sont pas uniquement les styles qui y sont confondus. Les coups d'Etat ne sont pas le privilège des seuls rois et la soif du pouvoir ne s'empare pas seulement des princes. Trois fois déjà, dans *La Tempête,* le coup d'Etat a été montré à travers un prisme tragique, à présent il sera joué dans le style bouffe. Les personnages de Shakespeare se partagent encore en tragiques et grotesques. Mais le grotesque, dans son théâtre, n'est pas seulement un intermède joyeux appelé à distraire les spectateurs après les scènes cruelles jouées par les rois et les princes. Les scènes tragiques, chez Shakespeare, sont souvent doublées de bouffonnerie, de grotesque ou d'ironie, et le bouffe est chez lui assorti d'amertume, de lyrisme et de cruauté. Les Fous, dans ce théâtre, disent la vérité. Et ils ne font pas que la dire : ils jouent des situations réservées aux puissants. L'ivrogne Stéphano et le bouffon Trinculo eux aussi veulent gouverner. De connivence avec Caliban, ils préparent un attentat contre Prospéro. L'histoire une fois encore se répète. Mais cette fois-ci, elle n'est que farce. Qui, elle aussi, s'avérera tragique. Pour l'instant, elle est pure bouffonnerie :

> Monstre, je tuerai cet homme. Sa fille et moi serons roi et reine — longue vie à Nos Majestés! — Quant à Trinculo et toi, vous serez vice-rois.
>
> (III, 2)

L'île de Prospéro est l'arène du monde véritable, non une utopie. Shakespeare le dit nettement, directement aux spectateurs, il le souligne de façon presque importune. Gonzalo est le raisonneur du drame. Gonzalo est fidèle et honnête, mais il est en même temps naïf et ridicule. Le roi ne s'est pas encore endormi. Le coup n'a pas encore été tenté. Gonzalo commence un récit sur l'Etat bienheureux. Sans doute vient-il de lire le célèbre chapitre des *Essais* de Montaigne sur les cannibales. Il en reprend les termes. Dans cette communauté heureuse, le travail et le négoce sont inconnus, il n'y a pas de magistrat et pas de pouvoir :

> GONZALO — Point de souveraineté...
> [...]
> ANTONIO — La queue de sa communauté en oublie la tête.
> GONZALO — La nature produira tout en commun sans sueur et sans effort ; avec la trahison et la félonie, je bannirai épées, piques et mousquetons, et je n'aurai besoin d'aucun engin, car d'elle-même la nature fournira tout à foison, tout en abondance pour nourrir mon peuple innocent.
>
> (II, 1)

Des créatures humaines, belles et raisonnables, vivent à l'état de nature, ignorant le péché originel et la corruption de la civilisation. La nature est bonne et les hommes sont bons. Telles sont les îles heureuses des utopies antiféodales. Elles étaient découvertes dans les mers du Sud par les petits frères naïfs de l'ordre de Saint-François d'Assise qui y trouvaient, bien avant J.-J. Rousseau, de « bons et nobles sauvages ». Montaigne en a parlé. Mais Shakespeare ne croyait pas à ces « bons sauvages », pas plus qu'il ne croyait aux bons rois. Lorsqu'il était à la recherche d'une utopie, il la situait dans la forêt d'Ardennes où chassent les compagnons de Robin Hood. Mais cette utopie, également, il la tempère d'amertume : là non plus, le chevalier Jacques ne se sentira pas chez lui. Shakespeare ne croyait pas aux îles heureuses. Il était trop près de la terre ferme.

Dans l'île de Prospéro, ce sont les lois du monde véritable qui gouvernent. A peine Gonzalo a-t-il achevé son récit et s'est-il étendu à côté du roi pour la sieste, que se dressent au-dessus d'eux Antonio et Sébastien, l'épée nue. Commence un spectacle aussi cruel que le monde. Que le monde que regardait Hamlet :

> ... le fouet du siècle,
> L'injure du tyran, les mépris de l'orgueil,
> L'angoisse dans l'amour bafoué, la lente loi
> Et la morgue des gens en place, rebuffades
> Que le mérite doit souffrir des êtres vils...
>
> (*Hamlet*, III, 1)

Ariel a exécuté les ordres de Prospéro. Ses ennemis ont répété des gestes accomplis douze ans plus tôt. Des gestes, non des actes. De la première à la dernière scène, ils n'ont été rien d'autre qu'une poignée de naufragés sur une île déserte. Dans leur situation de naufragés, leurs gestes ne pouvaient être que ceux de la naïveté. Mais ces gestes étaient démence. Telle est justement l'épreuve humaine que Prospéro a imposée à ses acteurs. Ils ont parcouru le chemin les conduisant à l'enfer de leur propre âme. Ils se sont enfin vus « nus comme des vers ». Cette expression sartrienne convient tout à fait ici. Alonso a compris le sens de cette épreuve :

> Voici le plus étrange labyrinthe où jamais homme se soit engagé. Il y a dans cette affaire des choses que la nature n'a point réglées. Il faut qu'un oracle éclaire notre savoir.
>
> (V. 1)

La représentation de *La Tempête* s'achève, ainsi que la moralité créée par Prospéro. Il sera bientôt six heures. La même horloge a mesuré le temps intérieur de la représentation et le temps des spectateurs. Car les acteurs et les spectateurs, pendant ces quatre heures, ont subi la même tempête. Chacun d'eux.

> Pas une âme qui ne ressentît la fièvre du délire et ne se livrât à quelque acte de désespoir...
>
> (I, 2)

Sur l'île, l'histoire du monde a été jouée et répétée. Sur l'île que les spécialistes de Shakespeare tiennent pour une Arcadie.

## III

Qui est Prospéro et que signifie sa baguette ? Pourquoi chez lui la science est-elle associée à la magie, et quel est le sens dernier de sa confrontation avec Caliban ? Car, en définitive, ce sont Prospéro et Caliban les héros de *La Tempête*. Pourquoi Prospéro brise-t-il sa baguette magique et noie-t-il son livre dans la mer ? Pourquoi retourne-t-il désarmé dans le monde des hommes ?

Dans aucun des chefs-d'œuvre de Shakespeare, à l'exception du seul *Hamlet*, n'a été montrée aussi brutalement que dans *La Tempête* l'antinomie entre la grandeur de l'esprit humain, et la cruauté de l'histoire, la fragilité de l'ordre des valeurs. C'est là une antinomie profondément vécue par les hommes de la Renaissance et qui, pour eux, était tragique. Les neuf sphères célestes immuables qui, conformément à l'enseignement médiéval, se disposaient concentriquement autour de la terre, étaient la garantie de l'ordre naturel. A la hiérarchie céleste correspondait la hiérarchie sociale. Or les neuf cieux n'existent plus. La terre est devenue l'une des poussières de l'espace étoilé, tandis que simultanément l'univers se rapproche ; les corps célestes se meuvent selon des lois que la raison humaine vient de découvrir. La terre est devenue à la fois très petite et très grande. L'ordre naturel a perdu son sacre, l'histoire n'est plus que l'histoire de l'homme. On avait pu rêver qu'elle allait changer. Mais elle n'a pas changé. Jamais encore on n'a si douloureusement ressenti le déchirement entre le rêve et la réalité, entre les possibilités qui résident en l'homme et la misère de son sort. Tout aurait pu changer et rien n'a changé. Comme l'a montré Jean Paris de façon si convaincante, ce sont justement là les contradictions que ne pouvait résoudre et au milieu desquelles se débattait Hamlet :

Quel chef-d'œuvre que l'homme! Comme il est noble dans sa raison, infini dans ses facultés, ses mouvements, son visage, comme il est résolu dans ses actes, angélique dans sa pensée, comme il ressemble à un dieu!

La merveille de l'univers, le parangon de tout ce qui vit! Et pourtant, que vaut à mes yeux cette quintessence de poussière? L'homme n'a pas de charme pour moi, et la femme non plus...

(*Hamlet*, II, 2)

Hamlet a lu Montaigne. Et chez Montaigne ces mêmes contradictions sont dessinées encore plus brutalement, encore plus violemment :

« Considérons donc pour cette heure l'homme seul, sans secours estranger, armé seulement de ses armes. [...] Qu'il me face entendre par l'effort de son discours, sur quels fondements il a basty ces grands avantages qu'il pense avoir sur les autres creatures. Qui luy a persuadé que ce branle admirable de la voute celeste, la lumière eternelle de ces flambeaux roulans si fièrement sur sa teste, les mouvements espouvantables de cette mer infinie, soyent establis et se continuent tant de siecles pour sa commodité et pour son service? Est-il possible de rien imaginer de si ridicule que cette misérable et chetive creature, qui n'est pas seulement maistresse de soy, exposée aux offences de toutes choses, se die maistresse et emperiere de l'univers, duquel il n'est pas de sa puissance de cognoistre la moindre partie, tant il s'en faut de la commander? »

Et plus loin :

« La plus calamiteuse et fraile de toutes les creatures, c'est l'homme, et quant et quant la plus orgueilleuse. Elle se sent et se void logée icy, parmy la bourbe et le fiend du monde, attachée et clouée à la pire, plus morte et croupie partie de l'univers, au dernier estage du logis et le plus éloignée de la voute celeste, avec les animaux de la pire condition des trois; et se va plantant par imagination au dessus du cercle de la Lune et ramenant le Ciel soubs ses pieds » (5).

Prospéro possède cette conscience de la misère et de la grandeur de l'homme. Avec plus d'amertume encore. Il paraît généralement en scène dans un grand manteau noir semé d'étoiles. A la main, il tient sa baguette de magicien. Ce costume enlève à l'acteur sa liberté de mouvement, le transforme en un père Noël ou un prestidigitateur, le rend pathétique et le force à jouer en officiant. Il devient cérémonieux au lieu d'être tragique, au lieu d'être humain. Prospéro est le metteur en scène de la moralité qui a montré les raisons de sa défaite. Elle n'était que répétition de l'histoire humaine sans possibilité de la modifier. Il faut rejeter la mauvaise tradition théâtrale et en même temps retirer des épaules de Prospéro cette cape de magicien.

Chaque fois que je pense à Prospéro, je revois la tête de Léonard de Vinci telle qu'elle apparaît sur son dernier autoportrait. Il a un front très haut, démesuré. Les cheveux blancs clairsemés retombent comme les vestiges d'une crinière de lion et se mêlent à la grande barbe de Dieu le Père. Le poil cerne la bouche; les lèvres sont serrées, tordues, les commissures tombantes. Ce visage est marqué par la sagesse et l'amertume. Il n'exprime ni calme ni abandon. C'est cet homme qui, en marge d'une grande feuille remplie de démonstrations sur le mouvement des corps, a noté de la même écriture retournée, mais en caractères encore plus petits : « O Léonard, pourquoi de tels efforts? »

Bien des critiques, alors qu'ils écrivaient sur Prospéro,

(5) Montaigne, *Les Essais*, Livre II, Chapitre XII.

évoquaient le personnage de Léonard. Shakespeare avait-il entendu parler de Vinci? Nous l'ignorons; il a pu en entendre parler par Ben Jonson qui était un grand érudit, par le comte de Southampton, Essex ou l'un quelconque de ses puissants amis. La légende de Léonard a pu parvenir jusqu'à lui; celui-ci, aux yeux des contemporains et longtemps encore par la suite, passa pour l'homme qui avait progressé plus que nul autre dans la connaissance de la magie. De la magie blanche, bien entendu, de la magie naturelle, appelée déjà alors empirique, opposée à la magie noire ou démoniaque. De la magie que pratiquait Paracelse. Il considérait l'air comme une sorte d'esprit qui provient d'un liquide en état d'ébullition. L'air, « *an airy spirit* » comme Shakespeare a qualifié Ariel dans la liste des personnages. Pic de la Mirandole a laissé des écrits touchant à cette même magie blanche, lui qui considérait que le savant « unit le ciel et la terre et concourt à lier le monde inférieur aux puissances du monde supérieur ».

Peut-être n'est-ce pas un hasard si Shakespeare a donné à Prospéro le duché de Milan, où Léonard de Vinci avait passé de longues années au service de Louis II le More et d'où, en 1499, après la chute de la principauté la plus puissante de toutes, il était parti de par le monde, dans une errance qui ne finira qu'avec sa mort. Ce ne sont là que suppositions qui peuvent distraire, pendant un instant de liberté, l'historien de la littérature. Une seule chose importe : Shakespeare a créé dans *La Tempête* un personnage que l'on peut comparer à Vinci, tandis que la figure tragique de celui-ci permet de mieux comprendre la figure tragique de Prospéro.

Léonard était passé maître en mécanique et hydraulique, il dressait des projets de villes nouvelles et spacieuses et d'un système de canaux modernes, il dessinait et inventait de nouvelles machines de siège : des mortiers d'une force de feu encore inconnue, des canons à onze gueules capables de cracher ensemble des boulets, des chars blindés semblables à des tanks, mus mécaniquement à l'aide d'un système de roues dentées et de leviers. Dans le *Codice Atlantico* (6), on trouve des dessins techniques extrêmement précis de nouvelles lamineries, de machines mobiles pour creuser les canaux et de machines textiles rapides. Y sont consignés des observations

(6) Le *Codice Atlantico*, premier volume d'une compilation due au sculpteur Pompeo Leoni, contient les notes et dessins de Vinci sur des sujets scientifiques. Le volume fut légué, en 1637, à la Biblioteca Ambrosiana de Milan.

sur le vol des oiseaux, la façon de se diriger des poissons et des calculs inachevés sur la dimension et le poids à donner à des ailes qui permettraient à l'homme de s'élever dans les airs. On y trouve des projets et des dessins de machines volantes, d'une tenue de scaphandrier avec réservoir d'air et tuyau respiratoire, de vaisseaux sous-marins.

Aucune des machines de Léonard n'a été réalisée. La tragédie était que la technique ne parvenait pas à suivre assez vite la pensée. Les matériaux qu'il avait à sa disposition étaient trop lourds et le travail des métaux trop primitif pour qu'aucune des machines qu'il avait imaginées puisse se mouvoir sans le secours d'un moteur. Vinci avait douloureusement conscience de la résistance de la matière et de l'imperfection des outils, mais il percevait déjà comme surgissait peu à peu un monde dans lequel l'homme saurait arracher ses secrets à la nature et la dominer par l'art et par la science :

« Ne vois-tu que l'œil embrasse la beauté universelle? Il est chef de l'astrologie, générateur de la cosmographie; tous les arts humains, il les conduit et les corrige; il meut l'homme aux diverses parties du monde; c'est le prince des mathématiques; ses sciences sont certaines; il a mesuré la hauteur et la grandeur des étoiles, il a découvert les éléments et leurs positions; il a même fait prédire les choses futures d'après le cours des astres. Il a engendré l'architecture, la perspective et la divine peinture. [...]

» Mais, à quoi bon m'astreindre à un si haut et si long discours? Y a-t-il une seule chose qui ne vienne pas de l'œil? Il meut les hommes d'Orient en Occident, il a inventé la navigation, et en cela il a surpassé la nature dont les sciences naturelles sont limitées (7). »

Le grand monologue de Prospéro au cinquième acte de *La Tempête,* où les romantiques déchiffraient l'adieu de Shakespeare au théâtre et une profession de foi dans la puissance démiurgique de la poésie, est en réalité très proche de l'enthousiasme de Léonard pour la puissance de l'esprit humain qui a arraché à la nature ses forces élémentaires. Ce monologue est un lointain écho d'un passage célèbre des *Métamorphoses* d'Ovide. Le monde est vu dans son mouvement et sa transformation, les quatre éléments : la terre, l'eau,

(7) Léonard de Vinci, *Textes choisis* et traduits par Péladan, Mercure de France, Paris, 1907, p. 197. Ce passage provient de : *Das Buch für Malerei,* éd. H. Ludwig.

le feu et l'air sont libérés; mais s'ils n'obéissent plus aux dieux, ils sont au pouvoir de l'homme qui bouleverse pour la première fois l'ordre de la nature. Chaque époque lit ce grand monologue à l'aide de ses expériences propres. Pour nous, c'est un monologue atomique, et il comporte davantage d'effroi que d'enthousiasme. Nous le déchiffrons de façon bien moins symbolique et moins poétique, de façon bien plus concrète et littérale. Pour six générations de spécialistes, depuis William Hazlitt jusqu'à John D. Wilson (8), la pérennité du monde était absolument hors de doute. Et c'est peut-être pourquoi ils voyaient dans *La Tempête* une œuvre arcadique. Pour nous, dans ce monologue de Prospéro, retentissent des accents d'Apocalypse; ce n'est pas là l'Apocalypse poétique des romantiques, mais l'Apocalypse des explosions nucléaires et du champignon atomique. Or cette façon de comprendre le monologue de Prospéro et *La Tempête* est certainement plus voisine des expériences des hommes de la Renaissance, et des contradictions brutales qu'ils essayaient de concilier.

« Léonard désire un savoir jamais rassasié de lui-même. » Tel est le titre que Vinci a donné au passage suivant de ses carnets :

« Ni la mer tempéteuse ne fait entendre mugissement aussi violent quand la tornade du nord la rejette, en vagues écumantes, entre Scylla et Charybde; ni le Stromboli ni le mont Etna, quand les feux de soufre, prisonniers, crèvent et déchirent les puissantes montagnes, et lançant en l'air des rocs et de la terre mêlés dans le jaillissement des flammes éructantes...

» Ni quand les cavernes brûlantes de l'Etna vomissent et restituent l'élément incontrôlable, et le refoulent avec fureur vers sa propre région, chassant devant lui tout obstacle qui s'oppose à sa rage impétueuse...

» Poussé par un désir ardent, anxieux de voir l'abondance

(8) William Hazlitt (1778-1830), ami de Coleridge et Lamb, publie en 1817 *The Characters of Shakespeare's Plays,* un des classiques de la critique shakespearienne.

On doit à John Dover Wilson (né en 1881), professeur aux universités de Londres et d'Edimbourg, de nombreux ouvrages shakespeariens dont *The Essential Shakespeare, Life in Shakespeare's England, What Happens in Hamlet, The Fortunes of Falstaff* des formes variées et étranges que crée l'artificieuse nature, ayant cheminé sur une certaine distance entre les rocs surplombants, j'arrivai à l'orifice d'une grande caverne, et m'y arrêtai un moment, frappé de stupeur, car je ne m'étais pas douté de son existence; le dos arqué, la main gauche étreignant mon genou tandis que de la droite j'ombrageais mes sourcils abaissés et froncés, je me penchais continuellement, de côté et d'autre, pour voir si je pouvais rien discerner à l'intérieur, malgré l'intensité des ténèbres qui y régnaient. Après être resté ainsi un temps, deux émotions s'éveillèrent soudain en moi : crainte et désir; crainte de la sombre caverne menaçante, désir de voir si elle recélait quelque merveille. » (9)

Besoin de connaître, peur de connaître. Inéluctabilité de la connaissance, inéluctabilité de la peur de connaître. C'est là, assurément, la clef du monologue de Prospéro que nous propose Vinci. Clef combien contemporaine, de surcroît. Le monde était devenu à la fois très grand et très petit, pour la première fois la terre avait tremblé sous les pieds :

Vous, elfes des collines, des ruisseaux, des lacs tranquilles et des bocages; et vous qui sur le sable, de votre pied sans empreinte, poursuivez Neptune qui se retire et le fuyez quand il remonte; vous, farfadets qui, au clair de lune, faites les cercles sombres et amers que la brebis ne broute pas; vous qui vous amusez, vers minuit, à faire pousser des champignons et qui prenez plaisir à entendre le grave couvre-feu; vous à l'aide de qui, tout petits seigneurs que vous soyez, j'ai obscurci le soleil de midi, appelé les vents en révolte, soulevé entre la verte mer et la voûte azurée la guerre rugissante, allumé le tonnerre qui gronde et brisé de sa foudre le grand chêne de Jupiter, ébranlé les promontoires sur leur forte base et arraché par les racines le pin et le cèdre; sur mon ordre et par mon art tout-puissant les tombeaux ont éveillé leurs dormeurs, se sont ouverts et les ont relâchés.

(V, 1)

Chez presque tous les penseurs, poètes et philosophes de la Renaissance, nous rencontrons ces brutales transitions allant des explosions d'enthousiasme pour les conquêtes de la pensée humaine à la vision catastrophique de l'anéantissement. Cela se trouve chez Michel-Ange et plus fréquemment

(9) *Les Carnets* de Léonard de Vinci, trad. Louise Servicen, Paris, 1942, tome II, p. 423.

encore chez Vinci, chez qui le thème de la destruction totale revient presque comme une obsession. Dans ses écrits, foisonnent les descriptions minutieuses et brutales d'incendies consumant des villes entières, du nouveau déluge qui doit exterminer l'humanité ou de l'épidémie qui doit la décimer. La nature « envoie des vapeurs pestilentielles sur les grandes multiplications et congrégations d'animaux et surtout sur les hommes, qui s'accroissent trop parce que les autres animaux ne les mangent pas (10). » C'est très shakespearien comme formule, même dans le style. Parfois les analogies sont véritablement surprenantes. Dans l'une de ses lettres inachevées, Léonard écrit : « *La bocca n'ha morti più che'l coltello.* » (La bouche tue davantage que le couteau.) Hamlet, après la grande scène avec les acteurs, dira : « Je la poignarderai de paroles, mais pas de la main » (III, 2).

Chez Léonard, tout comme chez Shakespeare, nous rencontrons souvent ce type de réflexion très cruelle et très moderne sur l'histoire humaine, qui ne dure pas plus qu'un battement de paupière face à l'histoire de la terre. L'homme est un animal comme les autres, peut-être seulement plus cruel; mais, au contraire de tous les autres, il a conscience de son destin et veut le changer. Il naît et meurt dans un temps qui lui échappe et jamais il ne pourra s'y résigner. La baguette de Prospéro contraint l'histoire du monde à se répéter sur une île déserte. Les acteurs peuvent la jouer en l'espace de quatre heures. Mais la baguette de Prospéro est impuissante à changer le cours du monde. La moralité une fois achevée, le pouvoir de magicien de Prospéro doit également prendre fin. Il ne lui reste plus qu'une amère sagesse.

Un passage encore des écrits de Léonard est pour moi parent de *La Tempête*. Il y est question d'un galet qui, du sommet de la montagne, a roulé jusque dans la plaine; les hommes le piétinent, les sabots des bêtes le roulent, les roues des voitures l'écrasent. Vinci conclut : « Cela arrive à ceux qui veulent sortir de la vie solitaire et contemplative pour venir habiter dans la ville, parmi le peuple, parmi les maux infinis (11). »

Il y a dans ce passage la triste amertume des adieux de Prospéro à son île :

(10) Léonard de Vinci. *Textes choisis...*, p. 109. Passage provenant de : *The litterary works of Vinci*, éd. Richter.

(11) *Ibid.*, p. 295. C'est un extrait du *Codice Atlantico*.

... Je me retirerai à Milan où je donnerai à la tombe une pensée sur trois.

(V, 1)

Ce déchirement propre à Léonard entre la pensée et la pratique, entre le royaume de la liberté, de la justice et de la raison d'une part, l'ordre naturel et l'histoire de l'autre, a été encore plus intensément et douloureusement ressenti par la dernière génération des hommes de la Renaissance; génération à laquelle appartenait Shakespeare. Elle avait conscience qu'une grande époque s'achevait. Le présent était répugnant, l'avenir se dessinait en couleurs encore plus sombres.

Les grands rêves de bonheur des humanistes ne s'étaient pas accomplis, il était apparu que c'étaient de simples songes. Restait l'amère conscience des illusions perdues. La nouvelle domination de l'argent rendait plus cruelle encore l'ancienne domination féodale. La réalité, c'était la guerre, la faim et la peste, la terreur que faisaient régner les puissants et que faisait régner l'Eglise. En Angleterre, Elisabeth gouvernait cruellement, l'Italie avait été abandonnée aux Espagnols, Giordano Bruno, livré à l'Inquisition, était brûlé sur le Campo di Fiore.

Vers la fin du XVIe siècle, il avait pu sembler que le système de Copernic avait définitivement triomphé. Pour la première fois, il trouvait une confirmation empirique, grâce à l'invention du télescope et à la découverte des satellites de Jupiter par Galilée. Celui-ci publiait son traité *Sidereus nuntius* en 1610, donc presque en même temps que *La Tempête*. C'était là un nouveau triomphe de la science. Mais un triomphe illusoire, apparut-il. C'était plutôt le glas d'une grande époque. Il enflamma, il est vrai, l'imagination d'un Campanella, mais il fut tenu pour hérétique. Les sinistres aristotéliciens dogmatiques triomphaient une fois de plus. En 1618, le Saint-Office condamnait officiellement la théorie de Copernic et les conceptions dites « pythagoriciennes », comme contraires au texte des Ecritures. En 1633 avait lieu le procès de Galilée, lequel reniait publiquement ses convictions hérétiques :

« ... j'avais affirmé et cru que le Soleil est le centre du monde et immobile et que la Terre n'est pas le centre du monde et se meut. [...] Je jure à l'avenir de ne rien dire ni affirmer de voix, et par écrit, qui permette d'avoir de moi de semblables soupçons, et s'il devait m'arriver de rencontrer un hérétique ou présumé tel, je le dénoncerai à ce Saint-Office, à l'inquisiteur ou à l'ordinaire de mon lieu de résidence (12). »

Mais cinq ans plus tard, ce vieillard malade et las écrira de sa prison à l'un de ses vieux amis :

« Galilée, votre cher ami et votre serviteur, est complètement aveugle depuis un mois. C'est irrémédiable. Imaginez donc, Gracieux Ami, quelle doit être ma tristesse lorsque je prends conscience que ce ciel, ces étendues et cet univers que j'avais, par des observations si étranges et mes démonstrations lumineuses, agrandi cent et mille fois, comparé à ce qu'y voyait l'ensemble des savants de tous les siècles passés, que cet espace et cet univers, donc, ont à présent tant diminué et se sont tellement obscurcis pour moi, qu'ils ne s'étendent pas au-delà de l'espace qu'occupe ma personne. »

La baguette de Prospéro n'a pas inversé le cours de l'histoire. En fait, elle n'a rien changé. Le monde est resté cruel ainsi qu'il l'était, et « cette vie brève s'achève sur un rêve ». Dans le dernier monologue de Prospéro, je vois la grandeur, le désespoir et l'amertume de la lettre de Galilée :

> A présent, je n'ai plus d'esprits pour dominer, d'art pour enchanter, et ma fin est désespoir...
>
> (V, 1)

Prospéro n'est pas Léonard de Vinci, ni encore moins Galilée. Et ce ne sont pas les analogies qui m'importent, si séduisantes soient-elles. Ce qui m'importe, c'est qu'on lise *La Tempête* comme une grande tragédie de la Renaissance, sur les illusions perdues.

Jean Paris, le plus remarquable des interprètes contemporains de Shakespeare, appelle *Hamlet* une pièce sur « la fin de l'époque de la terreur (13) ». Le père de Hamlet a tué le père de Fortinbras, Claudius a tué le père de Hamlet, Hamlet devrait donc tuer Claudius, et le jeune Fortinbras tuer Hamlet. On s'empare du trône par le meurtre et cet enchaînement est impossible à rompre. Mais le jeune Fortinbras ne tue pas Hamlet. Lorsqu'en armure d'argent, invincible et héroïque, il fait son entrée à Elseneur, la scène est déjà vide. Il monte sur le trône de Danemark conformément à la loi, mais sans verser le sang. Voici venue « la fin de

(12) Cf. *Le procès de Galilée,* par Giorgio de Santillana, Club du Meilleur Livre, Paris, 1955, où figure la traduction intégrale de l'abjuration de Galilée.

(13) Cf. J. Paris, *Hamlet ou les personnages du fils.* Ed. du Seuil, Paris, 1957.

l'époque de la terreur ». Fortinbras a triomphé. Mais le Danemark cessera-t-il d'être une prison pour autant? Le corps de Hamlet, porté par les chevaliers, vient d'être enlevé. Plus personne ne s'interrogera sur le sens de l'histoire féodale et sur le sens de la vie humaine. Fortinbras ne se pose pas de semblables questions. Il ne soupçonne même pas qu'on puisse se les poser. L'histoire a été sauvée, mais à quel prix?

Les théoriciens élisabéthains contemporains de Shakespeare faisaient de la Tragédie la représentation de la destinée humaine. Selon eux, la Tragédie pouvait librement associer vérité historique et fiction à des fins didactiques. Elle devait mettre en garde les spectateurs contre le danger de s'abandonner aux passions, et leur montrer les conséquences des péchés. Dans une bonne tragédie, selon la célèbre formule de Puttenham, datant de 1589, « ... leur vie infâme et leurs tyrannies étaient étalées devant le monde entier, leurs vices condamnés, leurs folies et insolences extrêmes tournées en ridicule et leur fin misérable dépeinte [...] afin de montrer l'humeur changeante de la fortune et le juste châtiment infligé par Dieu en punition d'une vie pleine de vices et de cruautés. » (14)

Le poète, selon Philip Sidney, l'auteur d'*Arcadie*, est en fait celui qui « met à la portée du commun la philosophie générale », et rien de plus. Mais Shakespeare n'était pas de ceux-là, ou du moins ne l'était qu'à la façon dont Montaigne, lui aussi, aidait à répandre la philosophie.

Shakespeare est loin du didactisme vulgaire d'un Puttenham et d'un Sidney. Pour lui, il n'y a pas de différence entre un roi légitime et un usurpateur. Le souverain est toujours pour lui le Prince de Machiavel, qui vit dans un monde où les gros poissons dévorent les petits. Les princes dévorent ou sont dévorés. Il n'y a pas de différence pour Shakespeare entre un bon roi et un tyran, comme il n'y a pas de différence pour lui entre un roi et un bouffon. Tous deux sont mortels. La violence et la lutte pour le pouvoir ne sont pas le privilège des souverains; elles sont la loi de ce monde.

Cette façon pessimiste et cruelle qu'a Shakespeare de voir l'histoire est déjà très voisine de la philosophie matérialiste du Hobbes de *Léviathan.* Hobbes était un théoricien de la

(14) George Puttenham. *The art of English poesie.* First Book, of Poets and Poesie, Londres, 1589.

Restauration, les rois avaient cessé pour lui d'être les oints du Seigneur. Ils étaient devenus par contre les oints de l'histoire. Leur pouvoir absolu et le droit de commettre n'importe quelle atrocité étaient le produit de la « guerre de tous contre tous ». Ils étaient les garants de l'ordre social, face à l'anarchie éternellement menaçante.

Shakespeare regardait l'histoire féodale avec les mêmes yeux que Hobbes, mais il se révoltait contre son immuabilité. Il cherchait à résoudre la tragique antinomie entre la terreur et l'anarchie. Jamais il n'a posé sur la tête des rois de ses chroniques et tragédies, sur la tête des Richard, des Henry, ou des Macbeth, la couronne de la nécessité historique. Il mettait les rois sur pied d'égalité avec les mortels et montrait qu'un cheval, parfois, peut valoir plus que tout un royaume.

Sur une île déserte, l'histoire du monde a été jouée. Le spectacle est achevé, l'histoire recommence, une fois de plus, dès le début. Alonso retournera à Naples, Prospéro retournera à Milan, Caliban sera de nouveau le seigneur de l'île. Prospéro jette sa baguette et sera de nouveau désarmé. S'il avait conservé sa baguette, *La Tempête* n'aurait été qu'un conte de fées. L'histoire est folie, mais la musique guérit de la folie les âmes humaines, et seule une amère sagesse peut être opposée à l'histoire. Il est impossible de lui échapper. Tous ont essuyé la tempête et sont à présent plus sages. Même Caliban. Avant tout Caliban. Une fois de plus, il faut recommencer, recommencer depuis le tout début. Prospéro accepte de rentrer à Milan. C'est en cela, en cela seulement, que réside le difficile et fragile optimisme de *La Tempête*.

## IV

Ariel est un ange, un bourreau, mais aussi l'exécutant des ordres de Prospéro. Il n'a que deux scènes personnelles : celle de la révolte, au premier acte, et celle où il implore le pardon pour les ennemis de Prospéro, au quatrième acte. Son conflit dramatique se réduit à sa soif de liberté. Ariel a été considéré, par les commentateurs de *La Tempête,* comme le symbole de l'âme, de la pensée, de l'intelligence, de la poésie, de l'air, de l'électricité et même, dans les interprétations catholiques, de la Grâce opposée à la Nature. Mais, sur la scène, Ariel n'est qu'un acteur, homme ou femme, en costume ou en maillot, masqué ou sans masque. Ariel en costume historique devient élément d'un spectacle de genre et, dans le meilleur des cas, le page de Prospéro. Ariel en costume fantastique peut facilement se mettre à ressembler à un laborantin occupé auprès d'un réacteur atomique. Ariel en collant se transforme en danseuse d'un ballet féerique. Si dès le premier acte Ariel apparaît masqué, ce ne sera pas là du théâtre shakespearien. Et quel masque Ariel pourrait-il mettre? Les acteurs qui jouent les esprits doivent eux aussi être des hommes. Chaque fois que je pense à Ariel, je me le représente sous les traits d'un mince et jeune garçon au visage fort triste. Son costume devrait être des plus ordinaires, avoir le moins de signification possible. Il peut porter un pantalon sombre et une chemise claire, ou bien un chandail à col roulé. Ariel se meut plus vite que la pensée. Qu'il entre donc en scène et en sorte sans se faire remarquer. Mais qu'il s'interdise de danser ou de courir. Il doit se déplacer très lentement. Il devrait, le plus souvent possible, demeurer immobile. Ce n'est que de cette façon-là qu'il ira plus vite que la pensée.

Les commentateurs de *La Tempête* s'occupent essentiellement d'opposer Ariel à Caliban. Je pense que cette opposition est philosophiquement plate et théâtralement vide. Ariel, dans l'action dramatique, n'est pas l'opposé de Caliban. Ariel n'est visible que pour Prospéro et les spectateurs. Pour tous les autres personnages du drame, il n'est qu'une musique ou une voix.

Caliban est un personnage du drame, c'en est même le personnage principal après Prospéro. Il est une des plus grandes, des plus originales et des plus inquiétantes créations de Shakespeare. Il ne ressemble à rien ni à personne. Son individualité est totale. Il vit dans *La Tempête,* mais aussi en dehors d'elle, comme Hamlet, Falstaff et Iago. Il ne se laisse pas, comme Ariel, définir par une métaphore unique ou enfermer dans une seule allégorie. Dans la liste des personnages il est appelé « *a savage and deformed slave* » (esclave sauvage et difforme). Prospéro le traite de « terreau », « lie de la terre », « graine de sorcière », « brute », « malice », « lourde tortue ». Le plus souvent de monstre. Trinculo l'appelle « poisson dissolu ». Caliban a des jambes, comme un homme, mais des bras semblables à des nageoires. Il est tout le temps en train de mâcher quelque chose, il grogne, il s'éloigne à quatre pattes.

Dürer a dessiné une truie à deux têtes, un enfant à barbe, un rhinocéros semblable à un éléphant monstrueux. Dans son

*Traité de la peinture,* Vinci donne la recette pour faire un dragon : « Prends la tête du mâtin ou du braque, les yeux du chat, les oreilles du porc-épic, le museau du lévrier, les sourcils du lion, les tempes d'un vieux coq et le col de la tortue (15) ». Les érudits ont retrouvé des gravures du début du XVIIe siècle représentant des monstres semblables à Caliban et ils ont déclaré que la description que Shakespeare en fait rappelle plus particulièrement certain mammifère de la famille des cétacés, une sorte de baleine qui se rencontre surtout non loin de l'archipel malais. Caliban était donc quelque chose dans le genre d'un énorme cachalot.

Mais, sur scène, Caliban, tout comme Ariel, n'est qu'un acteur en costume. Il doit y avoir en lui un élément de monstruosité animale et quelque allure de reptile, sinon les scènes grotesques avec Stéphano et Trinculo ne sauraient être rendues; mais j'aimerais qu'il fût aussi humain que possible. Caliban est un homme et non un monstre. Caliban, ainsi que l'a justement remarqué Allardyce Nicoll, parle en vers. Dans l'univers de Shakespeare, seuls parlent en prose les personnages grotesques et épisodiques; ceux qui ne vivent pas le drame.

Caliban était le maître de l'île déserte et, après le départ de Prospéro, il restera de nouveau seul sur l'île. De tous les personnages de *La Tempête,* il est celui dont le drame est le plus profond. Peut-être est-il le seul à changer vraiment. Tous les autres sont dessinés comme de l'extérieur, esquissés à l'aide de quelques gestes essentiels. Même Prospéro. Le drame de Prospéro n'est qu'intellectuel. De même qu'est abstrait, situé uniquement dans le domaine des concepts, celui d'Ariel. Seul Caliban a été par Shakespeare doté de passion et d'une biographie complète.

Caliban a appris à parler. L'île n'est-elle pas l'histoire du monde? Miranda a appris à parler à Caliban. A présent elle le lui rappelle. La parole distingue les hommes des bêtes. Caliban est l'anagramme des bons cannibales de Montaigne, mais il n'est pas un bon sauvage. Cette île n'est pas celle de l'utopie et l'histoire du monde y sera dépouillée de toutes les illusions. L'usage de la parole peut devenir une malédiction et aggraver seulement la servitude. Alors le langage se borne aux imprécations. C'est une des scènes les plus amères de *La Tempête :*

(15) *Les Carnets* de Léonard de Vinci, tome II, p. 220, Gallimard, Paris, 1942.

MIRANDA — ... J'ai eu pitié de toi, j'ai pris la peine de t'apprendre à parler [...] Tu ne connaissais pas ta propre pensée, alors que tu allais jacassant comme une brute; j'ai doté tes intentions de mots qui les pussent exprimer. [...]

CALIBAN — Vous m'avez appris à parler, et tout le profit que j'en tire, c'est de savoir maudire : que la peste rouge vous emporte pour m'avoir enseigné votre langage!

(I, 2)

Caliban, pour Miranda, est un homme. Lorsqu'elle verra Ferdinand pour la première fois, elle dira : « Voici le troisième homme qu'il m'ait été donné de voir. » Dans le système shakespearien des analogies et des confrontations brutales, Caliban est mis sur le même plan que Prospéro et Ferdinand. Shakespeare le souligne très nettement. Après quelques répliques, Prospéro reprend ce thème. Parlant de Ferdinand, il dit à Miranda :

Petite sotte! celui-ci est un Caliban auprès de la plupart des hommes, et eux-mêmes sont des anges auprès de lui.

(I, 2)

Caliban est un monstre difforme, Ferdinand le plus beau des princes. Mais, pour Shakespeare, la beauté et la laideur résident seulement dans le regard, dans le regard d'*autrui*. Dans la place et le rôle qui nous ont été dévolus.

Sur l'île, l'action se déroule strictement selon le plan de Prospéro. Les naufragés ont été dispersés et conduits à la folie. Le fraticide qu'Ariel a empêché au dernier instant était un avertissement et une épreuve. Mais le scénario établi par Prospéro est détruit par Caliban. Prospéro n'avait pas prévu sa trahison ni davantage le complot que celui-ci devait ourdir avec Trinculo et Stéphano. La trahison de Caliban prend Prospéro au dépourvu. Elle est le seul échec qu'il aura subi sur l'île. Mais, dans sa vie, c'est son second échec. Il avait perdu son duché, car il s'était plongé dans les sciences et les arts, avait fait confiance à son frère, avait cru à la bonté du monde. La trahison de Caliban est un nouvel échec de ses méthodes éducatives. Il est apparu, une fois encore, que sa baguette n'est pas toute-puissante. Il avait voulu, en guise d'avertissement pour les naufragés et les spectateurs, recréer sur l'île l'histoire du monde. Mais celle-ci s'est montrée encore plus cruelle qu'il ne l'avait voulu. Elle a apporté une amère surprise de plus. Et ce, précisément au moment où Prospéro célébrait les fiançailles solennelles de Ferdinand et de Miranda, lorsque devant leurs yeux il évoquait en images la vision du paradis perdu. Il s'emporte :

> C'est un diable, ce Caliban, un diable de naissance; sur sa nature l'éducation n'aura jamais de prise et toute la peine que je me suis donnée pour lui par bonté est perdue, entièrement perdue; autant son corps enlaidit avec l'âge, autant son âme se corrompt. Je vais les châtier tous trois à les faire hurler.
>
> (IV, 1)

C'est là l'un des passages-clefs de *La Tempête,* et sans doute le plus difficile à interpréter. C'est le point crucial de la tragédie de Prospéro. Il faut cette scène pour qu'il brise et jette sa baguette magique, La façon même dont s'exprime Prospéro, les mots dont il use sont énigmatiques :

> ... on whom my pains,
> Humanely taken, all, all lost, quite lost...

c'est-à-dire, approximativement : « sur qui mes efforts, entrepris par humanité, sont tous, tous perdus, entièrement perdus ».

Le Don Juan de Molière commence par se gausser de la justice céleste lorsqu'il rencontre le pauvre. Après quoi il lui propose une aumône pourvu qu'il veuille jurer. Mais le pauvre refuse. Alors Don Juan lui lance un louis d'or : « Je te le donne pour l'amour de l'humanité. » Aucune phrase de Molière n'a été autant commentée que celle-là. Certains voient dans ce tour, inconnu de la langue du XVII$^{e}$ siècle, un simple équivalent du banal « de bon cœur ». D'autres, une façon de retourner dans une acception profane et même de parodier la formule traditionnelle : « Pour l'amour de Dieu. » Pour d'autres encore, le mot « humanité » placé dans la bouche de Don Juan a déjà entièrement le sens qu'il aura au XVIII$^{e}$ siècle; Don Juan serait alors le précurseur de l'humanitarisme des Lumières.

Le « *humanely taken* » de Shakespeare est tout aussi ambigu. Il peut être compris de façon très étroite et ne signifier alors guère plus que « entrepris de bon cœur ». Mais nous pouvons également y déceler l' « *humanitas* » cher à la Renaissance, pris dans son acception totale. Dans ces deux tours, le « pour l'amour de l'humanité » de Molière et le « *humanely taken* » de Shakespeare, je vois le même éclair de génie.

Si, sur l'île de Prospéro se déroule l'histoire du monde,

l'histoire de Caliban est un chapitre de l'histoire de l'humanité. Lorsqu'on lit ainsi *La Tempête,* trois scènes prennent alors une importance singulière : la première, c'est la fin du second acte. Stéphano vient d'enivrer Caliban. Le plan du complot a été dressé. Le « monstre admirable » guide ses nouveaux maîtres. A ce moment-là, pour la première fois, Caliban se met à chanter. Ces couplets d'ivrogne s'achèvent sur un refrain inattendu : « Liberté, heureux jour! Heureux jour, liberté! Liberté, heureux jour, liberté! »

Dans la première scène, Ariel réclamait sa liberté. Shakespeare, à présent, répète cette situation avec une cruelle ironie. Et pas une, mais deux fois. Au troisième acte, l'ivrogne, le bouffon et le pauvre monstre sont prêts à passer à l'action. Ils se préparent à tuer Prospéro. A présent, c'est Caliban qui réclame une chanson. Et c'est Stéphano qui la chante :

> Raillez-les et les moquez, moquez-les et les bafouez,
> Affranchies sont nos pensées.
>
> (III, 2)

« Affranchies sont nos pensées » : *Thought is free,* chante l'ivrogne. « *Thought is free* » répète le bouffon. Seul Caliban s'aperçoit que la mélodie s'est brisée soudain, qu'elle est devenue autre. Ariel est entré, avec un tambourin et un pipeau, et a faussé le ton. « Ce n'est pas l'air » crie Caliban. Il a entendu Ariel.

C'est précisément cela, le tragi-grotesque cher à Shakespeare, qui par son caractère barbare effrayait les classiques et que les romantiques érigèrent en principe du nouveau drame. Mais ceux-ci ont été incapables de reproduire l'intonation shakespearienne. Le grotesque et le tragique, chez Shakespeare, sont à la fois confondus et en lutte, tout comme la chanson d'ivrogne de Stéphano et Trinculo devient soudain la musique d'Ariel.

Stéphano et Trinculo ne sont que des personnages grotesques, mais Caliban est tout à la fois grotesque et tragique. Il est un souverain, un monstre et un homme. Il est grotesque dans sa révolte aveugle, obscure et naïve, dans son désir d'une liberté qui pour lui n'est encore rien de plus que sommeil tranquille et nourriture à satiété. Il est tragique, car il ne peut consentir à être ce qu'il est, car il ne veut pas et ne peut pas accepter sa condition d'imbécile et d'esclave. Renan en Caliban voyait *Demos,* le peuple, et, dans la suite qu'il a donnée à *La Tempête,* il le conduisait à Milan où celui-ci perpétrait un nouvel attentat, victorieux cette fois, contre Prospéro. Guéhenno a écrit une apologie de Caliban identifié au Peuple. Ces deux interprétations sont plates. Le Caliban de Shakespeare les dépasse.

Dans *La Tempête,* il y a deux musiques, celle d'Ariel et celle de Caliban. On ne saurait représenter *La Tempête* sans nettement différencier ces deux musiques. Toutefois, il est un moment où la musique de Caliban ressemble presque à celle d'Ariel. Et c'est alors une explosion incomparable de poésie shakespearienne. Trinculo et Stéphano ont peur de la musique d'Ariel. Caliban, lui, l'entend :

> N'aie pas peur : cette île est pleine de résonances, d'accents, de suaves mélodies qui donnent du plaisir et ne font point de mal ; tantôt ce sont mille instruments vibrants qui bourdonnent à mon oreille, tantôt des voix qui, si je m'éveille d'un long somme, m'endorment à nouveau : alors, dans mes rêves, je crois voir les nuages s'entrouvrir et montrer des richesses prêtes à choir sur moi, si bien qu'en m'éveillant je pleure du désir de rêver encore.
>
> (III, 2)

Ce passage est en quelque sorte le Livre de la Genèse de Shakespeare. L'histoire de l'humanité commence. La même, celle qui a été jouée sur l'île. Caliban a été trompé, une fois de plus il a été dupe. Il a subi un échec, tout comme Prospéro en a subi un. Caliban ne possède pas de baguette magique, et aucun bâton de sorcier ne saurait l'aider. Il a pris un ivrogne pour un dieu. Mais il s'est engagé sur la route sur laquelle chemine Prospéro. Il a subi une épreuve, il a perdu ses illusions. Il doit tout recommencer, une fois encore. Tout comme Prospéro qui retourne à Milan afin d'être duc à nouveau. « Désormais je me conduirai sagement » — ce sont les derniers mots de Caliban. Et lorsque Prospéro s'en ira, lui, tout doucement, montera au sommet désert de cette île shakespearienne, qui suggère tant un tableau de Jérôme Bosch.

Seuls deux personnages échappent à cette loi du retour, inhérente à la construction de *La Tempête :* Miranda et Ferdinand. Sur l'île a été jouée l'histoire du monde, mais sans leur participation, ou plutôt, ils y ont participé en vertu d'autres lois. Ils sont les seuls pour qui tout commence vraiment dès le début. Au cours de ces quatre heures, ils découvrent l'amour et se découvrent eux-mêmes. Ils sont aveuglés par eux-mêmes. Ils sont la jeunesse du monde. Mais le monde, ils ne le voient pas. De la première à la dernière scène, ils sont perdus dans la contemplation d'eux-mêmes. Exclusivement d'eux-mêmes. Ils n'ont même pas remarqué qu'autour d'eux il y a eu lutte pour le pouvoir, une tentative de fratricide, une révolte et un complot. Ils sont sous le charme.

Pour le roman de Miranda et Ferdinand, trois scènes, une fois de plus, sont décisives. La première, c'est celle des fiançailles, lorsque Prospéro, assisté d'Ariel, organise pour eux un spectacle. C'est typiquement un divertissement masqué dans le style élisabéthain. Le divertissement est une allégorie ou apparaissent des dieux romains parlant en vers pompeux et ampoulés. Mais cette allégorie contient une invocation à l'âge d'or, à une terre ignorant le péché et engendrant sans douleur.

... Ses paons volent à tire-d'aile...

Sur l'île où s'est jouée l'histoire véritable du monde, Prospéro montre au jeune couple d'amoureux le paradis perdu; Ferdinand s'émerveille :

Un père capable de si rares prodiges et une femme font de ce lieu un paradis.

(IV, 1)

Et c'est cette scène qui s'interrompt brutalement et s'achève sur une dissonance! L'histoire véritable interrompt l'idylle. A ce moment-là, précisément, Prospéro apprend la trahison de Caliban. Pour la première fois il se met en colère. Les masques allégoriques se retirent, pris de panique. Et c'est le monologue de Prospéro, où figure la phrase la plus célèbre de *La Tempête :*

Nous sommes faits de la même étoffe que les songes et notre petite vie, un somme la parachève...

(IV, 1)

Le concept philosophique et poétique de la « vie-songe » revient très fréquemment dans la poésie baroque, mais le sens de cette phrase de Shakespeare semble assez éloigné de la mystique de Calderon. Il contient plutôt la même inquiétude intense que les monologues de Hamlet, et une nouvelle mise en garde des jeunes amants contre la fragilité de toutes les entreprises humaines perpétuellement menacées. Mais, comme toujours chez Shakespeare, le sens de toute métaphore et de toute image est double. L'île est le monde, le monde est un théâtre, tous y sont des acteurs. Prospéro n'est que le metteur en scène du spectacle. Bref et fragile comme la vie.

Ces acteurs, je vous en avais prévenu, étaient tous des esprits; ils se sont fondus en air, en air impalpable. Pareillement à l'édifice sans base de cette vision, les tours coiffées de nuages, les palais fastueux, les temples solennels, le grand globe lui-même avec tous ceux qui en ont la jouissance se dissoudront, comme ce cortège insubstantiel s'est évanoui, sans laisser derrière eux la moindre vapeur.

(IV, 1)

A la fin de *La Tempête,* Prospéro montre au roi de Naples son fils jouant aux échecs avec Miranda. Dans le Théâtre du Globe, cette scène était certainement jouée au fond de la scène, sous le dais. Ses murs formaient un cadre naturel où le jeune couple composait le tableau, si fréquent dans la peinture de la Renaissance, du jeune homme et de la jeune fille jouant aux échecs. Quel est l'enjeu?

MIRANDA — Mon doux seigneur, vous trichez contre moi.
FERDINAND — Non pas, mon cher amour, fût-ce pour tout l'univers.
MIRANDA — Oh! si vous me chicaniez sur vingt royaumes, je dirais encore que vous jouez franc jeu.

(V, 1)

Pour un seul royaume, et ce, sur une île déserte, deux fois en l'espace de quatre heures un assassinat a failli être commis. Miranda et Ferdinand ne se sont aperçus de rien. Tout s'est déroulé en dehors d'eux. Ils jouent vingt royaumes aux échecs, ils pourraient tout aussi bien en jouer cent. Pour eux, un royaume, ça n'existe pas encore; Ferdinand et Miranda sont en dehors de l'histoire.

Enfin, Miranda descend sur la scène principale. Pour la première fois de sa vie, elle voit autant de gens assemblés : le roi, les frères royaux et toute leur suite. Elle est stupéfaite. Elle s'écrie :

O prodige! Combien de belles créatures vois-je ici assemblées! Que l'humanité est admirable! O splendide nouveau monde qui contient de pareils habitants!

Telle est la dernière des grandes confrontations de *La Tempête.* Miranda a devant elle une bande de vauriens. L'un d'eux, douze ans auparavant, avait dépouillé son père du trône. Le second a trahi son serment. Le troisième, il y a un instant à peine, a levé l'épée contre son frère. La réplique de Prospéro est brève. Mais elle contient tout. Toute son amère sagesse. Quatre mots suffisent à Shakespeare :

Il est nouveau pour toi.

## V

Une fois, Conrad travestissant *Macbeth,* qualifiera ce drame shakespearien de « récit semblable à la vie, plein de bruit et de fureur et qui ne veut rien dire ». Macbeth, à la fin du drame, dit de la vie :

Une histoire contée par un idiot, pleine de fureur et de bruit et qui ne veut rien dire.

Dans *Lord Jim,* la narrateur trouve, dans l'île de Patusan, parmi les quelques affaires de Jim, un Shakespeare bon marché. Il demande à Jim si celui-ci le lit, et s'entend répondre : « Oui, rien de meilleur pour remonter le moral ». « Je fus frappé de cette appréciation, mais ce n'était pas le moment d'entamer une discussion sur Shakespeare », ajoute Marlow.

Dans les textes où Conrad s'est le plus livré, je découvre une phrase qui, pour moi, rappelle l'amertume ressentie à la lecture de *La Tempête* et la sagesse pleine de maturité de Prospéro. Conrad écrit : « Si nous considérons le monde d'un point de vue éthique, nous sommes en définitive entraînés dans tellement de contradictions affreuses et insensées, que les derniers vestiges de foi, d'espoir et d'amour, et même de raison, semblent près de disparaître. J'incline plutôt vers la conviction que le monde n'est sans doute qu'un spectacle qui doit éveiller, selon notre goût, inquiétude, amour, adoration ou haine; et jamais de désespoir avec une telle attitude. Ces visions délectables ou douloureuses sont un but moral en soi. Le reste est notre affaire... »

Dans son dernier monologue, Prospéro parle de « désespoir ». « *And my ending is despair* ». Pourtant ce désespoir n'est pas de la résignation. Du reste la phrase-clef qui permet de comprendre le plus profondément *La Tempête* est autre. Et elle se trouve dans une autre tragédie. Mais elle a ce même accent personnel et convaincant que le dernier monologue de Prospéro.

Mon désespoir enfante une vie meilleure.

(*Antoine et Cléopâtre*, V, 2)

# APPENDICES

# UN SHAKESPEARE CRUEL ET VRAI

Si *Titus Andronicus* avait compté six actes, Shakespeare s'en serait pris aux spectateurs des premiers rangs du parterre et les aurait fait périr dans d'atroces souffrances. En effet, aucun des personnages de la tragédie, Lucius excepté, n'est resté en vie. Encore avant que le rideau se lève sur le premier acte, vingt-deux fils de Titus ont péri. Il en est ainsi jusqu'au baisser du rideau, jusqu'au massacre général de la fin du cinquième acte. Il y a dans cette pièce trente-cinq cadavres, sans compter les soldats, les serviteurs et les personnages secondaires. Dix grands meurtres, pour le moins, sont commis sous les yeux des spectateurs. Et ce, de façons les plus variées. On scie un bras à Titus, Lavinia a la langue et les mains coupées, la nourrice est étouffée. Ajoutez-y le viol, le cannibalisme et la torture. Comparé à ce drame de la Renaissance, le roman noir américain semble une idylle à l'eau de rose.

*Titus* n'est pas la plus violente des pièces de Shakespeare. Il y a davantage de cadavres dans *Richard III, Le Roi Lear* est bien plus cruel. Pour moi il n'y a pas, dans tout le théâtre shakespearien, de scène plus révoltante que la mort de Cordélia. *Le Roi Lear* est sans conteste un chef-d'œuvre et *Richard III* également. Les atrocités de *Titus* semblent à la lecture des enfantillages. Nous venons de le relire : il fait sourire. Nous l'avons vu représenté : il nous a bouleversés. Qu'est-ce à dire? Est-ce seulement que Laurence Olivier est un tragédien génial et Peter Brook un grand metteur en scène? Je pense que ce n'est pas seulement ça (1).

Lorsqu'une pièce contemporaine nous semble à la lecture

(1) The Shakespeare Memorial Theatre Company : *Titus Andronicus.* Mise en scène, décors et musique de Peter Brook, 1957.

plate et infantile et qu'au théâtre elle a le don de nous émouvoir et de nous convaincre, nous disons qu'elle est scénique. Mais dire de Shakespeare qu'il est scénique serait plutôt ridicule. Car *Titus Andronicus,* n'est-ce pas, c'est une pièce de Shakespeare? Ou plutôt une pièce remaniée par Shakespeare. Tout comme *Hamlet,* du reste. A cette seule différence près que, dans *Titus,* Shakespeare commençait seulement à sculpter la matière dramatique dont il héritait. Il savait déjà modeler de grandes figures, mais il était encore incapable de donner toute leur voix à ces géants. Il leur arrive encore de bégayer ou d'avoir, comme Lavinia, la langue arrachée. Car *Titus Andronicus,* c'est *déjà le théâtre* shakespearien, ce n'est *pas encore le texte* shakespearien.

Peter Brook et Olivier ont écrit qu'ils avaient été tentés de monter *Titus* parce qu'ils y avaient vu, dans sa forme encore brute, l'embryon de toutes les tragédies de Shakespeare. Il est incontestable que les souffrances de Titus annoncent déjà l'enfer par lequel passera le roi Lear. Si Lucius, au lieu d'être prisonnier des Goths, s'était rendu à l'université de Wittenberg, il en serait incontestablement revenu avec la personnalité de Hamlet. Tamora, la reine des Goths, aurait été proche parente de Lady Macbeth pour peu qu'elle ait eu envie d'examiner le fond de son âme; seule lui manque la conscience de son crime, tout comme manque à Lavinia la conscience de sa souffrance, conscience qui précipitera Ophélie dans la démence. Et peut-être est-ce en regardant jouer *Titus Andronicus* — plutôt que toute autre pièce de Shakespeare — que l'on comprend en quoi consistait son génie : il a donné aux passions une conscience intime, la cruauté a cessé d'être uniquement physique. Shakespeare a découvert l'enfer moral. Et le paradis. Mais il est resté sur terre.

Peter Brook a vu tout cela dans *Titus Andronicus.* Il n'est pourtant pas le premier à avoir découvert cette pièce. Il est certain que, pendant deux siècles au moins, elle a été considérée comme une œuvre barbare et imparfaite. « Gothique » comme disaient les classiques en grandes perruques blanches. Ils avaient incontestablement raison. *Titus* ne pouvait leur plaire Mais cette pièce était au goût des spectateurs de Shakespeare. Elle était parmi les plus jouées. Peter Brook n'a pas découvert *Titus.* Il a découvert Shakespeare dans *Titus.* Ou plutôt il y a découvert le théâtre shakespearien. Ce théâtre qui émouvait le public et le secouait, l'effrayait et l'éblouissait.

Si nous nous demandions qui, de nos jours, a commencé à montrer pour la première fois le vrai visage de Shakespeare, la réponse serait claire : Laurence Olivier. Le Shakespeare de notre temps a été montré d'abord par le film. Le cinéma a découvert le Shakespeare de la Renaissance. Et dans le spectacle du Shakespeare Memorial Theatre Company, ce qui surprend le plus, c'est ce retour au véritable Shakespeare dans le théâtre, par le crochet de l'expérience cinématographique. Je pense surtout à *Henry V* et à *Richard III* d'Olivier.

Il est bon de réfléchir là-dessus. Parce qu'ici, ici précisément, se dissimulent certaines découvertes d'une extrême importance pour la compréhension moderne de Shakespeare. D'un Shakespeare appartenant à la fois à notre temps et à la Renaissance.

Dans quels décors et quels costumes faut-il le jouer? Je l'ai vu représenté sur de vastes gradins, et sur un fond de piliers de granit d'inspiration cubiste, parmi ces arbustes rachitiques et tourmentés pour lesquels les décorateurs polonais ont un faible, et dans une forêt « qu'on aurait dite vraie », aux feuilles bruissantes; et aussi dans des décors dits fantastiques, faits d'écailles de poisson, de mousseline froufroutante et d'armures empruntées aux accessoires de l'opéra. Dans le style pompier et celui, pseudo-noble, de 1930.

Parfois c'était mieux, parfois c'était pire, mais c'était toujours mauvais. Il a fallu le cinéma, qui a montré que l'une des voies menant à la vision shakespearienne pouvait être la peinture de la Renaissance et la peinture baroque. Ou une tapisserie, comme dans *Richard III.* Un point de départ, évidemment, et non une imitation aveugle. Un point de départ pour le geste, la composition du tableau, le costume. Car les Romains des tragédies de Shakespeare ne peuvent pas porter des costumes imaginaires, stylisés, hors de tout temps, ni davantage des reconstitutions documentées et fidèles comme pour un musée. Ce doivent être des Romains tels que les voyait la Renaissance. Tels qu'elle les a peints.

Peter Brook, en grand artiste, a suivi la voie tracée par le cinéma. Sans copier, en toute liberté, sans unité factice. Il a pris au Titien toute une gamme de jaunes complexes, il a revêtu les prêtres du vert cru de Véronèse. Son Nègre au costume bleu, noir et or est pris à Rubens. Et c'est à Rubens sans doute qu'est empruntée toute la scène du camp des Goths, où Aaron est tourmenté et torturé dans une cage faite d'échelles immenses.

Et peu importe si les couleurs sont véritablement celles des

Vénitiens et si l'ordonnance dramatique des personnages relève davantage du Greco que de Rubens. Ce qui importe, c'est qu'ici la peinture est vue par l'intermédiaire de l'expérience du cinéma. Cela n'a rien d'un tableau vivant, ni d'un opéra. Chaque scène est composée comme un cadrage de film. Et les scènes se succèdent comme autant de séquences.

Lorsqu'on a commencé à filmer Shakespeare, l'action est devenue tout aussi importante que le texte. Chacune de ses pièces est un grand spectacle, plein du fracas des armes, de défilés militaires et de duels; on y voit des festins et des beuveries, des ouragans et des tempêtes, l'amour physique, des atrocités et la souffrance. Le théâtre élisabéthain était fait pour être regardé. Tout comme il faut regarder l'opéra chinois. Tout s'y passait pour de bon. Le spectateur était convaincu qu'une tempête s'était levée sur la scène, que le navire coulait, que le roi et sa cour partaient à la chasse, que le tueur à gages transperçait le héros de son épée.

La naissance de la tragédie élisabéthaine avait été très semblable à celle du cinéma. Tout ce qui était à portée de la main servait à la tragédie. Les événements de la vie quotidienne, les faits divers, des épisodes d'histoires, des légendes, la politique et la philosophie. C'était une chronique d'actualité et une chronique historique. La tragédie élisabéthaine était vorace; n'ayant pas de règles, elle se jetait sur tous les sujets. Tout comme le film, elle se nourrissait de crimes, de l'histoire et de l'observation brutale de la vie. Elle transformait et l'histoire, et la légende, et les vieux récits. Tout était neuf, tout se prêtait à l'adaptation. Ces grands élisabéthains rappellent souvent les producteurs de films à la recherche en premier lieu d'un sujet susceptible de plaire. Il suffit de lire Marlowe ou — parrallèlement à Shakespeare — Ben Jonson.

Lorsque le théâtre se fut éloigné de la convention élisabéthaine, il perdit tout à la fois le caractère spectaculaire que Shakespeare lui avait conféré et le nerf shakespearien. Il ne savait plus montrer ni l'un, ni l'autre. Tout bonnement, il ne disposait plus pour cela de moyens scéniques. Ou bien il en avait trop. J'ai vu jouer Shakespeare sur une scène tournante et avec des changements de décors à vue, ou sur un fond de draperies, avec des pancartes descendant des cintres et indiquant les lieux de l'action. Dans aucun de ces cas, ce n'était le véritable Shakespeare. Le théâtre se débattait entre l'illusionnisme et la convention. L'illusionnisme était plat, naturaliste, ou encore enfantin et de style opéra. La convention était abstraite et formelle, ou encore importune, sollicitant la connivence du public. Tant l'illusionnisme que la convention desséchaient Shakespeare, le privaient d'inquiétude et de poésie, lui retiraient tout son sang.

Quatre hommes se rencontrent. L'un d'eux commence à injurier les trois autres. Ils tirent leurs épées. L'un des quatre est tué. Ils se séparent. Une amitié a été brisée. Commence la guerre civile ou une sédition. Le tout a duré deux minutes. Le sort du royaume a été réglé en cet instant. En quinze répliques.

Un jeune homme a jeté une fleur à une jeune fille. Elle la prend. Leurs yeux se rencontrent. Elle est la fille de son ennemi. Trois répliques sur le soleil, les étoiles et les jeunes tigres. La voici déjà folle d'amour. En cet instant, le destin de deux familles s'est décidé.

Jouez ces deux scènes dans le style naturaliste. Ou selon n'importe quelle convention. Ce sera un massacre. Shakespeare est plus vrai que la vie. On ne peut que le jouer littéralement. Les films d'Olivier sont plus proches de cette littéralité et de la super-authenticité de Shakespeare que n'importe quel théâtre. Ils ont créé le nouveau langage scénique shakespearien. Un langage fait uniquement de tension, sans un instant de répit.

Un acteur élevé dans la tradition du théâtre du XIX^e^ siècle ne parviendra pas à tomber amoureux en l'espace de trente secondes. Ni à haïr en deux répliques. Ou à renverser un royaume en vingt questions.

Un acteur de cinéma passe sans transition d'une grande scène d'amour à la folie. Il vient de tuer, il remet l'épée au fourreau et frappe dans ses mains pour qu'on lui apporte un gobelet de vin. Il n'a pas le temps de le vider. Voici un écuyer qui vient lui annoncer que son fils a été tué. Il souffre, mais pas plus de trente secondes. Comment cela s'est-il fait? Comment cela est-il possible? Les temps morts ont été coupés au montage. Un grand film se compose des seuls moments de tension. Comme dans Shakespeare.

Puisque Shakespeare construit l'action en la condensant, cela veut dire qu'il exige de l'acteur qu'il joue en conséquence. Le texte est intense, métaphorique. Shakespeare opère constamment par gros plans. Comme dans un film. La maîtresse, le traître, le roi, l'usurpateur; une courte scène d'ensemble et un monologue. Un monologue dit sur l'avant-scène, face au public, comme face à la caméra. Un grand monologue — pareil à un gros plan. Un comédien de la vieille école, dans ces moments-là, perd ses moyens. C'est en vain qu'il essaye de rendre le monologue vraisemblable; il continue à sentir autour de lui l'immensité du plateau. Alors qu'il n'y a que lui et le public. C'est cela, le gros plan shakespearien. Et le gros plan au cinéma.

Le théâtre a coupé les pièces de Shakespeare en scènes selon le lieu de l'action. Après avoir abandonné la convention élisabéthaine, c'est en vain qu'on a cherché à ressouder en un tout un Shakespeare qui avait été débité en tranches. Un scénario, par contre, ignore la division en scènes; il comporte des plans et des séquences. Le théâtre de Shakespeare également. Les spécialistes le savent depuis longtemps. Même certains metteurs en scène contemporains le savaient. Pourtant il a fallu les films d'Olivier pour montrer la fluidité, l'homogénéité et la rapidité de l'action shakespearienne.

Peter Brook a construit *Titus Andronicus* non par scènes, mais par plans et séquences. Il l'a bâti en partant du principe qu'il faisait un montage d'instants de tension, sans temps morts. Il a coupé dans le texte, mais développé l'action. Il a fait des séquences autant de grands tableaux dramatiques. Il a redécouvert dans Shakespeare un spectacle bouleversant.

La convention cinématographique du changement de lieu et de temps est pour le spectateur d'aujourd'hui la moins pesante, la plus simple; elle est presque imperceptible. Olivier, dans *Richard III*, commence par une grande scène de foule et ce n'est qu'après le couronnement tumultueux que vient une succession de métaphores. Les écuyers portent sur des coussins pourpres les couronnes des frères royaux. Les couronnes de ceux qui vont mourir. C'est une narration cinématographique type, mais qui est néanmoins présente dans le texte de Shakespeare. On peut tout aussi bien se représenter cette scène jouée sur une avant-scène : les écuyers passent, les couronnes tombent. C'est un effet cinématographique, mais le théâtre peut l'adopter. Voici ensuite, très shakespearienne dans sa métaphore, l'ombre gigantesque de Richard courbée telle une grosse araignée à l'affût au-dessus de l'ombre du roi. Immédiatement, c'est l'annonce du drame et l'atmosphère d'insécurité. Tel est justement le grand scénario cinématographique inclus dans le théâtre de Shakespeare et que le théâtre a si rarement su déchiffrer.

Peter Brook introduit dans sa mise en scène les conventions du cinéma. Un obscurcissement signifie un saut dans le temps. Les tableaux se succèdent par fondus-enchaînés, comme dans un film. Le spectateur ne remarque pas cette convention. Il l'accepte. Et en même temps il accepte Shakespeare au sens littéral. La suite royale part vraiment chasser. Tamora et Aaron se rencontrent vraiment dans une clairière. Lavinia est vraiment violée.

Et ce Shakespeare si contemporain est en même temps le plus Renaissance de tous : violent, cruel et brutal, terrestre et infernal, le Shakespeare des menaces et des rêveries, des songes et de la poésie, le Shakespeare super-authentique et le Shakespeare invraisemblable, le Shakespeare dramatique, sarcastique et passionné, divaguant et raisonnable, le Shakespeare des grandes interrogations philosophiques et du grand réalisme.

Une chose encore étonne. La mise en scène de Peter Brook est le fruit tant de l'expérience du cinéma contemporain, que de l'acquis et des réflexions de la nouvelle école shakespearienne de Stratford. Ce Shakespeare si moderne et si cinématographique est joué sur un plateau qui répète la vieille tradition élisabéthaine. L'action, tout comme au temps de Shakespeare, se déroule sur un proscenium et sur un plateau divisé en trois, dont la partie centrale comporte deux étages. L'intérieur de cette dernière, grande colonne en bois dotée d'ailes s'ouvrant de part et d'autre, est tantôt le caveau de famille, tantôt une clairière dans la forêt, tantôt la chambre de Titus. Et, grâce à cela, Peter Brook obtient une surprenante unité et une remarquable logique de l'action.

Il n'y a pas de Shakespeare sans grands acteurs. Laurence Olivier est universellement considéré comme le plus grand tragédien vivant. Il joue Titus non seulement dans un texte qui demeure encore figé et terne. Il le joue après s'être imprégné de la passion et des souffrances de tous les géants de Shakespeare. Il est un Titus qui a connu le destin d'un roi Lear. Lui aussi, il est super-authentique. Il joue dans tous les registres de la voix, avec toutes les ressources du geste. Il n'a peur de rien, ni du ridicule, ni du pathos, ni du bégaiement, ni du cri, ni du murmure. Le plus difficile, c'est de décrire le génie. On ne peut que l'admirer.

Dans le film, la super-authenticité, c'est le gros plan. C'est un concentré de l'expression, son résumé et sa multiplication. Dans ce spectacle anglais, les corps à corps et les monologues se détachaient sur des scènes de foule comme autant de gros plans. Ils concentraient toute l'attention sur les personnages; ils semblaient grossir ceux-ci et les rapprocher du public. Comme si une caméra s'était promenée de Titus à Lavinia, de Tamora à Aaron. La lumière cernait les silhouettes.

Anthony Quayle est un acteur d'envergure. Il n'épargne ni sa personne, ni le spectateur. Tout comme Olivier, il possède la plénitude du geste, toutes les ressources de la voix, de la grandeur. Par sa cruauté de fauve, la richesse de son maquillage, la plénitude de son expression, Maxine Audley, dans le rôle de la reine des Goths, Tamora, l'égalait.

Parmi ces grandes passions humaines déchaînées, Vivien Leigh, dans le rôle de l'infortunée Lavinia, semblait peut-être un peu éteinte. Mais ce rôle est sans doute le plus difficile. A partir du second acte, elle est muette, elle a les mains coupées. Ne reste que le regard, le tremblement des bras dissimulés sous un châle, une silhouette et une démarche. Mais quelle démarche! Quel regard! Combien elle sait enfermer de souffrance, simplement, dans sa frêle silhouette penchée, dans son visage voilé!

Pour moi, *Titus Andronicus,* cela a été la révélation du Shakespeare que je pressentais, dont je rêvais, mais que jamais encore je n'avais vu sur une scène. Après Jouvet, que j'ai applaudi avant guerre dans *Le Docteur Knock,* après *Mère Courage* de Brecht par le Berliner Ensemble, après l'Opéra de Pékin, ce fut ma plus grande émotion théâtrale, depuis la représentation des *Aïeux* de Mickiewicz dans la mise en scène du plus grand homme de théâtre polonais, Leon Schiller, alors que j'était encore enfant.

# BLOC-NOTES
# D'UN AMATEUR DE SHAKESPEARE

## I

Depuis trois siècles, parmi les accessoires obligatoires que doit posséder toute troupe jouant du Shakespeare, on compte une tête coupée, contenue dans un panier ressemblant à une cage à poule.

J'ai vu *Richard III* pour la dernière fois à Stratford. La mise en scène était de Peter Hall, Ian Holm jouait Richard, Janet Suzman, lady Anne. Des moines encapuchonnés portent le catafalque, Anne suit le cercueil de son beau-père, Richard lui barre le chemin. Les moines posent le cercueil par terre et s'enfuient. Commence l'une des plus grandes scènes du théâtre shakespearien. Richard a tué le père, le mari et le beau-père de lady Anne. Des cadavres les séparent, ce cadavre-là les sépare. Littéralement. Richard et lady Anne jouent toute cette scène séparés par le catafalque. Après les premières déclarations de Richard, Anne arrache le linceul et l'on peut voir, dans la caisse de bois brut, le cadavre nageant dans de la peinture rouge. Anne s'est agenouillée, Richard s'est agenouillé pour lui faire sa déclaration. Ils s'envoient déclarations et insultes au-dessus de ce corps nu, ensanglanté. Anne crache au visage de Richard juste au-dessus de la tête de son beau-père assassiné. Richard lui tend son stylet.

Dans la représentation donnée à Varsovie, au théâtre Atheneum, Anne brandissait le stylet une fois, deux fois, laissait retomber le bras, le stylet lui échappait des doigts. Elle était incapable de frapper. A Stratford, Anne frappe, frappe de toute sa fureur, mais Richard lui saisit le bras, serre, le lui tord jusqu'à ce que le stylet lui échappe. Tout cela, au-dessus du cadavre. Et c'est ici, en ce moment précis, que la résistance est brisée. Anne ne peut plus se libérer de cette étreinte. La force physique à l'état brut a prévalu. La violence de l'homme et le courant qui a passé par ces mains. A présent, Anne ira dans le lit de Richard. Les moines soulèvent le catafalque, l'emportent. Anne ne se retourne même pas. Elle ira dans ce lit, puis présentera son cou à la hache.

## II

Les tragédies royales : *Richard II* et *Richard III* sont construites selon des principes d'optique théâtrale diamétralement opposés. Richard III attaque par un grand monologue, il joue d'abord sur le proscenium, pendant les trois premiers actes il nous est présenté sans arrêt par gros plans. Il personnifie la conscience et l'intelligence, il en est encore au choix, le pouvoir est devant lui, l'Histoire — à lui de la jouer. L'Histoire, pour lui, est transparente, faite de causes et d'effets ; elle est un mécanisme qu'il met en marche. Mais dès l'instant où il a couronne en tête, il n'est plus qu'une roue dentée du Grand Mécanisme. Il se retire dans le fond de la scène. Il a traité les hommes comme autant de choses, à présent lui-même est une chose.

Richard II, pendant les trois premiers actes, n'est qu'un roi, un mécanisme et l'histoire de son propre règne ; il est presque sans arrêt dans le fond de la scène. Il ne sortira sur le proscenium qu'au moment où on lui arrachera la couronne. Alors, il commence à jouer en son propre nom. C'est ainsi dans les grandes lignes, que Holoubek a joué le rôle (1). Au commencement, il jouait en quelque sorte un double personnage : Sa Majesté et quelqu'un qui, pour un instant, oublie cette majesté. Pendant ces premiers actes, il avait quelques instants de distraction, quelques moments d'ordre privé, qui donnaient la mesure de l'art de l'acteur. Holoubek joue très souvent, trop souvent à mon gré, selon un principe d'incohérence, comme s'il s'étonnait de jouer, de devoir jouer un

(1) Théâtre National de Varsovie : *Richard II*. Mise en scène de H. Szletynski, 1964. Spectacle présenté à Paris au Théâtre des Nations.

personnage étranger à soi. Peut-être est-ce là l'un des points de départ possibles pour l'interprétation de Hamlet, mais Holoubek a exploité ce principe de l'incohérence beaucoup trop tôt et de façon trop systématique dans des créations antérieures; aussi, lorsqu'il lui a été donné de jouer Hamlet, il n'a pu que se répéter.

Dans *Richard II,* le principe de l'incohérence n'est pas licence arbitraire, mais choix délibéré. Richard privé de sa couronne est stupéfait d'exister encore, d'être, tout simplement; de pouvoir exister dans ce corps qui auparavant n'était rien de plus que l'enveloppe terrestre de l'oint du Seigneur. Dans *Richard II,* dans son thème, il y a comme l'annonce du *Roi Lear.* Richard n'est plus un fragment du Grand Mécanisme, il n'est plus une roue dentée, il n'est même plus un mécanisme; il est conscience et réflexion, conscience et réflexion vers la fin, lorsque tout est fini — exactement comme Richard III était conscience et réflexion au début, avant que tout ne commençât.

Elisabeth n'avait pas permis que l'on jouât *Richard II.* Le théâtre représentait les rois et les empereurs comme autant de tyrans, de parjures, semant atrocités et violences. Chaque souverain l'acceptait, estimant que cela ne le concernait en rien. Si les autres sont des tyrans, lui est roi par la volonté de Dieu et du peuple. Représenter les souverains sous les traits de tyrans était une tradition sanctionnée par les siècles. Il n'en allait pas de même pour la scène du détrônement. Cela, il était impossible de l'autoriser. Le théâtre montrait comment on décapitait les rois; mais c'était à un roi que l'on coupait la tête, le corps sans tête restait le corps d'un roi. C'était là également une scène sanctionnée par la tradition. Il n'y avait qu'une chose qu'il était impossible de souffrir : qu'un roi cessât d'être un roi. La décapitation d'un roi est une infraction physique au principe d'obéissance, mais le détrônement est la répudiation du principe lui-même, la répudiation de toute la théologie. La répudiation de la métaphysique. Si cela a lieu, le ciel restera vide une fois pour toutes.

Le premier à avoir osé le faire fut Marlowe. Son *Edouard II* semble être du Shakespeare des Chroniques, mais dépouillé de toute sa chair, des derniers restes de pitié et d'indulgence pour le monde. Le Grand Mécanisme est ici totalement mis à nu; dans ce drame, il n'y a pas seulement le moindre reste de compassion, il ne subsiste même pas la moindre bribe d'idéologie. Le roi est un bouffon étourdi, cynique et poltron, sans caractère, même pas cruel, mais ayant seulement des caprices cruels. La reine est pour une part une femelle amoureuse, pour une part une vulgaire putain. Jusqu'à la couronne qui ne conserve rien de sa dignité : c'est tout simplement un immense anneau d'or que les grands féodaux s'arrachent les uns aux autres. Tous sont plongés dans la boue, depuis les amants du roi jusqu'aux amants de la reine. Les évêques et les conseillers du roi, les mignons de la cour et les grands juges. Mais en premier lieu le roi. Marlowe l'enfonce littéralement dans la boue. Au cours de la dernière scène, alors qu'il est déjà dépossédé de sa couronne, il est plongé dans le fumier jusqu'au cou. Ce devait être une étrange satisfaction de plonger ainsi le roi dans la boue. Cette haine farouche flamboie aujourd'hui encore dans le drame de Marlowe. En comparaison, Shakespeare semble nettoyé de cette haine. Comme s'il en avait eu honte. Même à un roi, il consent des instants d'humanité.

Holoubek, dans la dernière scène, ne veut pas se soumettre, ne veut pas mourir. Ou plutôt il ne défend pas sa vie, car il sait bien que la sentence est rendue, mais les restes de sa dignité. Il ne veut pas être tué par des domestiques à gages. Il se jette sur les sbires, leur arrache leurs épées, les tranperce. Il aurait ausi bien pu tuer en outre Exton, puisqu'il a une épée. Il ne tuera pa. Il laissera échapper son arme, il a épuisé toute sa force de résistance. En cet instant suprême, il a accepté le monde et toute sa cruauté. Il l'a trop méprisé pour pouvoir se défendre. Cette scène, dans le texte de Shakespeare, donne diverses possibilités d'interprétation. Holoubek a choisi la plus difficile. Quel rôle!

## III

Conte ou archéologie? Conte sur les trois filles, deux mauvaises et une bonne, ou histoire du roi des Druides? Le début du *Roi Lear* plaçait le metteur en scène devant ce choix embarrassant : un conte de fée, ou bien un mystère celte. Que ce fût conte ou archéologie, cela dépouillait sur l'heure *Le Roi Lear* de tout son sérieux et de tout ce qu'il a de tellement bouffe, dès le départ enlevait tout poids à sa gravité. J'estime que la première découverte de Peter Brook a été de trouver une situation historique dans laquelle *Le Roi Lear* peut enfin parvenir à se loger, où il devient une histoire brutale et tragique, sérieuse et grotesque — une histoire à laquelle participent des hommes véritables et de véritables objets (2).

Représentons-nous ces petits princes, ces roitelets des marches polonaises, ces Wisniowiecki, ces Radziwill ou ces Potocki du XVII^e^ siècle, et leur cour qui se voulait l'égale de celle du roi, et leurs mœurs qui, comme chez Lear, étaient un mélange de politesse et de cruauté, de raffinement et de grossièreté, de grande politique et d'intérêts ne dépassant pas le cercle du clan. Ces principautés du XVI^e^ et du XVII^e^ siècle se ressemblaient étrangement, qu'elles fussent situées en Angleterre ou en Ukraine, en Ecosse ou en Lithuanie. Ce Lear est trop petit pour être un roi, mais nous pouvons en retrouver aisément les traits chez plus d'un des princes au petit pied régnant sur des Terres Sauvages. Brusquement voici que, par un caprice sénile, il partage entre ses filles et ses gendres les terres dont la liste est consignée sur un long parchemin, et qu'il exige un étalage rhétorique de leur amour filial. Et ensuite, ayant renoncé à son pouvoir et s'étant dépouillé de son trésor, il voyage de domaine en domaine, accompagné de sa bande d'ivrognes, qui détruisent tout sur leur passage comme une nuée de sauterelles; il se rend tantôt chez l'une de ses filles, tantôt chez l'autre. Il y a dans le personnage du roi Lear — et cela, Peter Brook a été le premier en fait à le découvrir — un mélange de folie, de passion, de vanité, de morgue, de volonté de domination, d'humanité et d'horreur, tout cela très exactement situé et daté.

Les trois premiers actes, c'est presque du théâtre épique. Il y a peu d'objets, mais chacun est réel, chacun signifie quelque chose : le globe royal et l'épée, la carte dessinée sur le parchemin, l'astrolabe du vieux Glocester, les menottes, même la cuiller au bout de sa chaîne qu'Oswald porte en tant qu'intendant de la cour. *Le Roi Lear* est une pièce sur la décomposition du monde. Mais afin de montrer cette décomposition, encore faut-il démontrer auparavant que le monde existe. Avant de s'effondrer, il doit posséder quelque durée, avec sa hiérarchie et ses croyances, ses rites et son cérémonial, durer dans ses rapports inextricablement mêlés

(2) Royal Shakespeare Company : *King Lear*. Mise en scène et décors de Peter Brook, 1962. Spectacle présenté en 1963 au Théâtre des Nations, où il a remporté le Prix du Théâtre des Nations et le Prix de la Jeune Critique.

du pouvoir et du clan, du mariage et de l'adultère, des enfants légitimes et bâtards, de l'illégalité et du droit. J'estime qu'il était plus difficile de montrer, dans *Le Roi Lear,* l'existence temporelle de ce monde que son anéantissement. L'anéantissement — le théâtre de l'absurde l'avait déjà montré. Il suffisait de découvrir Beckett dans Shakespeare.

Les scènes de folie sont comme une sonde lancée d'un bateau jusqu'au fond de la mer. De ces hommes sanglants ne sont restés que des troncs, que des torses infirmes. Ensuite, à partir du milieu du quatrième acte, le monde commence, semble-t-il, à se ressouder lentement. De nouveau commence le cérémonial, commence la liturgie; quelque part il y a la guerre — contre quelqu'un, à propos de quelque chose. Mais pour Lear, pour Glocester, ce ne sont plus que les bruits incompréhensibles d'un monde qui a cessé d'être.

Dans mes conversations avec Peter Brook, j'avais essayé de le convaincre qu'il fallait montrer la lente descente de tous les personnages du drame. J'aurais aimé situer les premiers actes sur un grand plateau circulaire, en haut de la scène, et mettre en évidence la réalité physique, matérielle, visuelle de la décomposition et du glissement vers le bas. Peter Brook n'a eu besoin d'aucune de ces métaphores naïves. Le monde qui s'est décomposé ne se recompose pas dans ce spectacle, pas plus qu'il ne se ressoude, chez Shakespeare. Oui, les troncs humains retrouvent leur humanité, mais cela signifie simplement qu'ils se refusent à accepter la souffrance, les tortures et la mort. Qu'ils se refusent à accepter l'absurdité d'un monde dans lequel on vit afin d'enfanter, d'assassiner et de mourir.

Le frère jettera en travers de son épaule son frère qu'il vient d'assassiner. C'est tout, en fait. Il n'y aura pas de nouveau roi. Le plateau reste vide. Comme le monde.

Dans *En attendant Godot,* tout près de la rampe, lors du lever de rideau, il y a une paire de chaussures. Ceux qui attendent enlèvent les chaussures, essaient les chaussures, laissent les chaussures, trouvent les chaussures. Les chaussures, ici, sont absurdes; elles ne servent à rien, car personne jamais ne quittera cet endroit. *Le Roi Lear* de Peter Brook commence par la scène où les dignitaires de la cour aident le roi à enfiler ses bottes. Ce sont des bottes réelles, les gestes sont précis, ils ne comportent aucun symbole. Ensuite, lorsque le roi Lear grelottant de froid revient de la chasse, ses valets l'aident à retirer ses bottes. Une fois encore les gestes sont précis, fidèles, exacts. Scofield se masse la plante des pieds, il a l'onglée. Glocester aveugle rencontre Lear devenu fou; ces deux troncs humains savent déjà tout ce que l'on peut savoir sur eux-mêmes et le monde. Glocester enlève ses bottes au roi Lear, les presse contre sa poitrine, puis les embrasse. Qu'embrasse-t-il? Peut-être bien le dernier souvenir d'un monde qui a existé.

# SHAKESPEARE ET LE MONDE

| | Le monde | | L'Angleterre | |
|---|---|---|---|---|
| 1475 | | | 1483 | Couronnement de Richard III. |
| | | | 1485 | Couronnement de Henry VII Tudor. Fin de la guerre des Deux Roses. |
| | 1492 | Christophe Colomb parvient aux côtes de Cuba. | | |
| | 1493 | Le Pape partage le Nouveau Monde entre l'Espagne et le Portugal. *Traité de la peinture,* de Léonard de Vinci. | | |
| | 1499 | *La Célestine,* de Rojas. | | |
| 1500 | 1500 env. | *La tentation de saint Antoine* et *La Nef des Fous,* de Jérôme Bosch. | | |
| | 1504 | *Lettres,* d'Amerigo Vespucci. | | |
| | 1509 | *Eloge de la Folie,* d'Erasme de Rotterdam. | 1509 | Couronnement de Henry VIII. |
| | 1513 | Premier livre imprimé en Pologne. | | |
| | | | 1516 | *L'Utopie,* de Thomas More. |
| | 1519 | Périple de Magellan autour du monde. Conquête du Mexique par Cortez. Mort de Léonard de Vinci. | | |
| | 1522 | Traduction du Nouveau Testament, par Luther. | | |
| 1525 | | | 1525-1535 | Traductions anglaises de la Bible, par Tyndale et Coverdale. |
| | | | 1531 | Henry VIII se proclame chef de l'Eglise d'Angleterre. |

| | Le monde | | L'Angleterre | |
|---|---|---|---|---|
| | 1532 | Publication du *Prince* de Machiavel. Conquête du Pérou par Pizarre. *Gargantua et Pantagruel*, de Rabelais. | | |
| | 1534 | Ignace de Loyola fonde la Compagnie de Jésus. | | |
| | 1536 | *Le dialogue des Courtisanes*, de l'Arétin. | | |
| | 1543 | *De revolutionibus orbium cœlestium*, de Copernic. *De corporis humani fabrica*, de Vésale. | | |
| | 1546 | *Rime*, de Michel-Ange. | 1546 | Soulèvement de l'Ecosse. |
| | 1551 | *De Republica emendanda*, de Frycz Modrzewski. | | |
| 1550 | 1552 | *Histoire des Indes*, de Las Cases. | | |
| | 1554 | *Les aventures de Lazarille de Tormès.* | | |
| | | | 1559 | Couronnement d'Elisabeth. |
| | 1564 | Mort de Michel-Ange. | 1564 | 23 avril, NAISSANCE DE WILLIAM SHAKESPEARE. |
| | | | 1570 | Pie V excommunie la reine Elisabeth. Le lord maire de Londres interdit les spectacles dans la Cité. |
| | 1572 | Nuit de la Saint-Barthélemy. | | |
| 1575 | | | 1576 | Burbage construit le premier théâtre de Londres. |
| | | | 1577 | Voyage autour du monde de Drake, qui pille en passant les comptoirs espagnols au Chili et au Pérou. |
| | | | 1579 | Traduction des *Vies* de Plutarque, par North. |
| | 1580 | Les *Essais*, de Montaigne (Livres I et II). La *Jérusalem délivrée*, du Tasse. | 1580 | L'*Arcadie* de Sidney. |
| | | | 1586 | Représentation de la *Tragédie espagnole*, de Kyde. |

| | | Le monde | | L'Angleterre |
|---|---|---|---|---|
| | | L'Espagne s'empare du Brésil. | | |
| | 1588 | *Introduction à la nouvelle astronomie,* de Tycho-Brahé. | 1588 | Destruction de l'Invincible Armada. |
| | | | 1589 | Essex débarque au Portugal à la tête de l'armée anglaise. |
| | | | 1592 | RICHARD III. |
| | | | 1593 | Mort de Marlowe. |
| | | | 1594 | ROMÉO ET JULIETTE. |
| | | | 1595 | Soulèvement de l'Irlande. |
| | | | 1595-1596 | LE SONGE D'UNE NUIT D'ÉTÉ. |
| | | | 1596 | Essex et Drake attaquent Cadix. |
| | | | 1597 | Les *Essais,* de Bacon. Fermeture des théâtres londoniens et emprisonnement de Ben Jonson. |
| | | | 1598 | Construction et ouverture du théâtre « The Globe ». |
| | 1599 | Traduction polonaise de la Bible par Wujek. | | |
| 1600 | 1600 | Giordano Bruno est brûlé sur le bûcher à Rome après sa condamnation par l'Inquisition. | 1600 | *De magnete,* de Gilbert (où il décrit la terre comme un aimant). |
| | | | 1601 | Complot d'Essex. Le 7 février, représentation au théâtre « The Globe » de RICHARD II. 25 février, exécution d'Essex. Sanglante répression du soulèvement des Pays-Bas. HAMLET. |
| | | | 1603 | Mort d'Elisabeth. Couronnement de Jacques Ier. Traduction par Florio des *Essais,* de Montaigne. |
| | | | 1604 | *La putain honnête,* de Dekker. |
| | 1605 | *Don Quichotte,* de Cervantès (1re partie). | 1605 | LE ROI LEAR et MACBETH. Le complot des poudres. *Volpone,* de Ben Jonson. |
| | 1606 | Naissance de Corneille. | | |

| | | Le monde | | L'Angleterre |
|---|---|---|---|---|
| | | | 1608 | CORIOLAN. *Véridique relation de Virginie,* de Smith. |
| | 1610 | *Sidereus nuntius,* de Galilée. | | |
| | 1611 | Des comédiens anglais jouent à Varsovie. Leur répertoire comportait probablement des pièces de Shakespeare. | 1611 | Traduction « autorisée » de la Bible. |
| | | | 1612 | LA TEMPÊTE. SHAKESPEARE RETOURNE A STRATFORD. |
| | | | 1613 | Incendie du théâtre « The Globe ». |
| | 1616 | Mort de Cervantès. | 1616 | WILLIAM SHAKESPEARE MEURT LE 23 AVRIL. |
| | 1618 | Condamnation par l'Eglise du système de Copernic. Commencement de la guerre de Trente Ans. *Font-aux-Cabres,* de Lope de Vega. | | |
| | 1622 | Naissance de Molière. | | |
| | 1623 | *La Cité du Soleil,* de Campanella. | 1623 | « Premier folio » (première édition d'ensemble) de Shakespeare. |
| 1625 | | | 1628 | Harvey découvre le principe de la circulation du sang. |
| | 1631 | *La vie est un songe,* de Calderon. | | |
| | 1632 | *Dialogues sur les deux grands systèmes du monde,* de Galilée. | | |
| | 1633 | Galilée abjure ses convictions devant le tribunal de l'Inquisition. | | |
| | 1636 | *Le Cid,* de Corneille. *Le Discours de la Méthode,* de Descartes. | | |
| | 1639 | Naissance de Racine. | | |
| | 1642 | Mort de Galilée. Naissance de Newton. | 1642 | Révolution bourgeoise en Angleterre. |

| | Le monde | | L'Angleterre |
|---|---|---|---|
| | Molière fonde « L'Illustre Théâtre ». | | Les puritains triomphants ferment les théâtres. |
| | | 1649 | Exécution de Charles I^er^. Proclamation du Commonwealth. |

# SOURCES DES TRADUCTIONS FRANÇAISES DE SHAKESPEARE

Ces traductions sont empruntées pour la plupart soit à la « Bibliothèque de la Pléiade » des éditions Gallimard, soit à la « Bibliothèque européenne » des éditions Desclée De Brouwer, version de Pierre Messiaen. Nous mentionnerons ci-dessous les noms de principaux traducteurs.

*Richard II; Richard III; Henri VI, 2e partie; Henri IV, 1re partie; Le Roi Jean :* François-Victor Hugo (Pléiade); Pierre Messiaen.
*Hamlet :* Eugène Morand et Marcel Schwob (Pléiade, 1re édition); Yves Bonnefoy (Club français du Livre).
*Troïlus et Cressida :* François-Victor Hugo.
*Macbeth :* Maurice Maeterlinck (Pléiade); Pierre Messiaen.
*Othello :* François-Victor Hugo; Pierre Messiaen.
*Le Roi Lear :* Pierre Leyris et Elisabeth Holland (Pléiade); Pierre Messiaen.
*Antoine et Cléopâtre :* André Gide (Pléiade).
*Coriolan :* François-Victor Hugo; Pierre Messiaen.
*Le Songe d'une Nuit d'Eté :* François-Victor Hugo; Pierre Messiaen.
*Sonnets :* Jean Fuzier (Pléiade).
*La Nuit de Rois :* François-Victor Hugo.
*Comme il vous plaira :* Jules Supervielle (Pléiade).
*La Tempête :* Pierre Leyris et Elisabeth Holland; Pierre Messiaen.
*Mesure pour Mesure :* Guy de Pourtalès (Pléiade).
*Titus Andronicus :* François-Victor Hugo.

# TABLE DES MATIÈRES

*Ouvrage imprimé sur presse CAMERON,*
*dans les ateliers de la S.E.P.C.*
*à Saint-Amand-Montrond (Cher)*
*en janvier 1993*

ISBN 2-228-88622-X

N° d'impression : 142.
Dépôt légal : janvier 1993.

*Imprimé en France*